电网企业基建安全管理读本

郑迤丹　田雨平　朱虓宇　主编

辽宁科学技术出版社
沈阳

图书在版编目（CIP）数据

电网企业基建安全管理读本 / 郑迤丹，田雨平，朱虓宇主编. —沈阳：辽宁科学技术出版社，2018.6

ISBN 978-7-5591-0780-0

Ⅰ. ①电… Ⅱ. ①郑… ②田… ③朱… Ⅲ. ①电力工业—工业企业—基建安全—中国 Ⅳ. ①F426.61

中国版本图书馆CIP数据核字（2018）第119263号

出版发行：辽宁科学技术出版社
（地址：沈阳市和平区十一纬路25号 邮编：110003）
印 刷 者：辽宁星海彩色印刷有限公司
经 销 者：各地新华书店
幅面尺寸：170mm × 240mm
印 张：17.25
字 数：300千字
出版时间：2018年6月第1版
印刷时间：2018年6月第1次印刷
责任编辑：刘晓娟
封面设计：杜 江
版式设计：颖 溢
责任校对：王玉宝

书 号：ISBN 978-7-5591-0780-0
定 价：40.00元

联系电话：024-23284365
E-mail:lingmin19@163.com
http://www.lnkj.com.cn

本书编委会

主　　任　聂盛伟
副主任　纪玉良
主　　编　郑迤丹　田雨平　朱俿宇
编　　委（按姓氏笔画为序）
朱　辉　刘汝佳　王宝良　高显松
马良玉　秦云升　朱翔宇　田大伟
王　伟

序 言

聂盛伟

当前，国家电网公司系统正强化本质安全，建立基建安全管理的长效机制，有效地预控基建安全风险，实现基建安全管理工作的长治久安。此时，编写和出版《电网企业基建安全管理读本》一书很有意义，这对深化基建安全管理工作，开创基建安全工作新局面一定会起到有力的指导作用。

基建安全工作实践证明，预防事故的根本措施在于不断提高职工的安全素质。搞好基建安全管理工作，也必须不断增强安全监察、监督人员的管控水平。

目前，基建安全工作正处于新的历史时期，面临前所未有的变化和挑战。企业普遍存在的问题是安全基础不牢；职工队伍整体素质不高；基建安全管理存在诸多薄弱环节，不适应安全发展和形势变化的要求。

我们必须正确认识和把握基建安全面临的新形势、新情况、新任务，进一步增强基建安全的责任感、紧迫感和使命感，深入开展安全风险防控，不断提升本质安全水平，推进基建安全管理工作迈上新台阶。

因此，加强基建安全管理知识的教育与培训，提升基建安全监察、监督人员素质意义重大，势在必行。基建安全监察、监督人员和班组职工期盼介绍有关如何搞好基建安全管理的理论知识，基于此，我们组织编写了《电网企业基建安全管理读本》。本书以介绍怎样搞好基建安全管理工作为主线，全面回答了搞好基建安全管理工作和事故预防中遇到的问题和解决办法。

电网企业的每一名基建员工，都应当认真学习，勇于实践，尽快地把搞好基建安全管理工作的理论知识学到手，并联系实际，有效地用以指导工作实践。

我真挚地希望企业各级领导，基建安全监察、监督人员和班组职工都要认真学习《电网企业基建安全管理读本》，学以致用，持续改进，不断提升基建安全管理水平，为电网企业的安全发展做出新的贡献。

2017年6月16日

（序言作者为国网辽宁省电力有限公司安全监察部主任）

目 录

第一章　基建安全常规管理

第一节　基建安全管理目标

目标，是指希望达到的最终境界或标准。国家电网公司系统的各级基建安全管理目标是最基本的目标要求，是基建系统制定安全管理目标的依据。应根据下级目标高于上级目标的管理原则进行逐级细化分解，制定具体的安全管理目标。

一、国家电网公司基建安全管理目标

（一）不发生三级及以上人身事件。

（二）不发生基建原因引起的二级及以上电网及设备事件。

（三）不发生二级及以上施工机械设备事件。

（四）不发生有人员责任的重大火灾事故。

（五）不发生重大环境污染事件。

（六）不发生负主要责任的特大交通事故。

（七）不发生基建原因造成对社会有重大影响的安全稳定事件。

二、省公司基建安全管理目标

（一）不发生四级及以上人身事件。

（二）不发生基建原因引起的四级及以上电网及设备事件。

（三）不发生四级及以上施工机械设备事件。

（四）不发生有人员责任的较大火灾事故。

（五）不发生较大环境污染事件。

（六）不发生本企业负主要责任的重大交通事故。

（七）不发生五级及以上基建信息安全事件。

（八）不发生基建原因引起对国网公司造成较大影响的安全稳定事件。

三、建设管理单位基建安全管理目标

（一）不发生五级及以上人身事件。

（二）不发生基建原因引起的五级及以上电网及设备事件。

（三）不发生有人员责任的一般火灾事故。

（四）不发生一般环境污染事件。

（五）不发生本企业有责任的重大交通事故。

（六）不发生六级及以上基建信息安全事件。

（七）不发生基建原因引起、对公司造成影响的安全稳定事件。

四、监理企业基建安全管理目标

（一）不发生因监理责任造成的五级及以上事件。

（二）不发生因监理责任造成的五级及以上电网及设备事件。

（三）不发生有人员责任的一般火灾事故。

（四）不发生一般环境污染事件。

（五）不发生本企业有责任的重大交通事故。

（六）不发生六级及以上基建信息安全事件。

（七）不发生对公司造成影响的安全稳定事件。

五、施工企业基建安全管理目标

（一）不发生五级及以上人身事件。

（二）不发生因施工原因造成的五级及以上电网及设备事件。

（三）不发生五级及以上施工机械设备事件。

（四）不发生有人员责任的一般火灾事故。

（五）不发生一般环境污染事件。

（六）不发生本企业有责任的重大交通事故。

（七）不发生六级及以上基建信息安全事件。

（八）不发生对公司造成影响的安全稳定事件。

六、工程项目安全管理目标

（一）不发生六级及以上人身事件。

（二）不发生因工程建设引起的六级及以上电网及设备事件。

（三）不发生六级及以上施工机械设备事件。

（四）不发生火灾事故。

（五）不发生环境污染事件。

（六）不发生负主要责任的一般交通事故。

（七）不发生基建信息安全事件。

（八）不发生对公司造成影响的安全稳定事件。

第二节　基建系统安全管理职责

基建系统各级各岗位人员必须不断增强安全责任感和使命感，层层落实安全责任，做到“凡事有章可循，凡事有人负责，凡事有人监督，凡事有案可查”。

一、国家电网公司基建部门安全管理职责

（一）建立健全基建安全管理体系，设立安全管理部门，配备安全管理专职人员，持续改进和完善基建安全管理工作。

（二）贯彻执行国家有关安全生产的法律、法规、标准，落实安全工作要求，制定基建安全管理制度、技术标准。

（三）确定基建安全管理目标，指导省公司层面的基建安全管理体系建设和安全管理工作。

（四）组织开展基建安全管理标准化、基建安全风险防控、施工分包安全管理、安全教育培训、基建安全检查、竞赛交流工作。

（五）建立基建安全信息管理制度，收集、分析、发布基建安全管理信息。

（六）参与基建安全事件的调查处理工作。

（七）组织开展基建安全管理工作考核与评价。

二、国网公司相关部门安全管理职责

（一）国网安质部负责监督、检查与评价基建安全管理工作。

（二）国网交流建设部负责特高压及跨区交流电网工程建设的安全管理；国网直流建设部负责直流输电工程建设的安全管理；国网公司成立的工程建设指挥部负责相应工程的安全管理。负责监督、检查、考核所委托建设管理单位的项目安全管理工作。

三、省公司基建管理部门安全管理职责

（一）负责本单位及所属企业的基建安全管理工作，负责监督、管理所属设计、施工、监理企业安全工作。

（二）省公司基建管理部门下设安全管理部门，配备安全管理专职人员。

（三）建立基建安全管理体系，健全基建安全管理台账，持续改进和完善基建安全管理工作。

（四）贯彻落实国家有关安全生产的法律、法规、标准，以及国网系统基建安全管理要求，编制年度基建安全管理工作策划方案，并组织落实。

（五）开展基建安全风险管理，监督、检查工程项目关键工序及危险作业风险识别、评估、预控措施和应急管理等工作落实情况。

（六）组织在建项目及所属设计、监理、施工、调试企业推进基建安全管理标准化工作。监督、检查工程项目安全文明施工费用（包含安全措施费、文明施工费和环境保护费，以下同）的提取和使用。

（七）落实上级关于分包管理具体要求，开展在建工程及所属企业的分包管理工作。

（八）组织开展基建安全教育培训、基建安全检查和竞赛交流活动。

（九）负责基建安全信息管理，组织收集、分析、上报基建安全信息。

（十）负责监督、管理、考核评价所属建设管理、设计、施工、监理单位基建安全管理工作，参与本单位基建安全事件的调查处理工作。

（十一）对本单位所属施工、监理企业承揽的本单位以外的工程建设任务，履行企业上级主管单位的安全管理职责。

（十二）对本单位投资或控股的建设项目履行项目法人安全管理职责，对负

责建设管理的项目履行建设管理单位安全管理职责，对项目参建单位的安全履约情况进行评价。

四、地市（县）公司基建管理部门安全管理职责

（一）负责本单位及所属企业的基建安全管理工作，负责监督、管理所属设计、监理、施工企业的安全工作。

（二）建立基建安全管理体系，贯彻落实国家有关安全生产的法律、法规、标准，以及国网公司基建安全管理要求，健全基建安全管理台账，持续改进和完善基建安全管理工作。

（三）开展基建安全风险管理，监督、检查工程项目关键工序及危险作业风险识别、评估、预控措施和应急管理等工作落实情况。

（四）组织负责建设管理的项目及所属设计、监理、施工企业推进基建安全管理标准化工作。监督、检查工程项目安全文明施工费用的提取和使用。

（五）落实上级关于分包管理具体要求，开展在建工程及所属企业的分包管理工作。

（六）组织开展基建安全教育培训、基建安全检查和竞赛交流活动。

（七）负责基建安全信息管理，组织收集、分析、上报基建安全信息。

（八）负责监督、管理、考核评价所属建设管理、设计、施工、监理单位基建安全管理工作，参与本单位基建安全事件的调查处理工作。

（九）对负责建设管理的项目履行建设管理单位安全管理职责。

五、项目法人安全管理职责

（一）对项目建设全过程的安全负责，承担项目建设安全的组织、协调、管理、监督责任。

（二）贯彻落实国家有关安全生产的法律、法规及上级基建安全管理要求，建立健全本项目的安全管理体系。

（三）对同时满足“有三个及以上施工企业（不含分包单位）参与施工、建设工地施工人员总数超过300人、项目工期超过12个月”条件的单项工程（针对输变电工程，变电站工程和输电线路工程可视为两个单项工程），负责（或委托建设管理单位）组建项目安全生产委员会（以下简称安委会）。

（四）项目法人单位基建管理部门（或建设管理单位）负责人担任安委会主任，业主项目经理担任常务副主任，项目总监理工程师、施工项目经理担任副主任，安委会其他成员由工程项目监理、设计、施工企业的相关人员及业主、监理、施工项目部的安全、技术负责人组成。

（五）负责指导项目安委会组织成员单位贯彻落实上级有关基建安全工作的规定，决定工程项目安全管理的重大事项；协调解决工程建设过程中涉及多个参建单位的安全管理问题；定期组织召开安委会会议，形成会议记录并编发会议纪要；必要时聘请专职安全监督人员开展相关工作。

（六）确定工程项目安全管理目标，按规定计列安全文明施工费用，确定合理工期，按基建程序组织工程建设。

（七）在工程招标与合同签订工作中，明确项目安全工作目标要求和安全考核奖惩措施，与中标单位签订安全协议。

（八）建立健全工程项目安全风险管理体系和应急管理体系，组织或参与基建安全事故（事件）的调查和善后处理工作。

（九）直接负责项目建设管理工作时，履行建设管理单位安全职责。

六、建设管理单位安全管理职责，各单位所属经研院、所配合履行项目安全管理职责

（一）建立基建安全管理体系，设置基建安全管理机构（专责），健全基建安全管理台账。

（二）负责落实本单位的基建安全管理工作，制订年度基建安全管理工作策划方案，并组织实施。

（三）受项目法人委托，履行工程项目建设阶段的安全管理职责，制定工程项目实现安全管理目标的保证措施，负责监督、管理和考核评价参与工程建设的相关设计、施工、监理单位安全管理工作。

（四）参加项目法人组建的安委会工作，或受项目法人委托组建项目安委会，开展相关工作。

（五）组建业主项目部，负责落实本单位及工程项目的基建安全管理工作，组织或委托业主项目部开展工程项目安全管理评价工作。

（六）受项目法人委托，按照法律、法规规定，办理工程项目建设相关证

件、批件。提供工程项目安全文明施工的基本条件，包括完成征地、拆迁和四通一平（水、电、路、通信畅通及平整场地）；提供扩建工程运行场地地下管网线路等资料。对施工现场周围建（构）筑物和地下管线提出保护要求。

（七）参加招投标工作，受项目法人委托，签订合同和安全协议。负责监督施工企业按合同约定，足额投入安全文明施工费用。

（八）督促监理、设计、施工等项目参建企业严格履行相关合同中有关安全文明施工责任。对违反合同约定，造成不良后果的，依法追究相关责任。对工程项目安全管理工作不称职的施工项目经理、安全管理人员或安全监理人员，要求相关单位予以撤换。

（九）组织开展施工分包管理工作，监督施工、监理单位分包管理工作的履约情况。

（十）组织或配合有关部门开展安全、环境保护设施竣工验收。

（十一）参与基建安全事件的调查处理工作。

七、业主项目部安全管理职责

（一）负责工程项目现场安全综合管理和组织协调，组织监理、施工项目部落实相应的安全职责，建立项目安全管理台账。

（二）参加工程项目安委会，组织相关参建单位落实安委会会议决定。

（三）制定工程项目安全管理总体策划方案，并组织实施。批准施工项目部施工安全管理及风险控制方案、工程施工强制性条文执行计划，批准监理项目部安全监理工作方案，并监督实施。组织实施工程项目安全考核奖惩措施。

（四）审批施工项目部报送的分包计划和申请，上报项目分包动态信息，监督施工项目部对分包安全的全过程管理。审核现场应急处置方案，检查施工项目部开展有针对性的应急演练工作。审批施工项目部安全文明施工费用使用计划，并监督现场使用情况。

（五）对两个及以上施工企业在同一作业区域内进行施工、可能危及对方生产安全的作业活动，组织签订安全协议，明确各自的安全生产管理职责和应当采取的安全措施，并指定专职安全生产管理人员进行安全检查与工作协调。

（六）开展安全风险管理，组织监理、施工项目部对工程项目关键工序及危险作业开展施工安全风险识别、评价，制定针对性的预控措施，并监督落实。

（七）组织安全检查活动，监督安全隐患闭环整改。组织项目参建单位开展安全管理竞赛活动。

（八）对工程项目安全管理工作不称职的施工项目经理、安全管理人员或安全监理人员，提出撤换要求。

（九）负责工程项目安全信息的收集与报送。组织开展工程项目安全管理评估工作。负责对设计单位和施工、监理项目部进行安全管理工作考核与评估。

（十）配合工程项目安全事件的调查处理工作。

八、勘察设计单位安全管理职责

（一）按照国家法律、法规和有关设计规范、标准、工程建设标准强制性条文开展勘察设计，并对提交资料的真实、准确、完整性负责。

（二）严格执行勘察作业相关规定，保证各类管线、设施和周边建（构）筑物的安全。

（三）根据施工及运行安全操作和安全防护的需要，设计安全及防护设施内容，选用符合国家职业健康和环境保护要求的材料，在设计文件中注明涉及施工安全的重点部位和环节，提出防范安全事件的技术要求。

（四）对采用新技术、新工艺、新材料、新装备和特殊结构的工程项目，提出保障施工作业人员安全和预防安全事件的技术要求。

（五）落实国家、地方政府有关职业卫生与环境保护的要求，将土方平衡、土石方临时堆放场地和施工临设、材料堆放场地及避免水土流失、施工垃圾堆放以及处理、“三废”（废弃物、废水、废气）及噪声等排放处理内容纳入设计文件中。

（六）设计文件应包含项目环境（海拔、地质、边坡等）、工程主要特点（高支模、深基坑、线路工程重要跨越、变电工程间隔扩建等）等内容，并在设计交底时强调相关安全风险。

（七）任命项目设计工地代表，及时解决现场安全工作中遇到的设计问题。

（八）参与或配合基建安全事件的调查处理工作。

九、监理单位安全管理职责

（一）设立安全管理机构，配备合格的安全管理专职人员，组织开展本企业安全管理及工程项目安全监理工作。

（二）依据国家、行业安全生产有关法律、法规、标准，以及上级基建安全管理制度和监理合同，对工程项目实施监理，并承担安全监理职责。

（三）建立安全监理管理工作机制，健全基建安全管理台账。

（四）组织检查监理项目部安全监理工作的开展情况，及时掌握工程现场安全动态，提出改进措施。

（五）参与或配合基建安全事件的调查处理工作。

十、监理项目部安全管理职责

（一）负责工程项目施工的安全监理工作，履行监理合同中承诺的安全监理职责。完善安全监理工作机制，健全项目安全管理台账。

（二）编制监理规划，明确安全监理目标、措施、计划；编制安全监理工作方案，明确文件审查、安全检查签证、旁站和巡视等安全监理的工作范围、内容、程序和相关监理人员职责以及安全控制措施、要点和目标。

（三）组织项目监理人员参加安全教育培训，督促施工项目部开展安全教育培训工作。

（四）审查项目管理实施规划（施工组织设计）中安全技术措施或专项施工方案是否符合工程建设强制性标准。

（五）审查施工项目部报审的施工安全管理及风险控制方案、工程施工强制性条文执行计划等安全策划文件。审查项目施工过程中的风险、环境因素识别、评价及其控制措施是否满足适宜性、充分性、有效性的要求。

（六）审查施工项目经理、专职安全管理人员、特种作业人员的上岗资格，监督其持证上岗。审查施工分包队伍资质及人员的安全资格文件，对施工分包全过程进行监督。

（七）负责施工机械、工器具、安全防护用品（用具）的进场审查。检查现场施工人员和装备投入是否符合安全文明施工要求及工程承包合同的约定。

（八）审查安全文明施工费用使用计划，检查费用使用落实情况。

（九）协调交叉作业和工序交接中的安全文明施工措施的落实。

（十）对工程关键部位、关键工序、特殊作业和危险作业等进行旁站监理，对重要设施和重大转序进行安全检查签证。

（十一）对实施监理过程中发现的安全隐患，要求施工项目部整改，必要时要求施工项目部暂时停止施工，并及时报告业主项目部，对整改情况进行跟踪。

（十二）组织或参加项目安全检查、工作例会，掌握现场安全动态，收集安全管理信息，通报施工现场安全现状以及存在的问题，提出整改要求和具体措施，督促责任方落实。

（十三）负责安全监理工作资料的收集和整理，建立安全管理台账，并督促施工项目部及时整理安全管理资料。

（十四）配合项目安全事件的调查处理工作。

十一、施工企业安全管理职责

（一）设立安全管理机构，按规定配备安全管理专职人员，成立本单位安委会，建立健全基建安全管理体系，健全基建安全管理台账，开展本企业及工程项目施工安全管理工作。

（二）贯彻落实国家有关安全生产的法律、法规、标准，以及行业基建安全管理要求，保证安全文明施工各项措施落实到位。严格执行职业健康安全管理体系规范，在项目现场全面落实体系运转要求。

（三）编制年度安全技术措施计划（包括购置安全工器具和安全设施、改善劳动条件和环境、开展教育培训和宣传等内容），按照国家和行业有关规定提取安全文明施工费用，单独计列，专款专用；完善相应的管理机制，确保安全技术措施所需经费的开支。

（四）建立健全施工机械安全管理体系，落实施工机械管理部门、机械安全管理岗位责任制；负责施工机械从购置、租赁、安装、维护、检验、使用、拆除到报废全过程的安全管理工作。

（五）建立安全风险管理体系和应急管理体系，制定本单位应急预案，对预案定期进行有针对性的演练。

（六）建立完善施工分包管理体系，全面落实施工企业分包管理责任，落实施工分包管理流程和评价考核机制。组织签订分包合同及安全协议，并监督实施。配齐现场分包管理人员，组织分包培训，开展分包商的评价考核，收集分包信息，对分包工程的施工全过程进行有效控制。

（七）组织从业人员的安全教育培训，保证企业负责人、项目经理、专职安全生产管理人员、特种作业人员持证上岗。

（八）组织检查施工项目部安全管理工作的开展情况，及时掌握工程现场安全动态，组织对问题进行整改完善。

（九）依法为职工办理工伤保险，为作业人员提供合格的安全防护用品，为施工现场从事危险作业的人员办理意外伤害保险。

（十）根据公司加强班组建设的有关要求，加强施工班组建设，健全施工班组安全管理体系。

（十一）参与或配合基建安全事件的调查处理工作。

十二、施工项目部安全管理职责

（一）负责工程项目施工安全管理工作，建立施工安全管理机构，按规定配备专职安全管理人员，履行施工合同及安全协议中承诺的安全责任。

（二）依据行业有关规定和业主项目部的安全管理目标，制订施工项目部安全管理目标，完善安全管理工作机制，建立项目安全管理台账。

（三）编制施工安全管理及风险控制方案、工程施工强制性条文执行计划、安全文明施工费使用计划等文件，并报监理项目部审查，经业主项目部批准后，在施工过程中贯彻落实。

（四）组织开展安全教育培训，作业人员、管理人员经培训合格后方可上岗。完善安全技术交底和施工队（班组）班前站班会机制，向作业人员如实告知作业场所和工作岗位可能存在的风险因素、防范措施以及事故（事件）现场应急处置措施。

（五）负责组织安全文明施工，制定避免水土流失措施、施工垃圾堆放与处理措施、“三废”（废弃物、废水、废气）处理措施、降噪措施等，使之符合国家、地方政府有关职业卫生和环境保护的规定。

（六）开展施工风险识别、评估工作，制订预控措施，并在施工中落实。

（七）建立现场施工机械安全管理机构，配备施工机械管理人员，落实施工机械安全管理责任，对进入现场的施工机械和工器具的安全状况进行准入检查，并对施工过程中起重机械的安装、拆卸、重要吊装、关键工序作业进行有效监控；负责施工队（班组）安全工器具的定期试验、送检工作。

（八）完善施工项目部分包管理体系，贯彻落实公司分包管理具体要求，依据投标文件和施工合同书承诺，提出分包计划和分包申请，落实分包现场安全管控等环节的具体管理要求，组织项目分包管理的考核评价，及时上报分包动态管控信息。

（九）开展并参加各类安全检查，参加安全管理竞赛交流活动，对存在的问题闭环整改，对重复发生的问题制定防范措施。定期召开或参加安全工作会议，落实上级和项目安委会、业主、监理项目部的安全管理工作要求。

（十）负责利用项目现场基建管理信息系统开展安全工作，及时准确上报项目安全信息。

（十一）参与编制和执行各类现场应急处置方案，配置现场应急资源，开展应急教育培训和应急演练，执行应急报告制度。

（十二）配合项目安全事件调查和处理工作。

十三、调试单位安全管理职责

（一）严格在资质范围内承揽工程调试业务，配置现场专（兼）职安全管理人员。

（二）制定工程项目调试方案，落实调试安全技术措施，对工程调试过程中的安全负责。

（三）配合基建安全事件的调查处理工作。

第三节　安全标准化管理

一、工程项目实行安全文明施工标准化管理，营造安全文明施工的良好氛围，创造良好的安全施工环境和作业条件。

二、制定安全文明施工标准化管理办法，监督、指导工程项目安全文明施工标准化管理工作，开展安全标准化管理工作经验交流。

三、省公司贯彻落实安全文明施工标准化管理要求，制定落实安全文明施工标准化管理要求的具体措施；组织安全文明施工检查，开展经验交流，不断提高安全文明施工标准化管理水平。

四、设计单位按照合同条款，为工程建设全过程的安全文明施工提供与设计相关的技术服务和支持；在编制工程项目概（预）算时，应依据规定全额计列安全文明施工费用。

五、建设管理单位按照合同约定和安全文明施工标准化需要，向施工企业及时支付安全文明施工费用。

六、施工企业按规定计列、提取和使用安全文明施工费用，分阶段拨付施工项目部使用，确保工程项目安全投入。

七、业主项目部编制项目安全管理总体策划，监督指导安全文明施工标准化要求在工程项目的有效落实；监督指导安全文明施工费用的使用；定期组织安全文明施工检查及安全管理评价。

八、监理项目部编制安全监理工作方案，履行安全文明施工监理职责，定期组织安全文明施工检查，发现问题及时督促整改，实行闭环管理；对安全文明施工费用的使用情况进行监督。

九、施工项目部是工程项目安全文明施工的责任主体，负责贯彻落实安全文明施工标准化要求，实行文明施工、绿色施工、环保施工；按规定使用安全文明施工费用，分阶段申报、分阶段验收，专款专用，配置满足现场安全文明施工需要的设施。

第四节　施工分包安全管理

一、国网公司制定工程建设分包安全管理相关规定，监督指导投资建设的工程项目和所属施工企业分包安全管理工作。

二、省公司组织所属施工企业完善分包商资质审查机制，审核上报合格分包商名录；负责对所辖工程项目及所属施工企业施工分包安全管理工作的监督、检查、评价和考核，实现对分包的全过程管控。

三、业主项目部负责审批施工项目部报送的工程项目分包计划及分包申请，严格控制工程项目的分包范围。审查分包商资质和业绩，按流程审批工程项目分包申请。定期组织开展工程项目分包管理检查，考核评价工程项目各参建单位分包管理工作。

四、监理项目部完善分包安全监理机制，审查工程项目分包计划申请，审查分包商资质、业绩，并进行入场前把关。动态核查进场分包队伍的人员配备、施工机具配备、技术管理等施工能力，发现问题及时提出整改要求，实施闭环管理。

五、施工企业是分包安全管理工作的责任主体，应建立分包商资质审查、现场准入和管控、教育培训、动态考核、资信评价等分包管理体系。在上级发布的合格分包商名册内建立本企业合格分包商名册，对分包商及其人员实施全过程动态管理。

六、施工企业在工程分包项目开工前，应与分包商签订规范的分包合同和安全协议，明确分包性质和内容，明确分包商在施工安全、交通安全、消防安全等方面的责任和要求。

七、专业分包、劳务分包应严格履行审批手续。工程禁止转包或违规分包。主体工程不得专业分包。

八、施工项目部具体负责工程项目分包队伍的安全管理工作，包括人员安全教育培训，专业分包商自带施工机械、工器具的准入检查，施工方案的审查备案，人员持证上岗审查，对分包队伍施工活动组织安全检查，对分包商管理的动态监管和考核评价等。

第五节 施工安全方案管理

一、施工安全方案是工程现场施工安全工作执行的各类安全文件的统称，包括单独编制的安全策划文件、专项安全方案、安全技术措施，也包括项目管理实施规划、作业指导书等施工管理文件内的安全管理章节。项目管理实施规划（施工组织设计）由施工项目部总工程师组织编制，分别用单独章节描述安全技术措施和施工现场临时用电方案，经施工企业技术、质量、安全等职能部门审核，施工企业技术负责人审批，报监理项目部审查，业主项目部批准后组织实施。

二、施工项目部总工程师组织编制施工安全管理及风险控制方案、工程施工强制性条文执行计划等安全策划文件，经施工企业相关职能部门审核，分管领导审批，报监理项目部审查，业主项目部批准后组织实施。

三、按国家有关规定，对危险性较大的分部分项工程，施工项目部总工程师组织编制专项施工方案（含安全技术措施），并附安全验算结果，经施工企业技术、质量、安全等职能部门审核，施工企业技术负责人审批，报项目总监理工程师审核签字后，由施工项目部总工程师交底，专职安全管理人员现场监督实施。

四、对深基坑、高大模板及脚手架、大型起重机械安拆及作业、重型索道运输、重要的拆除爆破等超过一定规模的危险性较大的分部分项工程的专项施工方案（含安全技术措施），施工企业还应按国家有关规定组织专家进行论证、审查，并根据论证报告修改完善专项施工方案，经施工企业技术负责人、项目总监理工程师、业主项目部项目经理签字后，由施工项目部总工程师交底，专职安全管理人员现场监督实施。

五、对重要临时设施、重要施工工序、特殊作业、危险作业项目（见附件7），施工项目部总工程师组织编制专项安全技术措施（可以包含在专项施工方案中），经施工企业技术、质量、安全部门和机械管理部门（必要时）审核，施工企业技术负责人审批，报监理项目部审查，业主项目部备案，由施工项目部总工程师交底后实施。

六、项目施工应有作业指导书或专项施工方案。作业指导书由施工项目部技术员编制，经施工项目部安全、质量管理人员和项目总工程师审核，报施工企业技术负责人批准，由施工项目部技术员交底后实施。作业指导书或专项施工方案中的安全技术措施部分应有独立的章节。

七、施工作业需办理作业票，由工作负责人填写，经施工项目部技术员和安全员审查，风险等级较低的作业由施工队长签发，风险等级较高的作业项目，由施工项目经理签发。工作负责人通过宣读作业票的方式向全体作业人员交底，作业人员签名后实施。

八、作业地点、作业内容、安全措施、主要作业人员（安全监护人、工作负责人及特种作业人员）不变时，原则上可使用同一张作业票，并可连续使用至该项作业任务完成。作业人员有变化时，应对新进人员进行交底。

九、施工过程需变更施工方案、作业指导书或安全技术措施，应经措施审批人同意，监理项目部审核确认后重新交底。

十、施工周期超过一个月或重复施工的施工项目，应重新组织方案交底；如施工方法、机械（机具）、环境等条件发生变化，应完善措施，重新报批，重新办理作业票，重新交底。

十一、全体作业人员应参加施工方案、作业指导书或安全技术措施交底，并按规定在交底书上签名确认。

第六节　安全检查与竞赛交流

一、基建安全检查分为例行检查、专项检查、随机检查、安全巡查四种方式。

（一）根据公司管理要求或季节性施工特点，开展月、季度及春、秋季等例行检查活动。

（二）根据工程项目实际情况，对施工机械管理、分包管理、邻近带电体作业等开展专项检查活动。

（三）根据管理需要和项目施工的具体情况，适时开展随机检查活动。

（四）按照基建安全动态管理要求，省公司级单位组织成立基建安全巡查组，配备必要的资源，明确工作要求，开展常态化的基建安全检查活动。

二、所属单位按以下要求进行基建安全检查，并跟踪检查提出的问题整改闭环情况。

（一）国网公司每年至少组织开展一次基建安全检查、两次基建安全管理交叉互查，根据实际情况适时开展防汛、分包、施工机械等专项检查。

（二）省公司每年组织不少于两次基建安全检查，根据实际情况开展防汛、分包等专项检查。

（三）建设管理单位，监理、施工企业每季度至少开展一次安全检查。

（四）工程项目安委会每季度至少组织开展一次安全检查。

（五）业主项目部组织监理、施工项目部每月至少进行一次安全检查。

（六）监理、施工企业承揽公司系统外工程项目，每季度应开展一次安全检查；在建设期内，省公司应视工程具体情况开展安全检查，国网公司组织抽查。

（七）承揽境外工程项目的单位每年或建设周期内应开展不少于一次的安全检查。

三、基建安全检查以查制度、查管理、查隐患为主要内容，同时应将环境保护、职业健康、生活卫生和文明施工纳入检查范围。

四、各类安全检查中发现的安全隐患和安全文明施工、环境管理问题，应下发整改通知，限期整改，并对整改结果进行确认，实行闭环管理；对因故不能立即整改的问题，责任单位应采取临时措施，并制定整改措施计划报上级批准，分阶段实施。对于构成安全隐患的问题，整改要求和程序要严格执行上级关于隐患排查治理的相关规定。

五、各类基建安全检查工作应尽量采取不预先通知和直接检查工程现场的随机检查方式，确保真实反映项目安全管理情况。检查组织单位应制定检查方案、大纲和检查报告大纲，明确工作要求，落实基建安全检查责任制，实行谁检查、谁签字谁负责，对检查效果进行总结评价。

六、国网公司和省公司组织开展在建工程流动红旗竞赛和安全管理经验交流推广活动，推动工程建设过程中安全管理体系的建立和运转、安全管理责任落实和规章制度执行、现场安全文明施工标准化等管理要求的落实。

第七节　安全教育培训管理

一、基建安全教育培训工作实行逐级负责制，确保全员接受培训，加强企业安全文化建设，提高安全管理和技能水平。

二、国网公司每年制定年度基建安全培训计划，分别对省公司基建管理部门相关负责人、相关管理人员，省公司所属经研院和监理、施工企业安全生产负责人、安全管理部门相关人员，重点工程主要管理人员（项目经理、安全专责、总监理师）进行安全培训。

三、省公司、地市（县）公司制定本单位的年度基建安全培训计划，对本单位各级基建管理相关负责人、相关管理人员，所属建设队伍安全生产负责人、相关管理人员，以及在建项目主要管理人员进行安全培训。

四、建设管理单位对基建管理人员进行安全培训；业主项目部对监理、施工项目部主要管理人员参加培训的情况进行检查、监督。

五、监理、施工企业应每年至少组织一次对所有从业人员进行的安全培训；施工企业督促检查分包商人员的安全教育培训，对劳务分包人员要建立专项教育名册，按照与本单位员工相同的要求开展培训。

六、省公司及所属各单位基建管理部门负责人、安全管理相关人员，各级建设队伍分管安全生产负责人及安全监督部门相关人员等，至少每两年接受一次国网公司或省公司组织的基建安全培训，并取得培训合格证书。

七、施工企业对新录用人员应进行不少于40个课时的三级安全教育培训，经考试合格后方可上岗工作。

八、施工企业主要负责人、项目经理、专职安全管理人员、特种作业人员必须按照国家有关规定培训取证后，方可上岗工作。

九、施工企业在施工中运用新技术、使用新装备、采用新材料、推行新工艺以及职工调换工种时，应对作业人员进行相应的安全教育培训，经考试合格后方可上岗工作。

第八节　安全例行会议管理

一、国网公司每年召开安全生产会议及基建工作会议，总结分析基建系统总体安全情况，布置年度基建安全工作，定期召开基建安全分析会，总结分析基建安全状况，协调解决基建安全问题，部署基建安全工作。

二、省公司每年召开安全生产会议及基建工作会议，布置本单位的年度基建安全工作；定期召开基建安全分析会，总结分析基建安全状况，协调解决基建安全问题，部署基建安全工作。

三、建设管理、设计、监理、施工、调试单位每年召开安全工作会议，每月召开安全工作例会，贯彻上级有关安全工作要求，总结分析本单位安全工作状况，研究解决安全工作中存在的问题，布置下一阶段安全工作。

四、工程项目安委会应建立安全工作例行会议机制，在工程开工前召开第一次会议，以后每季度至少召开一次安委会会议，检查安全工作的落实情况，研究解决工程项目存在的安全问题，会议由安委会主任主持，或委托常务副主任主持。

五、业主项目部、监理项目部、施工项目部每月至少召开一次安全工作例会，检查工程项目的安全文明施工情况，提出改进措施并闭环整改。

六、施工队（班组）每周开展一次安全活动，检查总结、安排布置安全工作。

七、安全会议及安全活动应有完整的记录。

第九节　职业安全健康管理

一、落实国家、行业有关职业健康的法律、法规和标准，确保职业健康管理工作制度化、规范化、标准化，不断改善现场作业条件和完善职业健康卫生条件，在确保员工健康的前提下组织开展工程建设。

二、工程设计选用的设备和材料应符合国家有关职业健康的法律、法规和标准要求。

三、工程现场的职业健康设施和卫生条件应符合国家现行相关法律、法规和行业现行的职业健康管理制度。

四、施工企业根据有关规定，按期组织员工体检，并建立员工职业健康档案。严禁安排有职业禁忌证的员工从事相关禁忌作业。对从事可能危害身体健康的危险性作业的员工进行专门的安全防护知识培训，确保掌握操作规程、职业健康风险防范措施和事故应急处置措施。

五、施工企业应制定季节性施工方案，针对冬季、雨季、高温季节、雷电、台风气候特点及野外作业等，采取防洪水、防泥石流、防雷电、防台风、防冻伤、防滑跌、防暑降温、消毒防疫、防野外动物攻击等措施，改善现场作业条件和生活环境，预防职业健康危害和群体性疫情发生。

第十节　安全信息管理

一、建立基建安全信息逐级报送机制，完善基建管理信息系统安全管理内容和报送渠道，可通过移动视频系统等信息通信新技术收集施工现场信息，定期考核评价安全信息管理工作。

二、省公司、建设管理单位、监理单位、施工企业全面落实本单位的安全信息收集、上报工作，通过基建管理信息系统，把关上报各类安全信息。

三、工程项目通过基建信息管理系统报送安全信息，业主、监理、施工项目部组织填报工程建设的安全信息数据，按照管理流程完成安全信息闭环管理工作。

四、承揽系统外（含境外）工程项目的省公司、监理、施工企业，每月应及时统计、逐级上报工程安全信息，省公司汇总至安全月报中。

五、各单位根据上报的安全信息，认真分析存在的基建安全管理薄弱环节，采取相应的改进措施。

六、各单位应加强基建安全信息工作的管理和考核，信息报送质量纳入年度综合管理评价。

第十一节　基建安全监督管理

一、所属单位安全监督部门及其安全监督人员行使基建安全监督职能，监督国家有关安全工作法律、法规和行业有关安全规章制度的贯彻执行情况，监督同级及下级单位的各部门、各级人员基建安全责任制的落实，发现问题，及时督促整改。

二、所属单位安全监督部门对基建安全工作进行监督检查，可参与基建安全会议、各类安全检查、安全教育培训等例行工作。

三、所属单位安全监督部门是基建安全事件调查、处理的归口管理部门，负责基建安全事件的统计、上报工作，统一对外发布安全信息。

第十二节　安全考核评价管理

一、基建安全考核工作按照责权对等、奖罚结合的原则，建立健全基建安全工作奖惩机制，推进各级基建安全责任制的落实。

二、国网公司负责考核评价省公司基建安全目标管理、安全管理体系建设、安全标准化管理、安全重点工作落实、安全管理创新、安全信息管理等方面工作，并作为对相关单位基建安全管理考核评价依据，依据评价结果通报表扬年度基建安全管理先进单位和个人，按有关制度考核未实现安全管理目标的单位。

三、省公司参照公司评价内容，通过量化评价指标，考核评价建设管理单位、监理、施工企业的基建安全管理工作开展情况、工作绩效，并作为对相关单位基建安全管理考核评价依据，依据评价结果通报表扬基建安全管理先进单位、个人，按有关制度处罚未实现安全管理目标的单位和个人。

四、省公司负责监督、指导监理、施工企业奖惩激励机制的实施。

五、监理、施工企业内部应建立基建安全奖惩机制，落实奖励费用，确保奖惩制度落实到位。

六、国网公司负责建立工程项目参建单位激励约束机制。省公司、建设管理单位依据公司激励约束管理要求，对工程项目参建单位的安全工作进行考核，依据考核结果核定工程项目合同结算金额。

七、建设管理单位在工程项目合同中明确对安全文明施工、违章及未遂事故（事件）的考核要求，依据合同有关条款及相关规定要求，对监理、设计、施工等参建方进行安全考核及评价。合同中应明确安全保证金金额，并作为现场考核资金来源之一。

八、项目安全管理评价结果是项目安全工作考核依据之一，业主项目部应对管理评价不合格的项目部及责任人进行通报批评，并依据有关制度及工程合同进行处罚。

九、业主项目部应通报批评安全检查中发现的重大隐患以及安全隐患未及时整改的项目部及责任人，并依据有关制度进行处罚。

十、对现场发生的违章及未遂事故（事件），监理项目部应签发书面通知并进行处罚，报业主项目部备案。

十一、违章与事故（事件）考核罚款应纳入安全管理专项基金，用于奖励安全管理先进单位或个人，并予以公示，专款专用，不得挪作他用。发生事故（事件）或重复发生同一类型未遂事故（事件）的项目部，取消参与上一级评先评优资格。

十二、业主项目部应评价考核参加工程建设的设计单位、监理、施工项目部安全管理工作，评价考核结果经建设管理单位审核后上报省公司，安全考核评价结果一定时段内与工程招投标挂钩。

十三、发生基建安全事件，应根据事件的性质、等级，依据有关规定，对事件责任单位和个人进行责任追究和经济考核。基建安全事件信息未按规定及时上报或漏报、瞒报，按相关制度，对有关单位和责任人员进行处罚。

第二章 基建安全风险管理

第一节 安全风险管理的依据和思路

风险管理是以工程、系统、企业等为对象，分别实施危险源辨识、风险分析、风险评估、风险控制，从而达到控制风险、预防事故、保障安全的目的。风险管理的应用最早出现在20世纪30年代，并从50年代开始，发展了风险分析和风险控制的相关理论，到现在经过70多年的历程，形成了很多理论、方法和应用技术。目前，以安全性评价为主要形式的风险管理已在机械、化工、石化、冶金、电力等工业部门得到了广泛的应用，并逐渐走上了规范化、法制化轨道。

安全管理的实质是风险管理。电网企业安全生产（施工）中总是客观存在着人的不安全行为、物的不安全状态和环境的不安全因素，这些危险因素暴露在具体的生产活动中就形成了风险，一旦风险失控就可能导致安全事故的发生。在电网基建系统推进风险管理，要充分借鉴以往安全性评价、风险分析与控制等工作经验，建立相应的工作标准和工作机制，注重识别各种风险因素，采取切合实际的控制措施和方法，防范安全事故的发生。

第二节 安全风险管理的基本环节

风险管理工作根据基本内容和特点，可划分为教育培训、风险识别、风险控制、风险评估、持续改进等基本环节。

在实际应用中，要按照PDCA循环模式，认真组织制订各阶段工作计划和实施方案，严格按照计划和方案开展工作，注重加强过程监督和偏差纠正，不断总结提高，切实防范安全风险。

风险管理工作应从最基础的教育培训做起，进而开展风险识别、风险控制，逐步实施风险评估、持续改进，这五个环节构成了开展风险管理的核心内容。

一、教育培训

教育培训的目的是使各级人员理解安全风险管理的意义、作用、内容和方法，明确工作任务和目标，提高员工的安全意识和安全技能，养成自主辨识和控制风险的良好工作习惯。主要包括基础理论知识、评估规范及风险管理工作方法等内容。

教育培训应结合岗位职责，分层次进行。领导层侧重安全风险管理知识及有关制度培训，提高自身安全风险管理责任意识和组织能力；管理层侧重安全风险评估规范、风险辨识及其方法的培训，结合实际制订实施方案并加以落实；执行层侧重安全风险意识和现场风险辨识能力的培训，在实际工作中有效运用风险管理手段，保护自身的他人安全。

教育培训应以《评估规范》为重点，可采用班组安全活动、集中上课、作业实训等多种形式进行。还应结合企业安全生产（施工）实际和典型事故案例进行，通过对案例的学习，认识到各类违章行为的危害性，促使各级人员逐步接受安全风险管理理念。

二、风险识别

风险识别是依据企业安全风险评估规范，针对企业安全生产基础状况开展的系统查找和识别风险的工作，为风险控制、风险评估提供基础数据。主要开展三个方面工作：设备、环境的风险识别，人员素质及管理的风险识别，风险数据库的建立与应用。

设备、环境的风险识别，依据《评估规范》，有计划、有目的地开展设备、环境、工器具、劳动防护以及物料等静态风险的识别，找出存在的危险因素。

人员素质及管理的风险识别，依据《评估规范》，可进行自查，也可由专家组或第三方专业机构对人员素质和安全生产综合管理开展周期性的识别，查找影响安全的危险因素。

现场管理的风险识别，依据《评估规范》，结合作业风险控制开展动态风险的识别。

对管理明显滞后、事故频发的单位或专业，应适时组织开展专门的风险识别。

应注意采用信息化手段，建立风险数据库，对风险识别结果实行动态维护，保证数据真实、完整，便于实际应用。

三、风险控制

结合工作实际和专业特点，针对作业计划、布置、准备、实施的全过程，辨识作业中可能存在的风险，有针对性地落实预防措施，保障作业的安全实施。主要开展三个方面的工作：构建作业全过程的安全控制机制、实施作业风险分析与控制、开展标准化安全监督检查和反违章工作。

构建作业全过程的安全控制机制。将风险管理的方式、方法与当前行之有效的作业安全控制方法、手段进行有机衔接、整合，通过合理规范的流程保证作业的有序开展，采用简便实用的手段控制作业全过程的关键环节，从而有效降低作业风险。

实施作业风险分析与控制。建立必要的作业风险辨识范本，以保证风险辨识的全面性和针对性。作业前开展作业风险分析，根据作业风险辨识范本，并通过关联风险数据库、现场勘察等手段，辨识出本次作业存在的危险因素，评判风险程度，对程度较高的风险制订控制措施。根据作业风险分析结果，分准备阶段和作业阶段落实控制制度，作业阶段的控制措施可纳入作业指导书一并执行。

开展标准化安全监督检查和反违章工作，依据《评估规范》等相关内容，提取系统的监督检查事项，分若干作业类型制定标准化监督检查表，供各级管理人员实施分级监督检查时应用，对作业现场的违章情况实施有效控制。各级监督检查的结果作为风险评估的数据来源之一。

四、风险评估

风险评估是对企业整体或局部的风险程度作定量或者定性的估测，评价风险等级，确定可接受的风险等级标准，为持续改进提供科学依据。

按照生产环境、机具与防护、人员素质、现场作业、安全生产综合管理，以及企业整体、专业等范围确定评估对象，针对评估对象的特性，对风险识别、各种监督检查工作收集的风险数据进行统计、分析、处理，对易于测算的采取定量方式，不易定量的采取定性方式，并遵循客观性、导向性、可测性的原则对综合性评估对象的不同范畴赋予不同的权重，估测评估对象的风险程度，可按照“很高、较高、中等、较低、很低”五个等级估测主体风险等级。根据安全生产的实际情况和管理要求，确定可接受的风险等级标准。

五、持续改进

通过建立风险预警机制，当安全生产偏离正常状态时发出风险告警，实施风险干预，避免生产事故的发生，不断改善企业安全生产状况，实现持续改进。

建立风险预警机制。根据风险评估结论，依据可接受的风险等标准，确定能够监测企业安全生产全面状况的风险预警指标，设立不同等级的预警值。建立风险预警监测制度，监测风险预警指标接近预警值时，发出风险告警，进入相应的预警状态。

实施风险干预。针对不同的预警状态，实施不同的风险干预对策措施。可采取专项整改、停工整顿、通报、考核及责任追究等手段进行政策干预，建立风险干预组织体系，分层分级、定人定期限落实整改。对实施风险干预后的预警指标进行监测，当降低到可接受的程度时，解除预警状态。

第三节　安全风险管理的实施原则和要点

一、着力提高风险意识和防范风险的技能

要以教育培训工作为先导，特别是要结合本单位的实际，建立配套的制度和机制，编制培训计划和方案，明确培训内容、培训时间、参加人员、考核评价办法，不断改进培训的方式和方法，提高员工风险意识和防范风险的技能。

二、以点带面、分步推进

在推进风险管理过程中应先在安全基础较为扎实的二级单位、班组开展，取得经验和实效后，以点带面，全面展开。具体工作中应本着先易后难、循序渐进的原则，从教育培训、风险控制等基础工作做起，分步推进。

三、明确分工、落实责任

推进风险管理要明确分工、共同协作。由教育和安监部门牵头，组织开展风

险管理教育培训工作；各专业部门根据评估项目的要求，负责开展风险识别工作；生产员工是控制的主体，负责实施风险控制工作；管理人员是评估的主体，负责组织开展风险评估工作；安全监督和保证体系共同实施风险预警，整改提高，持续改进。

四、注重针对性和简便性

风险管理工作应注重作业现场，风险控制的方法和过程应符合本单位的生产实际，风险控制措施应具备针对性和可操作性。

工作方法应简便易行、有效实用，避免提出不切实际的要求，注重采纳一线人员的意见和建议，并不断加以完善。

五、注重整合和发展

风险管理工作是建立在以往安全管理工作的基础上，因此，在形式上，要与以往行之有效的安全大检查、安全监督等常规管理工作有机结合，不应“另起炉灶”；在实质内容上，要与安全性评价、危险点分析预控、标准化作业等工作有机融合，并不断深化和发展。

六、注重持续改进

开展风险管理要以取得工作实效为核心目的，不断总结，及时调整工作思路，改进工作方法；积极采用信息化手段，提高工作质量和效率；对标准不断补充、完善相关内容，使之更切合本单位的实际。

第四节　安全风险评估

以安全风险管理理论、现有规程制度和安全管理经验为依据，以防止人身事故和人为责任事故为主线，开展企业生产环境、机具与防护、人员素质、现场管理、安全生产综合管理五个方面的安全风险因素及对应控制措施的评估，并对风险因素的状况和控制措施的符合性进行评估论断，其目的是对企业整体或局部重点安全风险的程度作定量或定性的分析，评判安全受控状况，为持续改进提供依据。

一、企业自评估

班组在风险评估工作中，应主动接受各种教育培训，提高安全风险意识和识别、控制风险的能力；参与车间（工区）及以上组织开展的评估工作；作业前认真开展作业风险分析，将主要的风险因素纳入作业文件，作业中落实控制措施，配合上级安排的即时评估。

工区负责组织落实对设备、环境和工器机具的具体评估，发现安全风险；经常开展现场标准化作业的即时评估，纠正违章，督促规范作业行为；按照上级要求落实风险因素的控制和整改工作。

公司应按照闭环管理要求实施PDCA循环推进、不断提高。首先组织好有关部门和人员，制定可行的评估计划，部署阶段性的实施内容（Plan），开展安全意识和能力培训；然后采取与生产和管理工作结合的方式，落实对生产环境、现场管理、安全管理以及人员素质等方面的评估计划，汇总对于企业或有关专业的评估结果，评定具体风险程度，建立健全相应的过程数据和管理信息（Do）；对评估工作的质量、评估效果进行监督和评价，对风险较大的专业、工区、班组和作业种类与环节以及效果不佳的风险管理方法进行分析和纠正（Check）；对风险评估效果和存在问题进行总结和评审，提出下一轮循环持续改进的措施（Action）。

二、上级或第三方评估

上级根据企业自评估的结果，按照一定周期或安全监督管理的需要，组织专家组或委托第三方，对企业开展全部或局部的评估。

上级认为企业自评估的结果质量不高或与实际不符，或企业安全管理滑坡，或安全指标控制上存在较大问题时，组织专家组织或委托第三方对企业开展诊断性评估。

上级认为有必要时，组织专家组或委托第三方对企业开展评估。

第五节　安全风险评估结果的量化

风险评估量化是在按照规范认真开展评估工作、积累原始数据的基础上，对评估数据进行相应的结合、判断和计算。评估量化结果的真实性、符合性均取决于查评工作的开展和原始数据的质量。

一、安全风险程度的计算

A. 静态项目风险程度

静态项目风险程度得分率=已查项目实际得分/已查项目标准分值

B. 生产过程中的动态项目风险程度

动态项目风险程度得分率=第n次已查项目实际得分×加权系数/第n次已查项目标准分值×加权系数

现场查评加权系数根据现场工作风险程度确定，现场工作风险越大，查评时间越近，则加权系数越高。

C. 企业总体的风险程度

企业风险程度的得分率=（静态项目评估总得分+动态项目评估总得分）/评估项目标准分值

D. 各种专业的风险度（如变电检修或运行、输电检修或运行、配电、继电保护、调度、自动化、通信、计量等专业、工区或事故类别）

专业风险程度得分率= 标准1～5中跟专业有关的项目已查实际得分/标准1～5中跟专业有关的已查项目标准分值

二、安全风险等级的划分

风险等级按得分率分为五级：

（1）得分率≥0.9的判断为“风险很低”；

（2）0.9>得分率≥0.75的判断为“风险较低”；

（3）0.75>得分率≥0.6的判断为“风险中等”；

（4）0.6>得分率≥0.4的判断为“风险较高”；

（5）得分率<0.4的判断为“风险很高”。

三、量化结果的适用范围

风险评估一般只进行纵向比较，即比较同一风险的变化趋势，而不与其他单位横向比较。评估结论作为今后教育培训、设备更换、管理改进、作业流程优化等工作的参考依据。

第六节　安全风险的控制与处理

风险评估发现的风险分为四类，第一类是设备与环境存在的威胁人身和容易导致误操作的风险，该类风险条件允许的必须整改，难以整改的要进行相应的控制，属于生产设备缺陷类型的风险应纳入缺陷管理系统统一管控；第二类是属于工器具方面的风险，一般情况下要求更换或消除，暂时未更换或消除的要在管理、防护等方面进行相应的控制；第三类是人的素质、能力方面的风险，该类风险一般不公开，只进行评分和定性，作为各级领导安排培训计划和其他生产工作的参考依据；第四类是属于管理或制度执行力方面的风险，要求责任单位按照有关规程、规定持续改进，上级要督导检查。

第七节　安全风险管理的工作组织

一、省公司成立以分管领导任组长，安监、生技、营销、农电、基建、人资、调度等相关部门负责人参加的安全风险管理推进工作领导小组，全面负责本单位推进工作的组织、指挥、协调和监督，研究制定工作实施方案，指导、监督和评估基层供电企业安全风险管理工作。

二、企业（含集中运行、检修单位、超高压公司等，以下同）成立以主要领导任组长、相关部门人员参加的工作组织，具体负责本单位安全风险评估及作业安全风险辨识防范工作，分专业开展人员安全风险管理培训，抓好具体工作落实。

三、各级安监部门是安全风险管理工作的牵头部门，会同生技、营销、农电、基建、人资、调度等职能部门，研究制定本单位工作实施方案，开展安全风险管理培训及工作总结评估，加强工作过程监督检查，督促落实人身、电网、供电、设备安全风险防控措施。

四、各级基建等职能部门是本专业领域安全风险管理工作的组织实施部门，负责基建安全的风险辨识、评估、分析和控制；人资部门负责本企业员工安全素质评估及教育培训措施落实。

第八节　安全风险管理的工作内容

一、开展安全风险管理教育培训

主要任务是通过安全风险管理基础理论培训，理解安全风险管理的作用和意义，掌握各专业安全风险管理的内容和方法，增强员工安全风险意识和防范技能。重点工作：

1. 国家电网公司组织开展省公司管理人员、供电企业领导和工作骨干培训，重点培训安全风险管理理论以及“指导意见”、《评估规范》等，提高安全风险管理责任意识和工作组织能力。

2. 省公司组织开展供电企业管理人员培训，重点培训《评估规范》等内容、使用方法以及岗位典型作业风险辨识与评估，结合实际充实完善本单位风险辨识评估内容。

3. 企业针对具体专业和岗位，重点组织开展一线人员安全风险意识、岗位作业技能、风险辨识控制方法等培训。工区班组制定学习培训计划，针对具体工作特点，采取专题讲座、案例分析、作业实训、座谈讨论等多种形式，开展风险管理知识教育和岗位安全风险分析，全面了解掌握岗位安全风险，为开展作业风险辨识控制创造条件。

二、开展作业风险辨识控制

主要任务是以防控人身触电、高处坠落、物体打击、机械伤害和误操作等典型事故风险为重点，组织开展输电、变电、配电和调度等专业领域典型作业项目的危险因素辨识，制定并落实风险控制措施。重点工作：

1. 企业组织工区、班组，针对作业人员、设备、环境、工器具、劳动防护和作业过程开展示范分析，找出作业过程的全部危险因素，建立各专业作业风险辨识范本，作为开展作业安全风险控制的参考依据。

2. 工区、班组依据作业风险辨识范本，结合具体作业安排、现场勘察结果以及风险库资料，分析提炼本次作业的主要危险因素，制定作业风险分析及控制表（或称作业风险分析预控卡），对照控制措施要求，在作业全过程实施预先风险控制，并根据环境、人员等工作条件变化及时做出调整。

3. 省公司总结分析供电企业作业风险管理中发现的问题，对两票管理、三措一案、作业指导书、危险点分析预控等现场作业控制制度、文件进行有效整合和规范，使作业风险控制措施简洁、实用、可靠、有效，避免作业安全控制措施重复和烦琐。

三、开展企业安全风险评估

主要任务是以防止人身伤害和人员责任事故为主线，从生产环境、机具与防护、人员素质、现场管理、安全生产综合管理等方面，全面评估供电企业安全生产条件、安全管理和安全控制状况，客观评价企业安全风险程度，有效控制人身伤亡、设备损坏、供电中断等事故风险。重点工作：

1. 工区、班组对所属生产设备、设施、环境、工器具等方面的静态安全风险开展全面识别；对现场作业风险运用风险分析、作业标准化、安全措施交底以及员工自主风险辨识控制等手段进行有效控制。

2. 企业组织对工区、班组的人员素质和安全管理风险开展识别，对作业现场进行监督查评，建立风险管理数据库，为企业风险评估提供基础资料。

3. 省公司组织对供电企业安全生产条件、安全管理等方面的风险开展评估，并给出确定风险等级的评估报告。建立风险预警及响应机制，设立不同等级的预警值，依据风险评估结论，对相关单位发出风险告警，实施预警和干预，提出整顿要求，降低企业安全事故风险。

四、监督检查与持续改进

主要任务是实施风险管理过程监控，依据工作计划和实施方案，加强过程监督和偏差纠正，分阶段分专业评价工作进展和成效，持续改进安全风险管理工作。重点工作：

1. 企业对工区、班组风险管理教育培训以及作业风险辨识控制工作情况进行监督检查，纠正存在问题，及时指导改进。

2. 省公司及时跟踪了解所属企业安全风险管理工作进展，分阶段开展监督检查，对发现和暴露的共性问题进行分析，并及时研究解决。

3. 国家电网公司组织对省公司及所属企业安全风险管理工作开展监督检查，

对存在的重点和难点问题进行会诊和专题评估，组织开展工作经验交流，研究建立健全公司风险管理规章制度，规范企业安全风险管理工作，推动持续改进提高。

第九节　安全风险管理的工作阶段

为稳妥推进企业安全风险管理工作，要按照工作目标要求，合理安排工作进度，准确把握各阶段工作重点，循序渐进，扎实有效推进，实现安全风险管理工作持续改进。

第一阶段：安全风险管理教育培训。重点工作是分区域分层次集中时间开展《评估规范》及《辨识手册》宣贯和培训，促进各级人员掌握风险辨识内容、辨识要点和控制措施，增强全员风险意识和风险辨识控制能力。

第二阶段：作业风险辨识控制。重点工作是结合工作实际和专业特点，开展作业风险辨识控制，针对生产作业过程实施风险辨识、分析，找出可能导致人身事故和责任事故的重点风险因素，并实施有效的控制，保障作业过程安全可控。

第三阶段：企业安全风险评估。重点工作是依据《评估规范》，开展企业安全风险评估，对企业的设备、环境、器具、人员素质和安全管理开展风险识别，建立企业风险数据库，对企业整体或局部的风险程度做定量或定性估测，确定风险等级，并实施相应风险干预，降低企业安全风险。

第四阶段：监督检查和持续改进。重点工作是组织对网省公司安全风险管理工作开展检查评价，督促落实安全风险控制措施，完善安全风险管理相关规章制度，推动安全风险管理工作持续改进。国家电网公司将根据工作推进情况，分阶段开展专项监督检查。

第十节　开展安全风险管理工作的措施

一、提高认识，加强领导。建立安全风险管理体系，是适应生产发展和形势任务的必然要求，是实现安全“可控、能控、在控”的有效手段，是安全管理经验的总结和提升。要提高思想认识，加强组织领导，加强宣传动员，营造工作氛围，坚定推进安全风险管理工作。

二、周密计划，统筹安排。安全风险管理是一项系统工程，也是安全生产管理的一项长期任务，必须持之以恒、常抓不懈。要立足于企业现有的人力、物力和管理资源，制定切实可行的工作计划和实施方案，统筹各方力量，协调工作安排，落实工作责任，以点带面，有计划、有步骤，扎实稳妥推进。

三、结合实际，注重实效。安全风险管理工作要坚持从实践中来、到实践中去，在计划安排、方案制定、工作实施、检查评价等方面，注意倾听、采纳管理一线和生产一线的意见和建议。在具体实施过程中，要坚持把取得实效作为检验安全风险管理工作成果的唯一标准，通过推进风险管理，真正达到普遍提高员工安全意识、有效落实预防措施、显著降低事故风险、全面提高安全管理水平的目的。

四、注重培训，全员参与。推进安全风险管理要坚持以人为本，重视员工安全教育培训，切实提高员工安全意识、作业技能和风险防范能力，一线员工接受风险管理知识培训时间累计应不少于20小时。要立足班组、立足现场，充分调动和发挥广大员工的积极性和主动性，做到全员参与；要坚持“简便、实用、有效”原则，提高风险管理措施的针对性和可操作性。

五、健全机制，监督落实。推进安全风险管理要充分发挥安全保证体系和监督体系的共同作用，明确分工、各司其职，健全机制、落实责任。重点任务是组织安全风险评估；班组、员工重点任务是实施风险辨识与防范；安全保证体系重在落实风险控制措施，安全监督体系重在加强过程监督。要强化风险管理责任，对暂时不能消除的重大风险，必须制定有效的预防控制措施和应急预案，防止风险失控酿成事故。

六、闭环管理，持续改进。推进安全风险管理要在继承以往安全管理有效经验做法的基础上，抓住安全风险管理体系建设的基本特点和本质要求，突出安全风险的预防和控制，做到风险发现、评估、控制、消除过程闭环。要加强工作指导和监督检查，及时分析解决工作中遇到的各种问题，做到安全风险管理工作计划、实施、检查、反馈的管理闭环，实现管理工作持续改进提高。

第十一节　在标准化作业中推进基建安全风险管理

标准化作业，是近年来电力企业实行的规范化管理措施，对于督促和约束作业人员执行安全技术、组织措施，按照制定的程序作业，确保人员和设备安全，确保作业任务的圆满完成，起到了重要作用。现在提出在标准化作业中推进安全风险管理，有的职工会认为这是多此一举，因为在标准化作业指导书中，已经指明了面临的危险和预防措施。

其实，标准化作业与安全风险管理，这两者都有各自指定的要求，不能用标准化作业取代安全风险管理，也不能用安全风险管理取代标准化作业，但有一点是可以肯定的，在标准化作业中推进安全风险管理，能够使危险点分析更趋于全面、准确，使安全控制措施适应作业现场的实际需要，更加具有针对性和有效性，使作业人员能够提高安全意识和危害辨别能力。

那么，怎样在标准化作业中，推进安全风险管理呢？

一、坚持以人为本，把评估人员的思想行为作为安全管理规范化的重点内容，抓住控制安全风险的关键环节和决定因素。在编制标准化作业指导书中，有的班组只是分析预知作业过程中的环境，机械设备、作业流程等客观因素有可能存在的危险点，制定与之相适应的安全措施，而对于人员安全素质状况却缺乏分析预知，制定的安全措施缺乏实用性。比如：某线路维修班准备进行更换耐张单片绝缘子作业。制定的标准化作业指导书列出了预防扎脚、摔伤、狗咬、蛇咬、蜂蜇、溺水、迷路、坠落等措施，但未有分析预知人员素质方面可能发生的问题，致使一名工人因急于完工去医院侍候生病的母亲，在监护人去喝水时抄近路登上相邻的有电的线路侧而感电。如果作业前对参加作业人员素质状况进行分析预知，发现这名工人思想不稳定，就应该做好思想工作，或者不让其参加此次作业。

安全风险管理表明，作业人员存在思想负担，身体有病，或不熟悉有关安全规程要求、不熟悉作业要领等，都会产生极大的安全风险，必须予以评估，并采取措施把风险降低或消除。

二、要评估危险点的严重性和发生事故的可能性，并将结论写入标准化作业指导书。以往的标准化作业指导书中，虽然设有“危险点分析及安全控制措施”的栏目，但因为没对危险点的严重性和发生事故的可能性进行评估，因而就未设“危险点的严重性和发生事故的可能性”的栏目。因此，要推进安全风险管理，就必须对标准化作业指导书的编写、审批工作予以改进，并增设必要的栏目。

三、要通过宣传教育，让每一个参加作业的人员都具备“四个明确”，即明确安全风险的严重性和发生事故的可能性；明确构成安全风险原因因素的具体表现和辨识方法；明确控制安全风险应采取的措施和方法；明确自己应负的安全职责。以前，在标准化作业中，有的班组只是在作业前，宣读一下标准化作业指导书就完事了，顶多是提一两个问题。这就未免有些草率从事。有的作业人员并没有听进去，有的虽然听了，但对存在的危险性仍旧不以为然。特别是有的工作负责人粗心大意，低估了发生事故的危害性，时常违章指挥，甚至强令工人冒险作业。这说明，搞好宣传教育，使大家达到“四个明确”非常重要。

四、在评估标准化作业指导书执行情况时，应注意检查和总结安全风险管控情况，对作业人员（包括工作负责人）的作业行为、工作流程、风险意识、风险分析和辨识能力等进行评价，找出差距和不足，提出改进意见和建议。

第十二节 危险点分析与安全风险管理的联系和区别

众所周知，危险点分析，是近些年电力企业从反事故斗争实践中摸索出来的新方法，并且已从中受益，广大职工群众对危险点分析耳熟能详。一提到安全风险管理，有的职工会说：“这与危险点分析是一回事，不是两回事，只不过是提法不同而已。”

诚然，危险点分析与安全风险管理两者都是侧重分析评估作业环境、工器具以及人的行为存在的危险因素及其有可能引发的后果，都是针对危险因素制定和落实安全措施，以保证人员和财产的安全，因而两者有着千丝万缕的联系。但是，两者绝不是一回事，而是有着明显的区别。我们把有可能发生危险的地点、部位、场所、工器具和行为动作看作是危险点。危险点分析，则是在作业前进行作业现场勘察，联系以往同类作业发生的经验教训，找出即将开展的作业有可能存在的危险因素，并制定相应的措施。安全风险管理，不但要对作业活动存在的危险因素进行分析和辨识，找出可能导致人身伤害和人员责任事故的各种危险因素，而且要对各种危险因素导致事故的可能性和严重程度给出定性和定量描述，进而实施危险控制和预防，将安全风险控制在可以接受的程度，从而达到预防事故、确保安全的目的。可见，安全风险管理较之危险点分析，对危险导致事故的风险性的评估，更加具体和细化，更能够唤起员工的安全意识，提高危害辨识能力。一些企业危险点分析工作之所以效果欠佳，其中一条重要教训，就是只分析即将展开的作业存在哪些危险点，没有给予作业人员对危险点的辨识能力，也没有评估这些危险点的风险等级，以唤起安全意识，因而，作业人员难免存在一些盲目性，在反事故斗争中打了败仗。

因此，安全风险管理吸纳了危险点分析等做法的优长，具有很强的科学性和实用性，更适用于安全生产管控。

第十三节　安全风险管理与安全性评价的联系和区别

提到开展安全风险管理，有的职工会提出疑问："近年来，电力企业开展的是安全性评价，如今又让搞安全风险管理，这两者有什么联系与区别？"

实际上，安全风险管理与安全性评价既有联系，又有区别。它们都是对同一系统的安全与风险情况做出评估，从本质上来说是相同的。但安全性评价偏重评估系统的安全性，对存在的风险性有所忽视；在内容上，往往偏重于电网安全的物质基础，即电网结构、输变电设备、二次系统等内在条件的评价，却忽视了对安全管理、人员因素、外部环境等外在条件的评价，而这些外在条件也是影响电网安全的重要因素；在具体实施中，仍然存在认识偏差和操作不规范等问题。安全风险管理则把评估的内容放在对内部和外在条件安全风险性的全面评估上，增加了"人为因素"评估、现场风险评估、人身事故及人为责任事故和企业安全风险评估、控制风险措施实施情况评估等，进而调整和充实了安全性评价的内容。此外，对评估过程和方法进行了细化，比如：增加了查评的种类，明确了查评主体和评估周期，丰富了评估方法。可以说，安全风险管理是安全性评价的进一步拓展、延伸和规范，是一个多层次、综合性安全风险管理体系。

第三章　危险点分析预控管理

第一节　危险点分析预控是事故预防的新方法

在人类漫长的生产活动历史中，特别是18世纪中叶产业革命以后，随着生产的日益社会化和现代化，工伤事故和职业病也日益增多，为了有效地遏制事故，保护劳动者的安全与健康，人们进行过长期的顽强的斗争。与此同时，加强了安全管理和劳动保护的科学理论研究，总结出的科学理论也各具特色，对预防事故、促进安全生产起到了一定的指导作用。随着社会的不断发展，人们对预防事故、保证安全生产客观规律的认识也必然会不断深化，危险点分析预控理论就是近年来电网企业在预防事故中摸索出来的新鲜做法。其突出点是：

一、把诱发事故的客观原因归纳为危险点的存在。

二、把危险点演变成现实事故看成是一个逐渐生成、扩大、临界和突变的过程。

三、提出预防事故的重点，应放在分析预控危险点上。

四、提出习惯性违章是生成、扩大危险点甚至使危险点发生突变的重要因素。因此，为使人员和设备不受危害，必须有效地控制危险点。

危险点分析预控理论，是电网职工从反事故斗争的实践中摸索出来的新方法，一些开展危险点预控活动较早的企业，已从中受益，出现了安全生产（施工）稳定的局面，有的实现了零事故的目标。由此可见，危险点分析预控理论值得在更为广阔的范围内应用和推广。

第二节　危险点的含义及特点

我们所说的危险点是指在作业中有可能发生危险的地点、部位、场所、工器具和行为动作等。危险点包括三个方面：一是有可能造成危害的作业环境。如：作业环境中存在的有毒物质，将会直接或间接地危害作业人员的身体健康，诱发职业病。二是有可能造成危害的机械设备等。如：机械设备没有安全防护罩，其运动部分裸露在外，与人体接触，就会造成伤害；运行的带电的设备，如果人与之接触，就会发生触电事故。三是工作人员在作业中违反安全工作规程，随心所欲地操作。如：有的作业人员在高处作业不系安全带，有的把腰绳绑在支持瓷柱上等。作业环境中存在的不安全因素、机械设备等物体存在的不安全状态、工作人员在作业中的不安全行为，都有可能直接或间接地导致事故的发生，我们都可以把它们看成是作业中存在的危险点，从而采取措施加以防范或消除。

危险点是一种诱发事故的隐患。事先进行分析预控并采取措施加以防范，就会化险为夷，确保安全。

危险点分析预控，是对有可能发生事故的危险点进行提前预测和预防的方法。它要求各级领导和工人群众对电网生产（施工）中的每项工作，根据作业内容、工作方法、机械设备、环境、人员素质等情况，超前分析和查找可能产生危及人身或设备安全的不安全因素，再依据有关安全法规，研究制定可靠的安全防范措施，从而达到预防事故的目的。

作业中存在的危险点的特点：

一、危险点具有客观实在性

生产实践活动中的危险点，是客观存在的，也就是说，这类危险点存在于我们的意识之外，不以人的主观意识为转移。不论我们是否愿意承认它，它都会实实在在地存在着，而一旦主客观条件具备，它就会由潜在的危险变为现实——引发事故。然而，有的职工对潜在的危险点不愿意认真发现，甚至对已经暴露出的危险点也视而不见，盲目侥幸地作业，其结果每每导致人生悲剧。

二、危险点具有潜在性

这种潜在性，一是指存在于即将进行的作业过程中，不容易被人们意识到或能够及时发现而又有一定危险性的因素。如：在一次停电作业中，某变电站切断了一条支线的电源，并在邻近的1号杆挂上一组接地线后，通知作业人员可以登杆作业。两名作业人员没有查看邻近线路即贸然登杆。其中，一人登到横担处，将脱下的脚扣伸进横担，正待继续往上攀登时，左手碰到架在同杆的下挂导线上触电。后经查证，这根下挂导线是从另一条线路引来的，同杆共架带电。在当时，作业人员以为在同杆上所有的导线都停电，而没有发现这根带电的下挂导线具有潜在的危险。这根带电的下挂导线成了导致触电事故的危险点。二是指存在于作业过程中的危险点虽然明显地暴露出来，但没有转变为现实的危害。应该指出，并不是所有的危险点都必然会转变为现实的危害，导致事故的发生。但是，只要有危险点存在，就有可能危及安全。如：在组塔架线等群体交叉作业中，高处落物是一个具有潜在危险的因素，必须谨慎地防范。所有参加作业或进入作业现场的人都必须戴好安全帽，否则，就有可能被落物击伤头部。而有些作业人员不按规定戴安全帽，总以为“落物不一定击中自己”而疏于防范。“隐患险于明火”，对已经暴露无遗并造成一定危害的危险点，人们有切肤之痛，能够主动地采取措施进行有效的防范；但对一些潜在的危险，人们不容易察觉，因而极易造成伤害。

三、危险点具有复杂多变性

在作业中存在的危险点是复杂的。危险点的复杂性是由于作业情况的复杂性决定的。每次作业尽管作业任务相同，但由于参加作业的人员、作业的场合地点、使用的工具以及所采取的作业方式各异，可能存在的危险点也会不同，而相同的危险点也有可能存在于不同的作业过程中。即使是相同情况的作业，所存在的危险点也不是固定不变的，旧的危险点消除了，新的危险点又会出现，所以分析预控危险点的工作不能一劳永逸。危险点的复杂多变性告诫我们：在分析预控危险点时，一定要具体情况具体分析，按照实际情况决定所应采取的方法。

四、危险点具有可知可防性

电网企业作业中存在的危险点具有一定的隐蔽性，它常常隐藏在作业环境、机械设备或作业人员的行为之中，换句话说，做好危险点的预知和预防工作，又是一种超前性的工作，因而必然会有一定的难度。但是，辩证唯物论认为，一切客观存在的事物都是可知的。既然危险点是一种客观存在的事物，我们就能够认识它、防范它。在这方面，探索危险点预知预防方法的一些企业，经过几年的实践，已经摸索和积累了一定的经验。他们认为，电网企业工作中的危险点完全是可以认识和提前预防的，只要思想重视，措施得力，危险点是完全可以消除的。

第三节　危险点的成因

通过分析电网企业发生的事故案例，可以看出，危险点的生成有下列几种情况。

一、伴随着作业实践活动而生成的危险点。只要有作业实践活动，就必然会生成相应的危险点。如：在电焊作业过程中，电焊弧光会对人的眼睛造成伤害；电焊溅出的焊渣火花落在易燃物上，会引起火灾；如果电焊枪漏电，人体与之接触可能会被电击；等等。电焊工在高处和交叉作业环境，还存在坠落和受到物体打击的危险。对这类危险点的防范措施，一般都采取个体防护（戴防护眼镜穿工作服，使用漏电保安器）、距离防护（划分危险区域，非作业人员禁止接近）、屏蔽隔离（高处施焊，使用隔离物隔住飞落的焊渣火花）等。

二、伴随特殊的天气变化而生成的危险点。只要出现这类不良的天气，就有可能生成相应的危险点。如《安全工作规程》明确规定，遇有6级以上的大风天气，禁止露天进行起重工作。据国内外有关资料介绍，每年都会发生数起起重机被风吹走倾倒的事故。因此，起重机必须安装可靠的防风夹轨器和锚定装置。至于在雷雨天进行设备巡视，更应注意预防和控制气候造成的危险点。巡视人员应穿试验合格的绝缘靴，在巡检时应离开避雷器5m远，以防落雷伤人；要戴好安全帽，不得靠近避雷器检查，以防避雷器爆炸伤人；平时应关紧端子箱、机构箱门，用防雨罩把气体继电器罩好，以免这些设备漏进雨水。

三、伴随机械设备制造缺陷而生成的危险点。有些机械设备的制造缺陷不经过技术检验很难发现。而一旦购进并投入使用，在一定条件下，潜藏的缺陷就会变成现实的危险。

1995年3月9日，某发电企业因7号炉水冷壁管爆漏，停炉抢修。起重班安装检修平台，并对牵引钢丝绳进行试吊后，交检修人员使用。当检修平台上升停在29m高程，3号角牵引钢丝绳滑脱，该角断绳保护器又因机械卡涩失灵，致使检修平台倾斜，平台上6名检修人员全部坠落，其中，2人经抢救无效死亡，1人重伤，3人轻伤。这便是因机械设备在制造时留下的危险点而造成的事故，按照《起重机械安全管理规定》要求，起重机械的断绳保护器在断绳时，将悬吊物制停在任何高度，以防止发生坠落事故。但此次作业使用的检修平台，其断绳保护器设计制造有缺陷，机械卡涩失灵，起不到保护作用，未能把检修平台制停。否则，即使牵引钢丝绳滑脱，而断绳保护器起作用，只能造成一起未遂事故。这表明，有些危险点出自机械设备制造时留有的缺陷。在购进和使用机械设备时，必须严把质量关，除要求制造厂提供产品获信得过单位的证书和使用、维护及定检要求说明书外，应对安全保护装置进行检查试验，确实保证它的可靠性。

四、因缺乏维修和检查，使机械设备生成的危险点。一些机械设备存在的缺陷——危险点，不都是在制造时就存在，有些是年久失修，逐渐生成，如果缺乏作业前的认真检试，带故障使用，就会给作业人员的生命与健康带来威胁。一次，某单位利用绝缘斗臂车摘除线路上的漂浮物，起升过程中，斗臂突然断裂，两名作业人员从15m高处坠落地面，一人死亡，一人重伤。经现场勘查验证，事故前，斗臂绝缘部分已开裂，这说明，平时对斗臂缺乏维护，使用前又疏于检查，最终使潜在的隐患扩大，成为导致这起坠落事故的危险点。

五、违章冒险作业直接生成的危险点。安全工作规程是我们电网企业安全工作的经验总结，对控制和防止危险点具有至关重要的作用。如果违反安全工作规程，冒险作业，就会使处于安全状态的作业环境危机四伏，险象环生，不仅不能控制已经存在的危险点，还会生成一些新的危险点，进而导致事故的发生。如：一次某班在组塔加拉线槽钢时，本应按要求先打好两侧临时拉线，然后再解开内拉线加槽钢，但他们为了图省事，抢进度，在没有打好侧面拉线的情况下，去解内拉线，当螺丝还剩几扣时，突然拔出，使铁塔失去拉力向一侧倒去。塔上两名工人随塔摔落地面，造成一死一伤。类似这样的事故，完全是违章作业生成危险点造成的。

另外，还有些物质，如有害的化学物质（污染、放射性物质等）、物理现象（噪声等），本身就是一种危险源，防范不周，就有可能受其伤害。

危险点的生成，从总体来说，是违反了生产活动客观规律的结果。不论是违章作业、违章操作，还是违章指挥。归根结底是违背生产活动客观规律的行为。因此，要有效地预控危险点，就要树立科学的态度，尊重客观规律，按照客观规律办事。这条认识，无异揭示了危险点生成的本质原因。

一切客观事物都有其固有的发展变化的规律性。电网安全工作规程，正是电网安全作业客观规律的反映，遵守安全工作规程就是遵守客观规律。反之，违反安全工作规程就是违反客观规律，必然受到客观规律的惩罚。比如，停电进行线路检修作业，必须遵从以下步骤，才能避免危险点的生成，确保作业人员安全。

（一）线路停电作业必须得到调度或运行人员“已拉开电源开关，变电所出口挂好接地线，许可开工”的通知。

（二）按工作票要求，做好安全措施，在有人监护的情况下开始验电并挂接地线。

（三）登杆前必须实地查看，防止误登带电杆塔。登杆前要检查杆基是否牢固。检查登杆工具，如脚扣、升降板、安全带、梯子等是否牢靠，检查杆塔脚钉是否牢固。

（四）一切准备就绪后，方可登杆。

（五）在杆上作业必须使用安全带，安全带应系在牢固的构件上，系安全带后必须检查脚扣环是否牢固。

（六）使用梯子时要有扶持或绑牢。

（七）多人同杆作业时，应各自选好工作位置后，再展开工作。上、下杆时，勿紧跟前者，待前者到达工作位置或地面后，第二人再开始上、下杆。

（八）工作结束后，必须检查线路状况及线路上有无遗留的工具、材料等。

（九）查明全部工作人员已从杆上撤回地面，才能拆除现场接地线。

在电力作业中，违反生产活动客观规律，生成危险点，甚至使危险点演变成现实事故的表现，主要有：

1. 工作负责人不负责任，违章指挥。违章指挥就是违反生产活动客观规律的盲动行为，其结果是必然带来严重危害。某班在一次清扫10kV配电变压器台时，工作负责人责任心不强，到达作业现场后，既没宣读工作票，也没挂接地线，只是断开高压跌落式开关，就让职工开始作业。他本人不在现场监护，却去附近市场买烟。造成一名工人被反送电击伤。分析这起事故，我们可以看出：如果指挥者严格按照安全工作规程指挥，就不会生成危险点。

2. 颠倒或简化作业程序。电网生产过程每项作业是由一系列的步骤完成的，只有一步一步地按程序即先后步骤展开作业，才能避免危险点的生成。反之，颠倒作业程序，把后一步骤放在前面去做，就会违背客观规律，为危险点的生成提供条件。比如，《安全工作规程》规定，在登杆工作前，第一步是要认真核对线路名称、杆号及色标，逐一核对查看导线的排列形式，特别对换位杆塔要保持高度警惕，要与工作票的双重名称相符合，然后才能登杆。但某供电公司在一次同杆架设线路清扫检查时，作业人员不等监护人到位，也不核对哪侧是准备清扫的线路，即爬上杆，结果，误从带电侧爬上，触电从14m横担处坠落，抢救无效死亡。

3. 安全措施漏项，漏项之处，又恰恰就是潜在的危险点。如，某供电公司班组做变压器预试工作。作业人员张某停完两相跌落开关后便以为“电已停完”，将操作拉杆竖靠墙上。操作人员王某登台开始作业，只听一声巨响，王触电后坠落到地面，抢救无效死亡。事后一检查，造成这起事故的主要原因是张某漏停变压器的A相高压跌落开关，变压器仍然有电。

4. 工作票填写失误。有些人想当然填写和签发工作票。这样的工作票脱离现场的实际情况，许多危险点都是因为工作票的误导而生成的。某单位在“春检”停电作业中，工作负责人下班前急于赶通勤车，匆忙中，所填写的停电线路与工作地段的停电线路不符，挂地线位置有误，还漏写了邻近带电线路的名称、位置等，更没有明确防止误登的安全事项。作业人员虽然听过宣读工作票，但并没有搞清应该检查的杆号，结果，误登邻近带电的用户自维线路，当这名工人登到带电的铸造线时，右腿触电，坠地身亡。

第四节 危险点如何演变成事故

在人们的印象中，事故往往是预料之外、瞬间发生的。古人也常讲“祸从天降”“飞来横祸”等。其实，一切事物的发展变化都遵循着从无到有、由量变到质变的客观规律。事故也不例外，事故是存在于生产中的危险点逐渐生成、扩大和发展而形成的，在危险点的量变期间，人们没能引起重视而任其产生质的变化，最终造成了伤害和损失。

分析一起起具体的事故，我们可以看到：危险点演变成现实的事故，一般要经历潜伏、渐进、临界和突变这四个阶段。

一、潜伏阶段。这是指危险点已经生成却没有引起人们的注意，以其固有的姿态而存在的阶段。它是事故发生的初始阶段或萌芽状态，但还不至于很快地导致现实事故。

（一）机械设备虽然存在着缺陷，但没有明显暴露出来，不易被操作者所觉察。

（二）作业人员处于危险环境，存在侥幸心理，麻痹大意，明知作业对象存在危险点却疏于防范。

（三）危险点没有交底讲明，作业人员有险不知险。

（四）安全措施虽然拟定了，但存在重大漏洞，应该重点防范之处却无所防范。这些都会成为生成事故的根源。

二、渐进阶段。这是指潜在的危险点逐渐扩大的过程，它仍然处于事故的量变时期。在这个量变时期，机械设备原有的缺陷随着频繁的工作运行和时间的推移，将会产生更为严重的缺陷。比如：电源线超负荷，现已发热；违章操作也会给危险点的扩大创造外部条件，而一旦危险点扩大到一定程度，就会由量变引起质变，造成现实的事故。如某单位罐车人孔爆开很能说明问题。当时，正值冬季，气温较低，加热时间不到5h，碱液中结晶体未全部溶化，出碱管被堵，碱液压不出来。操作人员误以为罐内压力低，便盲目提高压力0.49MPa，超过该罐车允许值（罐体工作压力为0.098MPa，进风压力不得超过0.196MPa），严重超压，从而埋下隐患。在超压的情况下，仍卸不出碱，操作人员以为人孔门漏气，就违章带压紧人孔门螺丝。这处螺丝又因年久失修，腐蚀严重而滑扣，把人孔门崩开，一名操作人员被气浪掀起，从碱罐平台（高3.58m）摔下，脑损伤致死。

三、临界阶段。这是指事故将发生但还没有发生的运行过程。这个阶段危险点的扩大已进入导致事故的边缘，是危险点引发事故的最危险的阶段，就是我们通常所说的事故即将发生质的突变。因为任何事物的稳定状态只是相对的，相对的稳定状态里包含着不稳定的状态，只不过是这时的相对稳定状态处于支配的主导地位。近代科学研究表明，事物由稳定状态向不稳定状态的转变期间存在一个逐渐接近临界点的过渡阶段。由危险点导致事故也是如此，尽管潜伏阶段、扩大阶段都是向导致事故最终结局靠近，但这两个阶段仍旧处于量变状态，是量变的积累。积累到一定程度达到临界点，即将要突破安全状态的最大限度，危险点就真正演变成现实事故了。

我们预控的危险点，从其危险点程度划分，有时所预控的是处于潜伏阶段的危险点，有时预控的是处于扩大阶段的危险点，有时所预控的则是处于临界阶段的危险点，就一起有可能导致现实事故的危险点而言，控制临界阶段的危险点是预控事故的最后一道防线和机会。处于这个阶段的危险点一旦被发现必须立即处理，如果没有发现和处理，必然会导致事故的发生。比如：对带电危险区，必须保持一定的安全距离。进入安全距离与危险区的边缘，就处于临界状态。突破这一临界状态，进入危险区就会造成触电伤害。

四、突变阶段。这是指事故的形成阶段，是危险点生成、潜伏、扩大、临界的必然结果，是由量变到质变的飞跃。这个阶段，不是事物由稳定状态向不稳定状态的量变，而是发生了根本性质的变化，即事物完全处于不稳定状态。在突变阶段，危险点已成为现实的无法挽回的事故，并且必然造成一定程度的危害。我们所见到的高处坠落、触电伤害、机械伤害、起重伤害等，都是危险点进入突变阶段造成的严重后果。

危险点演变成现实事故的过程告诉我们：①预防事故，必须从控制处于初始阶段的危险点入手，做到及早预控，及早采取措施消除隐患，这样，才能防微杜渐，把事故消灭在萌芽状态。由危险点演变成现实的事故是由几个演变阶段所组成的，因而控制处于潜伏阶段、渐进阶段的危险点，或控制处于临界阶段的危险点都非常重要，只要做好防范工作，都能遏制事故的发生。②违章作业是推动危险点向现实事故演变的重要因素，违章会生成危险点，扩大危险点，使危险点处于临界状态，最终导致事故的发生。因此，要控制危险点，就必须铲除违章行为，养成遵章守规的良好习惯。

第五节　习惯性违章最易使危险点诱发为事故

资料统计，电网系统70%以上的事故是由于习惯性违章造成的。所谓习惯性违章是指那些固守旧有的不良作业传统和工作习惯，违反安全工作规程的行为。人们通过总结经验教训还发现，就诱发事故的原因来讲，习惯性违章与危险点是一对孪生兄弟，习惯性违章是导致事故的人为因素，危险点则是引发事故的客观因素，习惯性违章与危险点相结合，很容易造成事故。这是因为：

一、习惯性违章往往会人为地制造新的危险点。在一些具体的作业过程中，如果我们坚持按照安全工作规程操作，不渗入习惯性违章的成分，就不会生成危险点。但是，如果我们固守违反安全工作规程的旧的传统做法和工作习惯，本来不存有危险点的作业过程也会生成新的危险点，进而危及人的生命安全与身体健康。如：按照安全工作规程的规定，在作业时，必须关闭抓吊机械室小车门。但某公司长期以来抓吊机械室小车门敞开作业，司空见惯，无人过问。直到有一天，司机王某从机械室内走到门口，未关机械室门即用左脚跳上中断开关。在机械室小车突然南北行驶时，王某身体失去平衡倾出车外，夹在小车机械室门框与钢梁立柱之间的空隙内，被挤伤致死。不该存有险情的小车机械室门框与钢梁立柱之间的空隙却变成了危险点，并夺走了王某的生命，这正是他习惯性违章的必然结果。

二、习惯性违章会掩盖危险点的存在。习惯性违章者，往往抱有侥幸心理，对作业中可能存在的危险点视而不见，听而不闻，违章操作，铤而走险，使危险点演变成事故。如《安全工作规程》明确规定："不准进入有煤的煤斗内捅堵煤。在特殊情况下，须进入有煤的煤斗内进行工作时，必须经厂主管生产的领导（总工程师）批准，通知运行值班人员将煤斗出口挡板关闭，切断给煤机电源。必须使用安全带，安全带的绳子应缚在外面的固定装置上，并至少有两人在外面进行监护，进入煤斗后安全带应由监护人一直保持在稍微拉紧的状态。《安全工作规程》这样规定，实际是预见到进入煤斗工作存在着危险，而采取相应的保护措施。但某单位工人张某擅自到原煤斗捅煤，明知存在着危险，却在既无人监护又没切断电源，而又不扎安全带的情况下，独自一人进入原煤斗内扒煤。结果由于原煤塌落，造成全身埋没窒息死亡。

三、习惯性违章会使危险点进一步扩大，造成更为严重的后果。危险点演变成现实的危险以后，如果及时采取措施，能够控制事态的发展，把损失减少到最低限度。而在危险点演变成现实的危险之后，又遇到习惯性违章行为，则会使危险点进一步扩大。比如：安全工作规程规定，在高处作业时，工具材料要用绳索上下吊送。但某单位工人黄某和郭某在连接一次风管时，既未开工作票也没采取安全措施即开始工作。他们从3号喷燃器开始，一直割到11号风管，使所有被割掉的方圆节都从11m标高处向8m平台自由落下。在11号风管将近割完时，因焊工站在管子东侧无法切割，站在风管西侧的郭某便要过割把继续切割。被割掉的方圆节落在架板上，黄某即用脚将这根重约25kg的方圆节蹬掉。当其下落时，砸在5号炉的回油总管弯头上，使弯头焊口处断裂（当时，因3号炉需要，启动了燃油泵，回油总管带压），油喷到刚刚割掉的方圆节高温部分着火，油喷到黄某和郭某身上，也着起火来。其中，黄某烧伤面积达80%，抢救无效死亡，郭某头颈部烧伤。

四、习惯性违章会使危险点演变成事故。一些客观存在的危险点只有具备一定的条件（主要是它与人或设备接触）时才会演变成事故，而人的习惯性违章行为恰恰为已经存在的危险点演变事故提供了这种条件。如：《安全工作规程》规定，在金属容器内施焊，必须垫橡胶绝缘垫，穿绝缘鞋和工作服。但某单位调速班马某和综合班曹某在高压加热器内进行管板沙眼焊接工作时，公然违反安全工作规程。马某站在容器外监护，曹某进入容器内施焊。他直接坐在管板上，汗湿的后背靠着容器壁。由于粗心大意，将焊把触到前胸，使电流通过身体接触到金属导体放电，严重击伤心脏而死亡。

总而言之，习惯性违章是生成和引发危险点的人为因素，要有效地控制危险点就必须根除习惯性违章。

第六节　预控作业中存在的危险点

一般来说，作业中存在的危险点可以分为两大类：一类是显现的危险点，通过现场考察或认真预想就可以发现。比如：正因为人们知晓电气作业会有触电的危险，所以事先戴好绝缘手套、穿好绝缘鞋，与带电体保持一定的安全距离。登杆作业前，人们也会预感到存在坠落的危险，因此，上杆之后，小心地挂好安全带。另一类是潜在的危险点，人们仅凭经验或想象难以作出准确的判断，这就需要进行科学的分析预控。潜在的危险点也是一种客观存在的事物，只要是客观存在的事物，人们就有能力去认识它和控制它。

预控作业中存在的危险点，是有目的地运用相关科学技术知识，根据过去和现在已知的情况，对作业中存在的危险点进行分析、判断和推测。分析预测得出的结论正确，符合实际情况，采取的控制危险点的措施才越有针对性和实效性。首先，科学的预控是一种预见性的活动，即预测的对象不是过去或现在已完成的作业中的情况，而是对未来作业中有可能存在的危险点进行积极的思考和有益的探索。其次，科学的预控是一种有目的的活动。它自始至终都是从保护人的生命与身体健康、保证作业任务圆满完成这一根本目的展开的。再次，科学的预控是以科学的方法为指导的。它首先要收集本单位过去同类作业或其他单位同类作业的有关资料，吸取以往的经验教训，并认真考查和分析将要从事的作业的特点和参加人员的安全思想、技术素质等方面，在占有充分资料的基础上，然后才能对危险点作出推测。第四，科学的预控是一种认识和运用客观规律的活动。这些客观规律包括：在作业过程中何时何处有可能存在危险点，这些危险点有可能带来哪些危害，如何采取措施加以控制等。同时，也必须指出，既然预控危险点是一种指向未来作业情况，分析潜在危险点存在和发展趋势的活动，因而，它必然会带有很大的不确定性。也就是说，在我们进行预控的时候，往往抱有最大的希望把有可能存在的所有的危险点都寻找出来，把每个危险点会在何时何地出现都判断准确，但事实上并非完全如此。这是因为：未来作业的发展过程及其有可能存在的危险点并没有完全暴露，我们新得出的结论，只是一种推论，不是从作业实践中直接得来，并且，尽管我们依据的是以往作业中寻找和控制危险点的成功经验，但是每一次具体作业的情况是不同的，过去的经验不能反映新的情况。就我们每个人来说，认识能力是有限的，或者是知识缺乏，或者是经验不足，或者是头脑中存在着旧框框，等等。都有可能妨碍对未来作业中存在的危险点作出正确的判断。而危险点判断不准或被遗漏，在毫无思想和手段准备下的作业则有可能造成无法弥补的危害。基于这些考虑，在进行危险点预控时必须注意以下几点：

一、收集的资料必须充实。一般地说，在以过去作业情况作为依据时，其作业情况与将要开展的作业情况（时间、地点、作业过程、使用的工器具、作业人员的素质等）越类似，相比照而推断出的危险点越准确。因此，选择过去进行的作业一定要有类比之处。

二、对时间较长、过程较复杂的作业，除了对其可能存在的危险点作出概略的预知外，应把整个作业过程分为若干小阶段，预知出每个小阶段有可能存在的危险点。作业阶段越短，预知出的危险点越可靠。

三、要坚持把实践作为检验预知正确与否的标准。在作业前预控到的危险点和采取的防范措施是否与实际作业情况相符，还必须接受实践的验证。凡是与实际作业情况相符，则说明所作出的预控是准确无误的；反之，与实际作业情况不符或部分符合则说明所作出的预控有误，应该依照实际情况重新作出预控和采取相应的防范措施。

第七节　预控危险点的一般步骤

一、认真了解即将开展的作业情况，分析它所具有的特点以及给安全工作提出的课题。同时，回顾过去完成的同类作业所积累的经验教训，作为预控此次作业危险点和制订安全防范措施的参照。过去完成的同类作业与此次作业的情形越相近，其可参照性就越大。而对此次作业的情况越熟悉，所分析的特点越透彻，对可能出现的问题估计得越充分，找出的此次作业中可能存在的危险点就会更加全面、准确。

二、召开会议进行具体的分析预控。与会人员应该是即将从事此次作业的人员，特别应注意邀请有此类作业实践经验的老工人或技术人员参加会议。应把即将开始的作业的全过程，分成若干阶段，让大家逐个阶段地找出有可能存在的危险点，并提出安全防范的措施。每次作业中存在的危险点有可能是一两个，也可能是多个，因此在分析预控的时候，应尽可能地把所有的危险点都找出来。最后，集中大家的意见，归纳出此次作业中应重点加以防范的危险点。

三、围绕确定的危险点，制定切实可行的安全防范措施，并向所有参加此次作业的人员进行交底。

第八节　分析预控危险点能有效地预防事故

国内外资料统计表明，90%以上的事故是由于当事人对有可能造成伤害的危险点或者缺乏事先预想，或者虽然预想到却缺乏有效的防范而造成的。因此，做好危险点的分析预控工作，就能使有可能诱发事故的人为因素得以避免，把事故遏止在萌芽状态。

一、做好危险点分析预控工作，可以增强职工对危险性的认识，克服麻痹思想，防止冒险行为。一些事故的发生，与当事人对作业中可能存在的危险点及其危害性认识不足、有险不知险有直接关系。如：从卸煤车厢两钩间穿过，如果车厢处于正常的稳固状态，不会发生什么危险；车厢一旦出现不稳固状态，人在两钩间通过，则是非常危险的。某单位对工人穿越车厢两钩的现象，司空见惯，未能把它视为危险行为加以纠正。有些习惯走捷径、在两钩间穿越的人，也没有意识到会有什么危险后果。直至有一天，工人韩某准备从四道的南侧越到北侧检查车辆过程中，为抄近路，在钩距不到1m的第8、9节车厢两钩间穿过，恰在此时，翻车机排空车，造成四道停留的空车冲撞，使车辆移动，把他挤伤致死。在分析事故教训时，人们都深刻认识到，如果韩某把在车厢两钩间穿越看作是一种危险行为，或者绕开这一危险区行走，或者在做空车前的检查时，通知机车室值班员，采取措施停止推车器，这起事故完全可以避免。做好危险点分析预控工作，让每个在现场作业的职工都明确，现场作业存在哪些危险点，有可能造成什么样的后果，谁也不会拿自己的生命开玩笑了。

二、做好危险点分析预控工作，能够防止由于仓促上阵而导致的危险。准备不充分，安排不周，忙乱无序或图方便简化和颠倒作业步骤，这本身就隐藏着事故隐患。如安全工作规程明确规定：煤车摘钩、挂钩或起动前，必须由调车员查明车底下各节车辆的中间确已无人，才可发令操作。挂车前需事先检查被挂车辆各种作业是否完毕，人员是否躲开，道眼是否清好等。但某单位在卸煤时，对有可能出现的险情没有进行分析预控并采取妥善措施，现场一片忙乱：调车员王某在机车部第四节煤车上显示信号，石某在第十节车上（头钩）中转信号，但王某没有派人就地显示停留车辆位置。在与九道停留的16节煤车连挂时，石某按照十、五、三、一减速连挂的规定显示了信号，司机潘某给了复示信号，但在车辆连挂后才显示停车信号。由于车速每小时超过3km，致使车辆连挂冲力过大，将停留的车辆撞走4m远。挂车后听到有人呼喊，此时王、石俩人才知道停留的第16节煤车上有人作业，下去检查时，有两个卸煤的工人已被压伤，其中一人在送往医院途中死亡，另一人肱骨、腕关节、踝骨三处骨折。如果开展危险点分析预控活动，在作业前分析可能出现的险情，研究防范措施，按照安全工作规程的要求，有条不紊地展开作业，这类事故完全可以避免。

三、做好危险点分析预控工作，能够防止由于技术业务不熟而诱发的事故。在作业前，开展危险点分析预控活动，实际上就是对安全工作重要性的再认识，对有关作业的工艺、技术业务的再学习。作业人员虽然已经培训，持证上岗，但是，要把学到的理论知识转变为实际能力还需一个过程；由于作业的对象、时间、地点及复杂情况、危险点发生了变化，已经学到的理论知识或获得的经验体会不可能完全满足需要。开展危险点分析预控活动，就能帮助作业人员研究新情况，接受新知识，解决新问题，使人身和设备安全得以保证。如：某班在10kV

线路停电清扫之前，吸取以往一些单位发生事故的教训，首先对将要清扫的线路进行考察和登记，结果发现一基杆已改为双电源杆，消除一起有可能导致人员触电的事故。其次，鉴于参加此次作业的人员较新，对登杆清扫作业不够熟悉的实际，利用半天时间进行培训，着重讲解清扫作业的要领，应注意的安全事项和防范措施，并带领他们现场演练，一人作业，大家观看。由于大家熟悉了作业技术，知晓危险点，慎于防范，使这次登杆清扫任务圆满地完成。

四、做好危险点分析预控工作，能够使安全措施更具针对性和实效性，确实起到预防事故的作用。以往的教训是：作业人员对作业中存在的危险点心中无数，工作票中提出的安全措施缺乏针对性和可操作性，导致事故的发生。如：一次某班在10kV变压器台上更换避雷器，工作票上只填写了“注意扎好安全绳”字样。作业人员孙某到了现场在未全部拉开跌落保险的情况下即登上变压器台，结果触电身亡。开展危险点分析预控活动，针对危险点填写应注意的安全事项和应采取的措施，就能防患于未然。

五、做好危险点分析预控工作，能够减少以致杜绝由于指挥不力而造成的事故。指挥人员由于不熟悉作业中存在的险情或凭主观臆断进行指挥，极有可能造成事故，甚至会造成群死群伤。如：某班长黄某是从检修班改行的，不熟悉汽车吊的性能和指挥程序。一次，他指挥向船上吊装闸门框架时，计算吊物的重量发生错误，使吊车严重超载。有两名工作人员站在吊物上，他也不制止。造成汽车吊倾翻，两名工作人员落水淹溺死亡。开展危险点分析预控活动，指挥人员与作业人员一起分析情况，查找危险点，制定安全防范措施，能够使指挥人员掌握最佳的指挥方法，从而堵住因指挥不力而诱发事故的漏洞。

第九节　安全工作规程是分析预控危险点的行动指南

理论源于实践，又指导实践。电网作业安全工作规程，就是预控作业中存在的危险点的行动指南。因为安全工作规程都是在前人血和生命教训及预防事故经验的基础上总结出来的，又经过实践检验证明是正确的科学真理，它是分析和预控危险点的行动指南。只有以安全工作规程为指导，分析预控危险点，所得出的预控结论才具有更高的可靠性，也只有以安全工作规程为指导研究制定安全措施，并落到实处，分析预控危险点才能更加卓有成效。

一、安全工作规程指明了各类作业中存在的危险点。各类安全工作规程里，都有“不得”“严禁”“防止”等表述，实际上，只要稍加分析，就可以知晓它是针对具体危险点而言的。比如《起重运输作业安全操作规程》规定：“吊钩上的缺陷不得焊补”，如果吊钩上存有焊补之处就应视为危险点；滑轮槽“不准许有损伤钢丝绳的缺陷”，如果滑轮槽存有这种缺陷，将会发生损伤钢丝绳的危险；吊钩、滑轮出现下列情形之一时，应报废：

（一）裂纹。

（二）吊钩危险断面磨损达原尺寸的10%或开口度比原尺寸增加15%，或扭转变形超过10%。

（三）吊钩危险断面或颈部产生塑性变形。

（四）轮槽不均匀、磨损达3mm或壁厚磨损达20%。

（五）出现其他严重损害钢丝绳的缺陷。

存在以上危险点该报废的钢丝绳，如果继续使用，就会发生损坏机械和伤人的事故。

二、每类作业都有各自的安全工作规程。在作业前，要认真学习安全工作规程，并以此为指导分析作业的实际情况，找出可能存在的危险点。有的时候，完成一项较大的作业需要各工种密切配合，防止因考虑不周出现遗漏而留下隐患。还应注意的是安全工作规程只是为寻找危险点提供了一般的指导性的依据，不可能把所有的危险点都列举出来，在开展危险点预控活动中，我们要坚持以安全工作规程为指导，又应坚持从实际出发，从对实际情况的分析预测中得出科学的结论。

三、安全工作规程指明了各类作业中危险点的预控措施。安全工作规程中有关应该怎么做、不应该怎么做，以及一些标准界限划定等表述，实际上，都是预控危险点的基本措施，对同一类作业具有普遍的适用性和可操作性。比如：《安全工作规程（电力线路部分）》3.3.1规定：“在停电线路工作地段装接地线前，要先验电，验明线路确无电压。”在停电线路工作，先验明是否有电，如果有电即停止作业，这样就能防止被实际存在的电流伤害。3.4.1规定：“线路经验明确无电压后，应立即装设接地线并三相短路。”挂接地线后，当电器设备意外带电时，电流便会经过地线流入大地。因此，挂接地线是防止人身触电和设备损坏的有效措施。7.1.2规定：“在配电变压器台架上进行工作，不论线路是否停电，应先拉开低压侧刀闸，后拉开高压侧隔离开关（刀闸）或跌落式熔断器（保险），在停电的高、低压引线上验电、接地。”落实了这些安全措施，即使在作业中万一误送电，作业人员也能避免受到伤害。“在带电线路杆塔上（63～66kV）查看金具、瓷瓶等工作时，作业人员活动范围及其所携带的工具、材料等，与带电导线最小距离不得小于1.5m。”保持1.5m最小的安全距离，就能预防触电危险。反之，就会被电流伤害。某公司技术人员在签发工作票时，竟把在66kV带电线路杆塔上工作的最小安全距离误写成0.7m（应为1.5m），结果在检修线路上杆过程中，一名作业人员左手抓住下横担铁柱板，左脚踏在下横担，欲抬左脚挺身之时，头部对上面的引流线放电，安全帽被击穿，脚掌、头部及两手被烧伤，从杆上摔下死亡。安全工作规程指明的方法和措施是分析预控危险点的“法宝”。严格遵守安全工作规程，就能遏制危险点的生成、扩大和突变。

四、安全工作规程还指明了发生危险后，应采取哪些措施把损失减少到最低限度。安全工作规程的一些条款中，对如何处理机械设备故障或其他险情，均作出了明确规定。按照规定去做，就能有效地控制危险点，比如：《一般冲压工安全操作规程》规定：“发现压床运转异常或者异常声响（如连击声、爆裂声等），应停止送料，检查原因，如系转动部件松动、操纵装置失灵或模具松动及缺损，应停机修理。”安全工作规程强调：维修电气设备前，必须办理工作票；当发生事故现象时必须果断停机并启动灭火装置。但某单位在维修高压开关室近区柜下设备时，既没有办理工作票，又没有明确交代操作项目，操作人员误拉刀闸，导致开关爆炸，烧伤7人，全站停电。连续抢修后并网发电时，2号机在升压过程中冒烟着火。面对事故，运行人员不是果断停机，而是跑去找领导汇报，使事故后果扩大，定子线棒被烧损。事后进行分析，如果有关人员严格按照安全工作规程办事，坚持各项工作制度，这起事故绝对不会发生；发生事故后，如果严格按照安全工作规程处理，事故后果也不会扩大。

经验教训一再昭示，危险点的生成、扩大、突变以致造成事故，从主观原因上看，皆是因为有关人员不熟悉或不能严格遵守安全工作规程所致。因此，加强安全工作规程学习，熟练掌握安全工作规程，对分析预控危险点是非常重要的。

第四章　基建安全反违章管理

第一节　深刻认识反违章工作的重要意义

近年来，电网企业全面贯彻落实科学发展观，坚持“安全第一、预防为主、综合治理”方针，加强“全面、全员、全过程、全方位”安全管理，深入开展隐患排查治理专项行动，加强安全生产应急机制建设，推动了安全管理的理论和实践创新。在改革与发展任务十分艰巨、各种不利因素增多的情况下，保持了安全生产持续稳定，各类事故逐年大幅度降低，巩固和发展了安全生产的良好局面。

但是应该清醒地看到，安全管理还存在薄弱环节，一些企业安全基础不牢固，各类事故特别是违章导致的人身伤亡事故和人员责任事故时有发生，给企业安全生产和职工家庭幸福带来重大损失，给企业安全生产带来严重影响。据国家电网公司统计，违章是导致各类事故的主要原因，仍是影响安全生产的突出问题。刘振亚总经理曾深刻指出：“违章就是事故之源，违章就是伤亡之源，见违章不管、不制止，长期解决不好违章问题，就是失职、失责。”我们要深刻认识深入开展反违章工作，是贯彻落实上级决策部署的重要举措，是解决企业安全管理突出问题的现实需要，是夯实安全工作基础的必然要求，每一个电网职工都要提高认识，严肃认真，扎扎实实地开展好反违章工作。

第二节　反违章工作的思路和目标

为加强反违章工作的统一部署和规范管理，理清思路，明确目标，加强指导，确保取得实实在在的效果，必须明确以下反违章工作的指导思想、工作思路和总体目标。

指导思想：贯彻落实上级决策部署，深刻领会安全工作反违章的重要性，认真总结安全工作的经验教训，坚持以人为本，严格落实责任，严格执行规程，切实规范行为，从根本上消除各类违章和事故隐患，着力解决管理不到位、责任不落实等深层次问题，杜绝责任事故，保障安全局面。

工作思路：发挥安全保证体系和安全监督体系的共同作用，建立反违章工作组织体系，加强领导，落实责任，集中整治《安全生产（施工）典型违章100条》（以下简称《典型违章100条》），以点带面，强化安全教育和技能培训，加强现场安全管理和监督检查，规范各级人员行为，建立健全反违章长效工作机制，切实保障人身、电网和设备安全。

总体目标：对违章的危害性认识更加深刻，安全教育培训有效加强，安全意识显著提高，规章制度体系进一步完善，安全规程规定执行力明显提高，违章深层次问题得到有效解决，各种违章现象进一步大幅下降；不发生违章导致的人身伤亡事故、恶性误操作事故等人员责任事故，全面实现安全工作目标。

第三节　反违章工作的基本原则

在开展安全生产反违章工作中，必须注意把握以下基本原则：

一、坚持领导带头、全员参与。反违章工作要取得实效，关键在领导。各级领导要高度重视，从自身做起，带头履行责任，带头执行规程。要广泛动员，充分调动每位员工的积极性和主动性，人人参与反违章。

二、坚持全面系统、突出重点。以反《典型违章100条》为重点，系统分析和查找每项工作、每个岗位、每个环节的违章现象，特别要重视和解决关键时段、关键人员、关键环节的违章问题。

三、坚持统筹协调、促进工作。要将反违章工作与国家“安全生产年”、全国安全生产月活动以及反事故斗争、“百问百查”、隐患排查治理、风险管理等各项工作密切结合，协调促进各项工作的落实。

四、坚持培训教育、正确引导。要强化安全事故警示教育，开展安全规程和风险辨识培训，增强员工遵章守规意识，提高规章制度执行力；要建立完善激励机制，加大正面引导力度，鼓励员工自查自纠，自觉反违章、不违章。

五、坚持严格要求、从严处罚。反违章是对职工最大的关爱。要以“铁的制度、铁的面孔、铁的处理”，反“违章指挥、违章作业、违反劳动纪律”。对于违章现象，无论是否造成后果，都要及时纠正，严肃处理，决不姑息迁就。

六、坚持常抓不懈、健全机制。反违章是一项长期艰巨的工作，要持之以恒，坚持不懈。要从组织管理、技术措施、教育激励、监督考核等多方面，健全反违章工作机制，使员工逐步养成良好习惯，培育建设企业安全文化。

第四节 反违章工作的重点措施

为扎实有效推进反违章工作深入开展，必须切实强化以下重点措施：

一、深化安全事故回头看。认真总结安全事故“回头看”，对本单位近年来安全事故和违章现象进行分析检查，重点检查防范整改措施是否落实，事故责任人是否受到教育，违章原因特别是深层次的管理原因是否清楚，同类违章在同一单位、同一车间和同一班组是否同样存在或发生，事故发生后相关管理制度是否健全。

二、强化安全警示教育。各级行政正职至少讲一堂安全课，分析本单位违章现象和问题。组织开展安全警示教育，结合《典型违章100条》及身边违章事故案例，以画册、手册、板报等各种形式，分析违章危害，深刻吸取教训，教育员工养成遵章守规的习惯。充分利用各种媒体，对违章现象进行曝光，形成强大的舆论监督压力。

三、做好安规宣贯培训。大力开展安规培训宣贯，分层次、分专业开展安规调考，帮助员工准确理解、全面掌握、正确执行安规。对照《典型违章100条》，学习安全工作规程规定相关条款，提高各级人员辨识违章、纠正违章和防止违章的能力。

四、梳理安全制度体系。对各个层面安全规章制度和技术标准进行一次系统梳理，清除无效、归并重复的规章制度，根据生产实践发展、生产技术进步、管理方式变化、反事故措施等，及时修订发布规章制度。围绕反违章的组织管理、督导检查、分析评估、教育培训、奖励惩罚等环节，建立相应的制度，保证反违章有规可依、有章可循。

五、加强现场违章查纠。认真总结反违章的成效与经验，采取违章记分、连带处罚等行之有效措施，建立健全现场违章查纠管理制度。发挥安全监督体系和专职（兼职）督查队伍作用，开展多种形式的反违章检查，严肃查纠现场违章现象，强化“两票三制”，规范人员行为，落实安全措施，确保作业现场工作安全。

六、加强问题隐患整改。全面清理在安全隐患排查治理专项行动、安全生产“百问百查”等活动中排查出的隐患，分析隐患原因，检查治理情况，对因管理职责不到位、整改责任不明确、整改措施不落实，可能导致人身伤害事故或影响生产和设备安全运行的问题隐患，要采取挂牌督办、逐级督导、专人跟踪等形式，集中资源限期整改。

第五节　反违章活动的各阶段工作

违章是指在电网生产活动过程中，违反国家和行业安全生产法律法规、规程标准，违反安全生产规程制度、反事故措施、安全管理要求等，可能对人身、电网和设备构成危害并诱发事故的人的不安全行为、物的不安全状态和环境的不安全因素。

安全生产反违章活动一般分为三个阶段，各阶段时间划分及重点工作内容大致为：

第一阶段：动员部署。制定反违章活动工作方案，明确活动的指导思想、基本原则、工作思路、重点措施及工作要求；按照统一部署，结合单位实际，制定具体的实施方案，广泛动员，大力宣传，做到人人皆知，主动参与，形成声势。

第二阶段：推进实施。结合安全生产具体工作，认真研究不同时段违章特点，采取针对性措施，防范违章、查处违章、治理违章。要加大反违章活动的督导，开展专项检查，组织经验交流，推广典型做法，全面落实深入开展反违章工作各项部署，确保完成反违章工作目标。

第三阶段：总结提高。结合全年安全生产工作，做好反违章工作总结，全面分析和评估反违章工作成效。开展反违章工作交流研讨，总结经验，查找不足，研究深化反违章工作成效的措施，制定反违章工作管理制度，建立常态工作机制。

第六节　反违章的工作要求

开展反违章工作是安全生产的一项重点工作，必须高度重视，周密部署，严肃认真，保证实效。

一、加强组织领导。要将反违章活动纳入年度重点工作，主要负责领导要亲自过问、亲自部署、亲自检查。成立反违章工作组织机构，加强组织领导和工作实施。

二、加强责任落实。遵章守规是全体员工的基本义务，反违章是党政工团的共同职责。要根据反违章工作的目标要求，将反违章责任从上到下层层落实到每个单位、部门、车间、班组和员工，努力营造齐抓共管、共保安全的反违章工作氛围，确保反违章工作顺利实施。

三、加强舆论宣传。结合实际开展安全生产宣传教育行动，采取多种形式，大力宣传开展反违章工作的部署、要求、做法、经验与成效，组织开展不违章签名、承诺等活动，宣传遵章守规的先进典型，努力营造反违章工作的良好氛围。

四、加强过程管控。实施目标管理，强化过程管控，注重工作效果，鼓励自查自纠，提倡联责考核。逐级开展反违章工作专项监督检查，从责任落实、工作进展、效果评价等方面，对反违章工作过程进行督导。各级领导干部要结合分工建立联系点，加强过程控制，防止走过场。

五、严肃事故处理。严格执行安全事故和突发事件信息报告规定，按照“四不放过”原则，对活动期间发生的人身伤亡事故、恶性误操作事故等责任事故，视情况召开事故现场会，严肃事故调查和责任追究。

第七节　行为违章的主要表现

行为违章是指现场作业人员在电力建设、运行、检修等生产活动过程中，违反保证安全的规程、规定、制度、反事故措施等的不安全行为。

行为违章的基本特征是：

一、违章对象是从事作业工作或进行具体操作的人员。

二、违章发生的场所在作业现场或工作岗位。

三、违章内容是指违反应担当的安全生产职责，或者违反应遵守的安全生产规程规定等。

四、违章的表现可能是作为的，即擅自违抗，铤而走险；也可能是不作为的，如不执行安全生产规程规定。行为违章也是违章作业的一种典型表现。

行为违章主要有以下表现：

（一）违反预防触电规章

1. 工作范围不能满足安全距离要求。

2. 试验现场不设置遮栏或围栏，不向外悬挂“止步，高压危险！”标示牌。试验现场或被试设备不在同一地点，另一端的看守人员擅离岗位。

3. 高压试验变更接线或试验结束时，不按要求首先断开试验电源、放电。未在升压设备的高压部分短路接地。

4. 在高压直流试验中，每当一段落结束时，未将设备对地放电数次并短路接地。

5. 未经批准，擅自进入设备场区进行巡视工作，或擅自跨越围栏。

6. 擅自扩大工作范围，移动安全围栏等。

7. 进入生产现场不按规定着装，穿凉鞋、背心和短裤等，工作服材质选料不符合规定要求；机械加工女工的着装、防护不符合规定。

8. 不按规定定期检修、维护、校验登高工具和电气绝缘工器具。

9. 在10kV高压开关柜内工作，不在该柜母线刀闸动静触头之间加装绝缘挡板。

10. 不执行保证安全的组织、技术措施要求。

11. 检修母线时，不按规定根据母线的长短和感应电压的实际情况确定地线数量确保10M一组，门型架构超出10M时不采取临时接地措施。

12. 在带电设备周围使用钢卷尺、皮尺和线尺（夹有金属丝者）进行测量工作。

13. 在停电的低压回路工作时，不遵守有关停电、验电和采取其他安全措施的规定。

14. 低压带电作业工作，不遵守有关规定。

15. 停电更换低压熔断保险器后，恢复操作时，不戴手套和护目镜。

16. 检修现场危险点不派专人专职监护。

17. 登杆前不执行核对名称、编号（杆号）、色标（位置）的规定。

18. 线路进行带电登杆巡视工作时，不派专人监护跟踪到位。

（二）违反高处作业规章

1. 登高作业人员不具备身体健康的要求。患有精神病、癫痫病及经过医生鉴定患有高血压、心脏病等不宜从事高处作业病症的人员参加高处作业。饮酒或精神不振时仍旧登高作业。

2. 不能正确检查、使用安全带（绳），使用时安全带（绳）未扎在牢固的架构上。

3. 在屋外变电所和高压室内搬动梯子、管子等长物，未放倒搬运，并与带电部分保持足够的安全距离。带电区域内使用金属梯。

4. 登高作业人员穿硬底鞋或带铁掌鞋，特殊天气或环境登高作业未有防滑措施。

5. 冬季高处作业未采取防滑、防冻措施，登高前未对安全工器具和其他防护措施进行检查。

6. 高处作业中上下抛掷物品，不按规定使用传递绳传递物品。

7. 66kV及以上设备清扫悬垂工作未使用双保险安全带（绳）。站在大跨度跳线上进行工作、杆塔上工作转移或移动时失去安全防护。

8. 线路悬垂清扫时，工作前未对金具各部位（球头、开口销等）的牢固性进行检查。

（三）违反防止机械伤害规章

1. 进入生产现场（办公室、控制室、值班室和检修班组室除外）的人员未戴安全帽。安全帽配置不规范，佩戴不标准。

2. 吊装用具（机具、器具、索具）使用前未进行检查，并经过承载负荷计算。

3. 超负荷起吊物件，起吊前未详细检查、核实吊挂点状态，负荷偏移失控。

4. 起重操作工未经过培训，持证上岗。起重指挥人员未经过培训。

5. 起重设备操作前未遵守操作规程和规定：统一信号、专人指挥，明确指挥信号，鸣铃启动。

6. 起吊物下或吊车运转过程中吊臂下有人员逗留。

（四）违反防火防爆规章

1. 在易燃易爆区域携带火种、吸烟。动用明火施工时，穿带铁钉的鞋进入现场。

2. 在油管道上进行焊接工作，或在拆下的油管道上进行焊接，未按要求事先将管子冲洗干净。现场焊接未办理动火工作票，工作现场未配置充足的消防器材。

3. 焊接切割工作前，未对周围易燃物进行清理，工作结束后未对现场进行检查和清理遗留物。

4. 现场进行滤油工作未安排专人看管，未做好防漏、防火措施，未配足消防器材。工作中断或工作结束未立即将有关电源切断。

5. 消防设施、装置未定期进行检查、维护，超期使用，标志不正确、不清晰，擅自挪用。

6. 气焊器材未严格遵守管理规定，防护罩不齐全，压力表、减压阀使用前未进行检查，有破损，气瓶未定期校验，色标不准确、不清晰。

7. 工作现场使用气焊工具器材不符合有关规定。

（五）违反检修作业规章

1. 倒闸操作未遵守操作票、操作规定及有关制度。

2. 对变电、线路合成绝缘子未沿其上下进行检查，未使用合格的专用检修设施。

3. 线路作业不能保证工作人员处于两端接地保护范围内，未根据现场情况使用个人保安线。

4. 雨天进行配电设备紧急操作，未使用带防雨罩的专用绝缘杆。

5. 使用电动工具金属外壳未有接地线，电源线绝缘不良破损，使用电钻（手提电钻）等电气工具未戴绝缘手套。

6. 在电缆隧道、夹层或金属容器内工作时，未使用安全电压行灯照明并派专人监护。

7. 穿（跨）越安全遮栏、围栏、安全警戒线。

8. 对正在运行中的机械设备（电钻、砂轮、无齿具等）擅自开启安全防护罩，用手触摸或更换附件及进行维护检查工作。

9. 对砂轮机、车床等切割机具操作时，不按照规定佩戴防护眼镜。

10. 使用钻床、大锤工作时，戴手套或单手抡锤，周围有人靠近。

11. 压板投、切、停操作时，未严格执行有关安全规定。

12. 保护回路校验后，未严格履行管理规定，恢复时单凭记忆，未执行双人复核制度。

13. 在带电的CT、PT二次回路上工作未采取防止开路、短路的安全防护措施。

14. 变电站主控室、微机保护室等未遵守有关严禁使用移动通信工具的规定。

15. 在全部或部分带电的盘上进行工作时，未将检修设备与运行设备前后以明显的标志隔开（如盘后用红布帘，盘前用“在此工作”标示牌等）。

第八节　装置违章的主要表现

装置是指用于电力生产或施工的机器、仪器或设备，构造较复杂并且具有某种独立功用。

装置违章是指生产设备、设施、环境和作业使用的工器具及安全防护用品不满足规程、规定、标准、反事故措施等的要求，不能可靠保证人身、电网和设备安全的不安全状态。它的主要特征是：

一、违章对象是指装置购买、维护、保管、检测和使用的人员；

二、违章行为包括购买装置违章、维护装置违章、保管装置违章、检测装置违章、使用装置违章；

三、违章表现是指违反应履行的安全生产职责和应遵守的安全生产规章制度。

装置性违章表现主要有：

（一）低压用电装置未配置触电保安器。

（二）电气设备金属外壳、设施接地未采用焊接、压接或螺栓连接。

（三）运行设备对地距离不能满足规程要求。

（四）变电站（所、室）遮拦网不能满足安全防护要求。

（五）分段母线桥架构、开关室（柜）间隔之间未有隔离措施或警示标志。

（六）平行和同杆架设线路未配置明显的色标标志。

（七）各类设施安全警示标志不符合规范要求。

（八）检修专用梯子端部未安装防滑装置。人字梯未安装限制开度的拉绳，材质不符合要求。

（九）变电站电缆沟盖板有严重的破损，无法满足防止小动物进入的要求，观察口没有标志。

（十）所有升降口、大小孔洞、楼梯和平台未安装不低于1050mm高栏杆和不低于100mm高的护板。

（十一）变电站高压室门不符合规定从外向里开，紧急通道标志不齐全，道路不畅通。

（十二）起重机械信号、显示、保护、吊具部件不齐全，性能不符合要求。

装置出厂前便存有缺陷，一般属于生产厂家的责任。如果这类装置被购入，属于购买人员严重违章。购买投入使用后，装置因为维护原因发生违章，属于维护单位及人员的责任；因保管原因发生违章，属于保管单位及人员的责任；因检测失误发生违章，属于检测单位及人员的责任；因使用过程中发生违章，属于使用单位及人员的责任。因此，装置违章并非它自身存有缺陷，而是有关单位和人员违反应履行的安全生产职责或应遵守的安全生产规章制度的行为。

装置违章与其他违章一样，如得不到及时纠正，使装置失灵或带病运行，也会引起设备损坏和人员伤亡事故，所以，也应当像反其他违章行为一样，做好维护、保管、检测等预防工作，使之处于性能良好和安全状态，在使用过程中，仍旧要遵守有关安全生产规定，严禁带故障使用、超负荷使用、不检测即使用。现在，各电网企业都在推行防止误登带电杆塔的技术措施，逐一查清所属电压等级同杆架设线路情况。然后，在同杆架设的各线路横担上分别涂上不同的颜色标志（如：左线横担涂黄色，右线横担涂红色等）。上杆工作的人员和安全监护人，要佩戴与停电线路相同颜色的安全袖章，并将此规定写入工作票和标准化作业指导书，作为重要措施进行交代。作业人员和安全监护人认清横担的颜色与自己的安全袖章颜色一致时，方可登此杆塔作业。平行和同杆架设线路没有明显的色标标志，则属于装置违章的重要表现，而这类装置违章，以前曾诱发人身死亡事故。比如：某送电工区工作班成员吴成续（担任安全监护人）、闫可斌分担清扫某段线路的21至25号塔瓷瓶。该段为停电线路，但与带电的另一段线路同塔共架。但所属单位未采取配置明显的色标标志等技术措施。登塔前，吴成续对闫可斌说："这边有电，你注意点！"闫可斌答应一声便登上了杆塔。吴成续目送闫可斌到停电线路。临近中午，中线瓶擦完。吴成续见闫可斌正在上线擦瓶，对他说："你慢点干，别着急，我上趟厕所。"说完，吴成续走进附近的树林。闫可斌转了向，将带电的线路误以为是停电线路，误登带电的线路去擦拭瓷瓶而触电。在追查责任时，除追查作业人员精力不集中，安全监护人监护不到位外，也追查了该送电工区未执行"杆塔刷色，佩戴袖章对色"的责任。

作业现场不设置安全措施，没有运行带电设备与施工现场的隔离围栏，不悬挂任何安全标志牌、警告牌，不标明设备名称等，这类装置违章也容易造成作业人员的错觉和误认而触电。比如：某送电工区检修班在66kV线路进行开关本体机构箱调试和东西刀闸调整工作时，由于作业现场存在不设置安全措施等装置违章，作业人员徐永胜安装完东西刀闸线夹后，由于不知晓乙刀闸线路侧有电且不在工作票标明的工作范围内，误登乙刀闸支架触电。

起重机械吊具部件不齐全等装置违章，时常引发事故。比如：某起重班吊装方格网，因为吊装工具不符合要求，存在装置违章，再加上地面与高空的指挥配合不畅，在10m高处吊方格网时，控制卷扬机的工人没听见上面发出的信号，造成5t卷扬机冒顶，地面固定滑轮的圆木杆被拉断，吊钩在5m处空中急剧地摆动，打在一名工人脚踏的方格网上，那名工人来不及挪动，顺势从高处掉到地面。

对装置违章绝不能小视，一定要视同"过街老鼠人人喊打"那样，人人都采取措施进行精心整治，才能防患于未然。

第九节　管理违章的主要表现

过去，一提到违章，人们自然就会想到违章指挥、违章作业和违反劳动纪律，很少想到管理违章。所谓管理违章是指各级领导、管理人员不履行岗位安全职责，不落实安全管理要求，不执行安全规章制度等的各种不安全作为。

换句话说，管理违章，是指负有安全生产责任的企业领导、安全生产监督管理人员违反安全生产监督管理职责、违反安全生产管理制度，导致安全生产失控的行为。

管理违章的特点是：

一、违章人员属于安全生产管理人员，即企业领导、工作负责人和安全生产监督管理人员。这些人员如果直接参加作业或指挥，所发生的违章行为则属于违章作业或违章指挥。

二、所发生的违章行为属于监督管理，违反了安全生产管理规范，或者是放任自流，疏于管理；或者是管理不当，违反规范要求，造成负面影响。

据了解，当前电网企业管理违章，主要有以下十七种表现：

（一）安全生产目标管理违章。比如：公司、二级单位和班组没有制定安全生产目标；或者虽已制定安全生产目标，但缺乏具体可行的保证措施；或者虽有安全生产目标和保证措施，但只是停留在口头上、纸面上，没有落到实处。

（二）安全生产责任制违章。比如：各级安全第一责任人对应当履行的安全职责，只是部分地履行，或者敷衍了事，缺乏经得起考核的业绩。各级各岗位、各部门有的安全生产责任制不符合《安全生产工作规定》，缺乏针对性和可操作性，或者虽有相应的责任制，但贯彻执行不力，形同虚设。

（三）安全生产监督机构建设违章。单位虽设有安全监督部门，但人员配备不齐，或者配备的人员素质低下，满足不了安全生产工作的要求。二级单位和班组不设专（兼）职安全员，或者虽有安全员，但履行职责不到位。

（四）安全例行管理工作违章。比如：规定公司、二级单位每月召开一次安全分析会，班组每周进行一次安全日活动、每日召开班前会和班后会，开展春、秋季安全大检查，夏季防汛检查，每月编印一期安全生产简报，及时传达上级下发的通报、快报等，坚持得不经常，时间有保证时做得好一些，时间紧迫时则予以放弃。有的工作虽然做了，但片面追求形式，不讲求实际效果。

（五）规程制度管理违章。比如：企业制定的安全生产规程、制度、标准，没有严格履行报批手续，甚至与上级有关规定相违背；有的虽已制定出较为可行的安全生产规程、制度、标准，但没有按要求配发到岗位。

（六）“两票三制”违章。比如：单位无完善的“两票三制”管理细则，或者虽有细则，却束之高阁，并不执行。有的工作票签发人、工作负责人、工作许可人、单独巡视高压设备人员缺乏有关安全生产知识，或者把关不严，或者执行“两票三制”不认真。

（七）“两措”管理违章。比如：未结合上级下发的“两措”项目和本单位实际编制年度“两措”计划；或者虽有“两措”计划，但费用得不到落实；生产设备发生故障或重大缺陷时，未能及时研究制定防止故障扩大或重复发生的措施。

（八）设备缺陷管理违章。比如：设备缺陷管理制度不落实，记录不齐全，设备分工存有死角等。

（九）发承包工程和临时工管理违章。比如：发承包工程不签订合同；在发包前未按规定对承包单位资质进行审查等。

（十）反违章工作管理违章。比如：单位和二级单位未制定反违章处罚规定，未设立违章曝光栏，未建立违章档案和处罚记录等。

（十一）安全工器具管理违章。比如：在安全工器具管理中，违反规范化管理要求，擅自改变管理制度规定，对安全工器具试验检测、维护不及时，使之处于失灵状态。

（十二）安全性评价管理违章。比如：对安全性评价工作查出的问题，未按有关规定分析原因，制定整改措施，并予以落实。

（十三）事故调查与处理违章。比如：违反有关规定，对本单位发生的事故、障碍、异常、轻伤等，“大事化小、小事化了”，实行降级认定，对不安全事件的处理，没有严格执行“四不放过”的要求，并实行闭环管理等。

（十四）教育培训管理违章。比如：安全教育培训内容不系统，未按照“冬训、安全月、年度“安规”学习考试、反事故演习、事故预想、特种作业人员培训、紧急救护培训、消防教育”等进行计划安排；新入公司人员未经过“三级安全教育”和“现场紧急救护培训”，新上岗（提岗）人员和调换岗位的生产人员及设备重大改造后的运行、检修人员未经过专门的新岗位专业技术、规程制度、安全措施等方面的培训，220kV及以上变电站的运行人员未经过仿真机培训，特种作业人员未经过国家规定的专业培训，并经考试合格即上岗等。

（十五）职业卫生管理违章。比如：职业卫生管理制度和组织机构不健全，劳动保护用品的购买、发放、使用和管理违反有关规定，未做到定期对职工进行健康检查和跟踪治疗等。

（十六）消防管理违章。比如：消防管理制度不健全，各岗位、各部门、各车间、各班组的消防职责和消防责任人不明确，未制定火险预案及人员应急疏散方案等。

（十七）技术监督管理违章。比如：电气绝缘监督管理制度不完善，监督岗位责任不明确，各类档案未建立，继电保护设备未入网等。

第十节　管理违章具有更大的危害性

在基建系统反违章活动中，要把反管理违章行为放在反其他违章行为的首位，首先解决好，这是因为管理违章具有更大的危害性。

对安全生产负有管理责任的人员，手中握有一定的权力，实施决策、组织、指挥、检查等职责，能否依法管理、按章办事，对能否有效地预防事故、实现安全生产有着举足轻重的影响。换句话说，管理人员严格遵守安全生产管理规范，抓好安全生产工作，从源头抓起，治理隐患，就能带领职工群众开创安全生产新局面。如果随心所欲地进行违章管理，所造成的危害程度不仅涉及面广，而且损害严重，贻害无穷。

管理违章，为事故的萌发埋下祸根。如：2004年7月，乌鲁木齐维安煤矿安全评价有限责任公司向新疆煤矿安全监察局出具了《新疆拜城县亚吐尔乡煤矿一号井安全现状综合评价报告》。2005年5月，该公司对此评价报告进行修改时，作出了“安全风险等级可以达到B级”的评价结论，共有5名评价人员和5名技术专家确认此结论。但是，就在这之后不到半年时间，亚吐尔乡煤矿一号井就发生了特大瓦斯爆炸事故，造成14人死亡。事后查明，该公司对亚吐尔乡煤矿一号井开展安全评价时，真正参与评价的只有1名技术专家，而该公司法定代表人、经理李×却公然违反安全生产管理规范，安排9名根本未参与评价的人员在评价报告上签名；在对评价报告修改时，他在未安排专人进行现场调查的情况下，出具现场已整改的虚假证明，致使亚吐尔乡煤矿一号井存在的多处重大隐患没有在评价报告中标明。我国安全生产法第六十二条规定：“承担安全评价、认证、检测、检验的机构应当具备国家规定的资质条件，并对其作出的安全评价、认证、检测、检验的结果负责。”同时，又规定：“承担安全评价、认证、检测、检验工作的机构，出具虚假证明，构成犯罪的，依照刑法有关规定追究刑事责任。”李×的做法违反了管理规章，对事故的发生负有主要责任，被移交司法机关处理。该公司副经理许××、技术专家袁×等人也因发生违规行为被通报批评。该公司被勒令停止开展任何评价活动，并要逐个复查其作过的所有煤矿的安全评价。由此可见，负责安全管理工作的人员作出错误的安全评价，必然会引发事故，造成无法弥补的损失。

管理人员在“两票”办理上发生的管理违章行为，引发误导的后果使人触目惊心。某供电分公司职工至今还时常谈起邹工签发的一张致人死亡的工作票的事。当时的任务是更换30号变压器台横梁，并且需要钻孔。工作负责人填写的是停电作业工作票，可是，他又打算利用变台本身的电源在现场钻孔，便在施工方法一栏中写上“送电钻眼”。邹工接过工作票，没有认真考虑这样做是否合适，所列的安全措施能否满足临时送电钻眼的安全需要，便在工作票签发人栏中签上自己的名字。导致年仅22岁的作业人员华某感电从3.6m高处摔落地面死亡。事后查明，华某当时与避雷器引线端子的距离仅0.2m，按照安全工作规程规定，作业人员与10kV带电设备的安全距离应不小于0.7m，华某因安全距离不够而触电。可是，在工作票中，根本没有标明在送电钻眼期间，作业人员与带电设备应保持的安全距离。并且，也没有标明“送电后台上人员撤离地面”。“早知如此，何必当初”，邹工忏悔万分地说：“工作票，维系作业人员的安危。正确的工作票指导有力，定能保障安全；错误的工作票，会把人推向死亡。工作票填写人和签发人万万不可粗心大意啊！”主抓基建安全工作的企业领导因单纯追求进度和经济效益而忽视安全，失职或渎职于安全工作，将会使企业和职工蒙受重大损失。比如：《电力安全工作规程》中明确规定：在工作中遇雷雨、大风或其他任何威胁工作人员安全情况时，工作负责人或监护人可根据情况临时停止工作。有的单位领导却公然违反这一规定，施行违章管理。一次，某班在新建的10kV线路施工。刚挖坑时，下起小雪，视力受阻。工作负责人即用手机请示分公司经理，建议暂时停止工作。可是分公司经理考虑这活是为一个养虾场干的，效益可观，人家要求急，按照合同今天晚上必须架完送电，便要求继续施工，并派人增援。这时，又刮起了五六级风。12m电杆基坑应挖1.9m深以上，但仅挖了1.1m深即埋杆，4人上杆架线，最终杆倒人伤。明知作业存在危险，却强令冒险作业，这不仅是违章指挥，而且也是违章管理的典型表现，必在严禁之列。

既然管理违章危害如此之大，那么，我们必须痛心疾首地加以铲除。首先管理人员能够严于律己，遵规守法，保证百分之百不发生管理性违章行为。广大职工如果发现管理违章行为，应坚决地予以劝阻，如其执意不改，可越级报告，请求上级给予制止，绝不能让其泛滥成灾，不可收拾，这也是广大职工享有的安全生产权利。

第十一节　从源头上遏止违章行为

从正反两方面的经验教训中，我们已经认识到，只有遏止违章的源头，才能取得事半功倍的效果，从根本上杜绝基建安全事故的发生。

所谓源头，是指水发源的地方，水的源头被堵住了，便不会有水流淌出来。违章的源头，是指引起违章之起点，之前奏，之动因，即违章行为的来源或产生的原因。遏止违章源头，是指找准引发违章行为的原因，并采取有力措施加以控制或化解，不让其出现违章进而诱发事故的后果，它是积极预防的基本途径，必须作为基建安全工作的重头戏抓紧抓好。

《尚书·说命中》：“唯事事乃期有备，有备无患。”《左传·襄公十一年》：“《书》曰：居安思危，思则有备，有备无患。”讲的都是有了准备就可以避免祸患。现在国家的安全生产方针内容之一便是“预防为主”。一些职工认为，以往安全工作未做好，一条深刻教训便是平时不注意抓预防，直至违章行为出现才去做纠正工作，或者发生安全事故后才去查原因，找教训，定措施，这样做虽然无可挑剔，但终究未把关口前移，未把工作的着重点放在超前预防上，因而处在一种消极堵漏洞，缺乏创新进取，标本兼治的状态。

要遏止违章行为发生的源头，一方面，要找准引起违章行为的动因；另一方面，要有针对性地制定防范措施，并落到实处。

加强教育，提高安全意识，清除引发违章的思想。人们的行为是受思想支配的，遵规守法行为是如此，违章行为也是如此。那么，就需要结合工作和思想实际，找准忽视安全、容易引发违章行为的麻痹心理。比如：一些职工总以为“说违章会引发事故，未免是小题大做，是敲山震虎”。因而，对违章行为司空见惯，习以为常，自我遏制或遏制他人违章的积极性不高。对此，一定要讲清楚，虽然并不是每起违章都能引发事故，但违章毕竟是引发事故的温床。倘若具体地分析，那些没能引发事故的违章行为，不过是因为得到及时纠正，未酿成大错而已。所以，要有效地预防事故，首先要预防违章行为的发生。基建安全，事关人命，没有小事可言，就是要小题大做，敲山震虎，警钟长鸣。一些职工之所以发生走捷径、图省事的违章行为，往往是图快等侥幸心理的促使。因此，一定要帮助他们明确，要安全、顺利地完成工作任务，必须遵循工作票和作业指导书规定的作业方法和工作程序。减工序、走捷径，看起来是快了，但欲速则不达，反而会有损工作任务的质量要求，引起事故的发生，这类教训已经不少了。某公司送电班的一名作业人员在停电作业中，竟然违反安全工作规程，不验电、不挂地线即贸然登杆搭，误登同塔架设的带电侧而触电。又如某电建公司机械化工区在张力放线施工中，为尽快完成任务，不采取可靠的压线措施，就在带电线路下方穿过放线，致使联板通过塔滑车时，张力瞬间增大，导线弛度迅速上升。上方的220kV带电线路对该导线两次放电，将正在牵引机操作的人员击伤。因此，不论任何时候，也不论任何情况下，工序不能减，捷径不能走，快速和省事都不能图。还有的职工要大胆，冒险作业，不以为害，反以为“是胆大勇敢之举”。一定要告诉他们，要大胆，冒险作业，无疑是以生命和健康作赌注，百分之百地赌输，一次也不会赌赢，而赌输的结果不是赔了健康，就是丢掉生命。因此，大胆要不得，危险冒不得，违章行为的勇敢之举要不得。总而言之，职工群众安全生产观念提高了，遵规守法，关爱生命就会变成他们的实际行动。

“凡事预则立，不预则废”，就是说，不论做什么，事先有准备，就能得到成功，不然就会失败。预防违章行为的发生，也是如此，事先使大家认清在作业中有可能发生哪些违章行为，遵守哪些规章才能加以避免，作业中就能大量减少，甚至完全可以杜绝违章行为的发生。之所以花大力气对企业各级领导和从业人员进行安全教育培训，学习安全工作规程，就是要事先告诉他们，应遵守哪些安全生产规章，应注意避免发生哪些违章行为。目前，班组在作业前都能召开会议，分析预测有可能存在的危险源，并制定措施加以预控。这里所说的分析预控危险源，其中一项重要内容就是分析预测人员有可能发生的违章行为有哪些；所说的制定措施加以预控，就是指制定和预控人员违章行为的发生。这样做，不但使工作负责人和监护人进一步明确了安全生产工作的重点和任务，而且也给其他作业人员一种警示：不要发生事先知道的、也不要发生事先不知道的违章行为。

抓住违章行为发生前的迹象和端倪，予以制止，使之灭绝于萌发之时。就违章行为苗头到发生的过程而言，有的则非常短暂，有的则持续一段时间，有的则发生连锁违章行为，最终酿成了事故。总之，任何违章行为的发生，总是在起始之时有端倪可寻，有迹象可查的，保持高度的警惕性，一旦出现即加以遏制十分重要。如：某公司承包的改造工程进入收尾验收阶段。上午，送电工区4名验收人员进行了部分验收。在午休时，他们向工程公司负责人徐某提出工程存在质量问题，需要返工。徐某则认为：工程质量良好，不存在问题。于是，双方发生争论，对下午如何进行也没有说清，就各自回去吃饭。12时10分，徐某心里憋气，就下令将地线全部拆除，人员撤离现场。在场的一名班长却提出不同的看法，认为这样做不妥，即使需要拆除地线，也应先与验收人员联系，更何况工程还没有验收完毕，极易引发人身感电事故。徐某听了，觉得言之有理，便收回成命。在进行工作小结时，徐某表扬了那名班长，称他“遏止了一起管理违章行为”。又如：某工区在执行一项登杆清扫检查任务中，第一小组专责监护人陆田和工作人员历光久负责七、八、九号杆检查工作。当检查完七号和八号杆后，两人转向了九号杆。走着走着，陆田发现历光久进入玉米地解手后，便没有出来，就猜想他一定是抄近路走了，不由得心情紧张起来，若是他登上带电侧可就危险了。于是，连忙加快脚步，后来便脱下上衣跑到九号杆。幸好，抄近路的历光久也刚好来到杆底下。在陆田的监护下，历光久从停电侧登上横担，顺利地完成了检修任务。事后，陆田说：“在作业过程中，监护人应始终予以监护，绝不能让被监护人游移于我们的目光之外。还要把事情考虑得复杂些，提前预防有可能发生的违章行为。”工作负责人、班组长和监护人认真负责，恪尽职守，就能从源头上遏止违章行为的发生。

第十二节　班组是反违章工作的重点

必须把反违章工作的重点放在基层班组，这是由安全生产的根本目的，班组在安全生产中的地位和作用以及班组安全建设的现状来决定的。

一、从安全生产的根本目的来看，它是为了保护职工的生命安全和身体健康，保护国家和集体财产的安全，保证生产劳动得以顺利地进行。而企业的绝大多数职工在基层班组，绝大多数的机械设备由基层班组使用，绝大多数工作任务由基层班组来完成。抓好基层班组反违章工作，则充分体现了安全生产的根本目的，体现了领导和机关为基层服务的方向。因此，企业理所当然地应把反违章工作的重点放在基层班组。

二、从班组在安全生产中所处的地位和作用上看，也要求企业把反违章工作的重点放在基层班组。班组是安全生产的最基本单位，也是反违章、消灭事故的前沿阵地。从对过去的事故分析可以得出这样的结论：企业的违章行为和由此而诱发的事故中，有90%以上发生在基层班组，基层班组是违章的多发区。因此，企业反违章工作，必须把基层班组作为重点。俗话说："万丈高楼平地起。"只有班组消除了各类违章，实现安全生产，才能为企业的安全生产打下坚实可靠的基础。

三、从当前基层班组的实际状况看，班组反违章工作，仍然是十分薄弱的环节。比如，有的班组长对工人的违章行为不但不能识别和及时制止，反而带头违章指挥；有的老工人在作业中，在章不循，在新工人中造成不良影响；有的工人对他人发生的违章现象，往往熟视无睹，无动于衷，缺乏互相监护的责任感；等等。这些问题如不纠正，将会严重地妨碍企业的安全工作。

从一些企业领导的工作来看，并没有把抓好反违章工作的重点真正放在班组。其主要表现是：有的领导在思想认识上存有偏差，认为哪里的违章都有必要反，何必强调抓好班组？因而工作重点不突出，常常是顾了小头，丢了大头；有的领导对反违章工作，只限于一般号召，原则指导，缺乏面对面的具体指导；有的单位只是照搬照套上级下发的各种安全规章，却没有结合班组的实际情况制定出贯彻落实的细则；如此等等。要改变这种状况，单位领导应进一步提高对抓好班组反违章工作重要性和紧迫性的认识，切实把基层班组反违章工作列入议事日程，经常分析形势，找出薄弱环节，制定相应措施。要转变工作作风，深入基层班组，调查研究，帮助他们解决实际问题，实行面对面的领导。在当前，尤其应该注意抓好班组长队伍的建设，通过短期培训、以会代训和传帮带等途径，来提高班组长对反违章工作的组织领导能力。同时，要引导基层班组不等不靠，积极主动地抓好反违章工作，为实现单位长治久安做出应有的贡献。

第十三节　反违章工作"关键在领导"

电网企业的领导，既是电网生产（建设）的组织者和指挥者，又是电网安全生产（建设）的责任者。其决心和态度如何、采取的措施是否有力以及自身的模范带头作用怎样，直接关系到反违章工作的成败。具体来说：

一、各级领导者的决心和态度如何，关系到反违章工作能否开展起来。许多企业领导对开展反违章工作给予了足够的重视，当作安全工作的一件大事来抓，表现出极大的决心和热情。然而，仍有少数企业的领导者顾虑重重，观望徘徊，没拿出多少实际行动。其中，有的认为："企业安全生产形势较好，没什么违章可反"；有的领导认为："企业事故不断，再反违章也改变不了被动局面"；也有的以"时间紧，工作忙"为托词，未把反违章工作挂上号，摆正位。这些企业领导的决心和态度问题不解决，其所在单位的反违章工作就很难开展起来。因此各级领导一定要深刻认识开展反违章工作的重大意义，并且下决心抓好这项工作。只有各级领导的决心大，态度坚决，才能下大力气动员和组织职工群众投身到反违章工作中去。

二、各级领导采取的政策措施是否得力，关系到反违章工作能否健康发展。反违章工作，必然会涉及具体人，如何使违章责任者接受应得的处罚，又不背思想包袱？如何使广大职工受到教育，增强安全意识和遵章守规观念？这就需要领导者严格掌握政策，深入细致地做好工作。结合本单位的实际情况，反违章工作重点抓哪些问题？分哪些步骤进行？也需要领导的认真研究讨论，拿出切实可行的具体措施。只有领导者采取的政策措施得力，才能保证反违章工作健康顺利的发展。

三、各级领导者的模范带头作用怎样，关系到反违章工作能否取得成效。领导带头，率先垂范，是我们电力行业的优良传统。反违章，既反习惯性章，也反管理违章，又反装置违章。因此，各级领导者不仅要当好组织者，而且要发扬优良传统，把自己摆进去，带头解剖自己，敢于把自己身上存在的违章现象，向职工群众曝光，在反违章工作中做出好样子。如果领导认为"反违章是针对工人群众的，与自己无关"，那就大错而特错了。俗话说："上梁不正下梁歪""己不正焉能正人"。实际上，有些职工身上存在的违章现象，有不少是受领导者影响的。只有各级领导者真正发挥好模范带头作用，反违章工作才能取得显著成果。

四、各级领导者能否持之以恒地抓下去，关系到反违章工作的成果能否巩固。反违章不是权宜之计，而是一项长期的任务，只要有违章行为存在，就必须抓好反违章工作。特别是企业集中反违章工作告一段落后，绝不能松劲，应采取具体措施，使反违章工作经常化、制度化。如果领导者产生松劲情绪，放松这项工作，违章现象还会重新抬头、蔓延滋长。因此，只有各级领导树立经常抓、反复抓的思想，才能进一步巩固和发展反违章工作取得的成果。

安全生产的实际效果是检验反违章工作的根本标准。因此，各级领导要认清自己在反违章工作中的责任，不能只是开会布置，应在抓落实上下功夫，让“关键人物”真正起到“关键作用”。

第十四节　反违章工作人人有责

在开展反违章工作中，存在着这样一些不正常现象：有的班组长或职工打不开班组界组，对本班组的违章行为敢说敢管，而对其他班组的违章行为“明知不对，少说为佳”。有的认为反违章是安监部门的事，与己无关，因而对反违章工作缺乏应有的热情；有的职工认为“自己管好自己就行了”，对制止他人违章行为存有疑虑。这些现象对反违章工作干扰很大，必须加以纠正。事实上，反违章工作人人有责，不存在什么“局外人”或“旁观者”。

一、能否防止违章，消除诱发事故的温床，关系到整个企业的安全，也关系到每个职工的切身利益，这一点是不言自明的。如果因违章而诱发事故，所造成的损失，绝不是局部的损失，将会直接危及整个企业的安全工作，损害整体的经济利益。而企业的安全状况如何，又必然影响到每个职工的切身利益。如果企业事故频发，经济效益上不去，职工个人要增加劳动收入是不现实的。只有企业实现了长治久安，保证了经济效益的提高，职工个人的劳动收入才会“水涨船高”。所以，每个职工都应明确“一损俱损，一荣俱荣”这个道理，以主人翁的姿态和积极参加反违章的实际行动，来维护企业安全工作的大局。

二、广大职工是反违章的主体，只有动员和依靠广大职工，才能确保安全。安全工作说到底，是广大职工自己的事，也只有依靠广大职工形成整体的合力，才能开展好反违章这项工作。所以，每个职工都应把反违章当成自己的大事来办。各有关部门都要同心同德地抓好反违章工作，不但要积极同安监部门配合，还应从业务工作的角度，研究和制定预防违章的措施，在主管的工作范围内消除违章。安全谚语云：“一人把关一处安，众人把关稳如山。”只有把广大职工群众和有关部门都动员起来，视违章为有害行为，才能彻底纠正违章及铲除它得以滋生的土壤。

三、反违章是每个职工义不容辞的责任。对各类违章行为，每个职工都有权监督，有权制止。见违章行为不劝说，不制止，本身就是一种违章做法，也在克服之列。制止各类违章行为，既是对违章者负责，对企业的安全工作负责，也是对自身负责。因为在企业实行重奖重罚的情况下，不只要重罚违章者，而且要重罚监护失职者。在群体作业中，每个职工仅仅管好自己是不够的，还必须履行好监护他人的责任，为他人的安全提供帮助。被监护的职工，应当尊重他人的监护权，当自己的违章行为被劝止时，应坚决中止违章行为，服从监护。每个职工都是监护人，又都是被监护人，正是从这个意义上说，反违章工作没有“旁观者”和“局外人”。

当然，一个企业真正形成互相监护的生动局面，并非易事，需要做好多方面的工作。首先，要加强教育，引导职工明确反违章，人人有责。其次，各级领导要真正维护职工的监护权，特别当领导的违章指挥受到职工抵制、老工人的违章行为受到新工人的纠正、师傅的违章做法受到徒弟的劝阻时，更应该闻者足戒，知错必改。再次，要宣扬严于监护的先进典型，扶植正气。对拒绝监护，并实施打击报复的人，应加重处罚。

第十五节　反违章是一项长期的工作任务

有的职工认为“开展反违章工作是一项临时性工作”，因而只满足于抓一阵子，缺乏长期作战的思想准备。这些职工不了解，反违章是电网企业的一项长期任务。只要进行电网生产（建设），就必须反违章。这个问题可以从下述几点来认识。

一、纠正几起违章现象比较容易，但要改变人们长期形成的不良习惯行为方式，纠正忽视安全的思想，并不是轻而易举的，必须经过长期的艰苦的努力才能实现。

二、职工的思想情绪等心理因素，并不是一成不变的。只有随时随地观察职工的思想情绪变化，及时做好工作，才能起到超前预防的积极作用。

三、随着电网事业的发展和机械设备的日益现代化，工艺流程和操作方式也必然逐渐更新。这样，职工在学习和掌握新的操作方式过程中，就有一个不断排除旧的技能干扰的问题，也就是说，因循守旧的违章行为随时都有可能出现。因此，在电网事业现代化进程中，必须始终抓好反违章工作。

四、把高新科技引入安全管理，利用安全设施、设备作屏障，有助于预防因违章而引发的事故。但这些条件的实现，以至落实到每一个单位，需要有一个过程，不可能在短时间内完成。因此，抓好对人的安全管理，预防违章，也不是一朝一夕的事。即使安全设施比较完善了，也需要增强职工的安全意识，才能利用和维护好这些设施、设备。

五、工作任务是在不断变换的。在不同的工作任务中违章的表现也不尽相同。在新的工作任务中，已经纠正过的违章行为，还有可能以另一种表现形式出现。这也告诉我们，反违章不能只抓一阵子，必须常抓不懈。

另外，职工队伍的成分也在不断变化，每年都有老职工退休，新职工补入。职工队伍的新老交替也要求反违章工作不能一劳永逸。

怎样做到长期任务长期抓？从一些单位的经验来看，一是各级领导必须认清反违章的重要性和长期性，真正树立长期作战的思想。二是要把反违章与贯彻落实安全规章制度结合起来，用规章制度来保证。比如，在班前会、班后会、安全活动日以及单位安全例会，都应该把反违章工作作为其中的一项重要内容。三是要把反违章与抓生产（施工）任务相结合，使之具体化、经常化。比如，在制订生产或施工计划时，应制订杜绝事故、预防违章的计划和措施，在计划、布置、检查、总结、考核生产（施工）任务时，一道计划、布置、检查、总结、考核反违章工作。这样，就能使反违章工作深入持久地开展下去，并不断取得成效。

第十六节　安全生产典型违章100条

一、行为违章（60条）

（一）进入作业现场未按规定正确佩戴安全帽。

（二）从事高处作业未按规定正确使用安全带等高处防坠用品或装置。

（三）作业现场未按要求设置围栏；作业人员擅自穿、跨越安全围栏或超越安全警戒线。

（四）不按规定使用操作票进行倒闸操作。

（五）不按规定使用工作票进行工作。

（六）现场倒闸操作不戴绝缘手套，雷雨天气巡视或操作室外高压设备不穿绝缘靴。

（七）约时停、送电。

（八）擅自解锁进行倒闸操作。

（九）防误闭锁装置钥匙未按规定使用。

（十）调度命令拖延执行或执行不力。

（十一）专责监护人不认真履行监护职责，从事与监护无关的工作。

（十二）倒闸操作前不核对设备名称、编号、位置，不执行监护复诵制度或操作时漏项、跳项。

（十三）倒闸操作中不按规定检查设备实际位置，不确认设备操作到位情况。

（十四）停电作业装设接地线前不验电，装设的接地线不符合规定，不按规定和顺序装拆接地线。

（十五）漏挂（拆）、错挂（拆）标示牌。

（十六）工作票、操作票、作业卡不按规定签名。

（十七）开工前，工作负责人未向全体工作班成员宣读工作票，不明确工作范围和带电部位，安全措施不交代或交代不清，盲目开工。

（十八）工作许可人未按工作票所列安全措施及现场条件，布置完善工作现场安全措施。

（十九）作业人员擅自扩大工作范围、工作内容或擅自改变已设置的安全措施。

（二十）工作负责人在工作票所列安全措施未全部实施前允许工作人员作业。

（二十一）工作班成员还在工作或还未完全撤离工作现场，工作负责人就办理工作终结手续。

（二十二）工作负责人、工作许可人不按规定办理工作许可和终结手续。

（二十三）进入工作现场，未正确着装。

（二十四）检修完毕，在封闭风洞盖板、风洞门、压力钢管、蜗壳、尾水管和压力容器人孔前，未清点人数和工具，未检查确无人员和物件遗留。

（二十五）不按规定使用合格的安全工器具、使用未经检验合格或超过检测周期的安全工器具进行作业（操作）。

（二十六）不使用或未正确使用劳动保护用品，如使用砂轮、车床不戴护目眼镜，使用钻床等旋转机具时戴手套等。

（二十七）巡视或检修作业，工作人员或机具与带电体不能保持规定的安全距离。

（二十八）在开关机构上进行检修、解体等工作，未拉开相关动力电源。

（二十九）将运行中转动设备的防护罩打开；将手伸入运行中转动设备的遮栏内；戴手套或用抹布对转动部分进行清扫或进行其他工作。

（三十）在带电设备周围使用钢卷尺、皮卷尺和线尺（夹有金属丝者）进行测量工作。

（三十一）在带电设备附近使用金属梯子进行作业；在户外变电站和高压室内不按规定使用和搬运梯子、管子等长物。

（三十二）进行高压试验时不装设遮栏或围栏，加压过程不进行监护和呼唱，变更接线或试验结束时未将升压设备的高压部分放电、短路接地。

（三十三）在电容器上检修时，未将电容器放电并接地或电缆试验结束，未对被试电缆进行充分放电。

（三十四）继电保护进行开关传动试验未通知运行人员、现场检修人员。

（三十五）在继保屏上作业时，运行设备与检修设备无明显标志隔开，或在保护盘上或附近进行振动较大的工作时，未采取防掉闸的安全措施。

（三十六）跨越运转中输煤机、卷扬机牵引用的钢丝绳。

（三十七）吊车起吊前未鸣笛示警或起重工作无专人指挥。

（三十八）在带电设备附近进行吊装作业，安全距离不够且未采取有效措施。

（三十九）在起吊或牵引过程中，受力钢丝绳周围、上下方、内角侧和起吊物下面，有人逗留和通过。吊运重物时从人头顶通过或吊臂下站人。

（四十）龙门吊、塔吊拆卸（安装）过程中未严格按照规定程序执行。

（四十一）在高处平台、孔洞边缘倚坐或跨越栏杆。

（四十二）高处作业不按规定搭设或使用脚手架。

（四十三）擅自拆除孔洞盖板、栏杆、隔离层或因工作需要拆除附属设施时不设明显标志并及时恢复。

（四十四）进入蜗壳和尾水管未设防坠器和专人监护。

（四十五）凭借栏杆、脚手架、瓷件等起吊物件。

（四十六）高处作业人员随手上下抛掷器具、材料。

（四十七）在行人道口或人口密集区从事高处作业，工作地点的下面不设围栏、未设专人看守或其他安全措施。

（四十八）在梯子上作业，无人扶梯子或梯子架设在不稳定的支持物上，或梯子无防滑措施。

（四十九）不具备带电作业资格人员进行带电作业。

（五十）登杆前不核对线路名称、杆号、色标。

（五十一）登杆前不检查基础、杆根、爬梯和拉线是否正常。

（五十二）组立杆塔、撤杆、撤线或紧线前未按规定采取防倒杆塔措施或采取突然剪断导线、地线、拉线等方法撤杆撤线。

（五十三）动火作业不按规定办理或执行动火工作票。

（五十四）特种作业人员不持证上岗或非特种作业人员进行特种作业。

（五十五）未履行有关手续即对有压力、带电、充油的容器及管道施焊。

（五十六）在易燃物品及重要设备上方进行焊接，下方无监护人，未采取防火等安全措施。

（五十七）易燃、易爆物品或各种气瓶不按规定储运、存放、使用。

（五十八）水上作业不佩戴救生措施。

（五十九）无证驾驶、酒后驾驶。

（六十）值班期间脱岗。

二、装置违章（18条）

（六十一）高低压线路对地、对建筑物等安全距离不够。

（六十二）高压配电装置带电部分对地距离不能满足规程规定且未采取措施。

（六十三）待用间隔未纳入调度管辖范围。

（六十四）电力设备拆除后，仍留有带电部分未处理。

（六十五）变电站无安防措施。

（六十六）易燃易爆区、重点防火区内的防火设施不全或不符合规定要求。

（六十七）深沟、深坑四周无安全警戒线，夜间无警告红灯。

（六十八）电气设备无安全警示标志或未根据有关规程设置固定遮（围）

栏。

（六十九）开关设备无双重名称。

（七十）线路杆塔无线路名称和杆号，或名称和杆号不唯一、不正确、不清晰。

（七十一）线路接地电阻不合格或架空地线未对地导通。

（七十二）平行或同杆架设多回路线路无色标。

（七十三）在绝缘配电线路上未按规定设置验电接地环。

（七十四）防误闭锁装置不全或不具备“五防”功能。

（七十五）机械设备转动部分无防护罩。

（七十六）电气设备外壳无接地。

（七十七）临时电源无漏电保护器。

（七十八）起重机械，如绞磨、汽车吊、卷扬机等无制动和逆止装置，或制动装置失灵、不灵敏。

三、管理违章（22条）

（七十九）安全第一责任人不按规定主管安全监督机构。

（八十）安全第一责任人不按规定主持召开安全分析会。

（八十一）未明确和落实各级人员安全生产岗位职责。

（八十二）未按规定设置安全监督机构和配置安全员。

（八十三）未按规定落实安全生产措施、计划、资金。

（八十四）未按规定配置现场安全防护装置、安全工器具和个人防护用品。

（八十五）设备变更后相应的规程、制度、资料未及时更新。

（八十六）现场规程没有每年进行一次复查、修订，并书面通知有关人员。

（八十七）新入厂的生产人员，未组织三级安全教育或员工未按规定组织《安规》考试。

（八十八）特种作业人员上岗前未经过规定的专业培训。

（八十九）没有每年公布工作票签发人、工作负责人、工作许可人、有权单独巡视高压设备人员名单。

（九十）对事故未按照“四不放过”原则进行调查处理。

（九十一）对违章不制止、不考核。

（九十二）对排查出的安全隐患未制订整改计划或未落实整改治理措施。

（九十三）设计、采购、施工、验收未执行有关规定，造成设备装置性缺陷。

（九十四）未按要求进行现场勘察或勘察不认真、无勘察记录。

（九十五）不落实电网运行方式安排和调度计划。

（九十六）违章指挥或干预值班调度、运行人员操作。

（九十七）安排或默许无票作业、无票操作。

（九十八）大型施工或危险性较大作业期间，管理人员未到岗到位。

（九十九）对承包方未进行资质审查或违规进行工程发包。

（一〇〇）承发包工程未依法签订安全协议，未明确双方应承担的安全责任。

第五章　安全性评价管理

第一节　安全性评价的起源与发展

安全性评价，是在继承传统的评价思想的基础上，吸取和借鉴现代管理科学，结合企业安全管理的实践而形成和发展起来的。

从我国来看，安全性评价工作已经在一些行业中展开。比如：1988年，机械行业制定了《机械工厂安全性评价标准》，对危及人身安全的因素作出评价。1990年，中国石油化工总公司制定了《石油化工企业安全评价实施方法》，它把企业划分为八个系统，即综合管理系统、生产运行系统、公用工程系统、生产辅助系统、储存运输系统、厂区布置及作业环境系统、消防系统和工业卫生系统，采取“评分法”进行安全评价。此外，化工部划分了“化工厂危险程度分级”，冶金部颁布了《冶金工厂危险程度分级标准》。安全性评价活动的开展，有力地促进了安全管理工作，也为推动安全性评价理论的研究提供了时机和实践场所。

第二节　开展安全性评价工作的重要意义

开展安全性评价工作，评价企业的安全基础状况，制定整改措施，使安全管理工作收到明显成效。由此可见，开展安全性评价工作具有重要的意义。

一、开展安全性评价工作，能够促进安全生产方针、规章、规定和标准的贯彻落实。为了实现安全生产，国家制定了安全生产方针，相继颁发了一系列安全规章、规定和标准。这些安全生产方针、规章、规定和标准，是有效地遏制事故、实现安全生产的重要保证，也是开展安全性评价工作的基本依据和必须坚持的准则。企业开展安全性评价过程，实际上就是贯彻落实安全生产方针、规章、规定和标准的过程。首先，为了对企业作出准确公正的安全性评价，评价人员必须学习和掌握有关安全生产方针、规章、规定和标准，把它们作为开展安全性评价工作的指南。其次，在对企业进行检查和分析时，必须以有关安全生产方针、规章、规定和标准与企业的安全状态相对照，看哪些方面符合要求，哪些方面不符合要求，存在什么样的危险因素，原因症结是什么。再次，对企业的安全基础作出评价时，不论是安全状态等级的确认，或者是存在的危险性程度的判断，都同样离不开安全生产方针、规章、规定和标准的指导。最后，要依据安全生产方针、规章、规定和标准制定整改措施。

二、开展安全性评价工作，能够超前预控企业存在的危险性。危险即在生产或施工中遭到损害、诱发事故的可能，也称为不安全因素或事故隐患。一般来说，系统中存在的危险分为两大类：一类是显现的，容易觉察和控制；另一类是潜在的，不易觉察，如果潜在的危险失去控制，就会生成事故。因此，潜在的危险危害性更大。潜在的危险存在于系统的内部，人们不可能直接地进行观测。开展安全评价工作，通过对系统的全面分析、判断和评价，就能及时地发现系统存在哪些危险，处于哪些部位，危险的严重程度，从而采取措施加以控制，把危险降低到社会允许的标准。这样，就能有效地防止重特大或恶性事故的发生。

三、开展安全性评价工作，能够使安全管理决策更具有可靠的科学性。一些企业事故得不到遏制，很重要的一条原因就是企业管理者或者是对系统存在的危险性若明若暗，心中无数；或者是“头痛医头，脚痛医脚”，采取的措施治标不治本，在决策上发生失误。开展安全性评价工作，对系统的安全性既作出定量分析，又作出定性分析，所获得的情况来自实践，企业管理者依据安全性评价结果作出的决策，就能实现主观与客观相一致，具有科学的指导价值。

四、开展安全性评价工作，能够增加安全管理的科技含量。在我们电力行业，随着先进设备和工艺的大量采用，由于设备和工艺本身存有缺陷或人员不懂科学技术违章操作而引发的事故时有发生。在这种情况下要保证系统安全稳定地运行，单凭以往的经验，仅仅由安全管理人员抓安全无法奏效，必须加大安全管理的科技含量，引入适用于先进设备和工艺的安全管理方法，增加安全管理的技术含量。安全性评价工作从评价的对象、运用的手段到参评的人员，都体现了增加科技含量的特点，因而作出的评价会更加公正准确，适合现代化大生产的要求。

第三节　供电企业安全性评价内容

电网企业安全性评价内容包括三个方面，即生产设备、劳动安全和作业环境、安全管理。

一、生产设备安全性评价

（一）变电设备

1. 主变压器

（1）整体运行工况及技术状况：

①变压器油温及温升是否存在异常情况：各冷却器是否有杂物封堵，温度相近，油温正常；油温较往常同一负荷和同一冷却温度下，是否有高出10℃及以上现象或负荷不变油温不断上升；风扇、油泵是否齐全完好，备用冷却器是否能正确投运。

②油箱及其他部件是否存在局部过热现象：油箱表面温度是否分布均匀，局部过热点温升不超过80℃；各潜油泵温度是否相近，轴承部位无异常高温。

③温度计、超温信号装置是否齐全，本体温度计、远方测温温度计指示与本体实际温度是否一致，超温信号是否准确可靠。

④套管引线接头是否有发热征象，接头温度监视是否完善。

⑤充油套管、储油柜的油面、油色是否正常，套管及本体有无渗漏油。

⑥预防性试验（含绝缘油，500kV变压器含水量、含气量）中，是否有超标项目或试验数据超标缺陷尚未消除，是否超过了网、省局批准的期限。

⑦500kV变压器运行电压是否超过了制造厂规定的最高允许电压。

（2）主要部件及附属设备保安、保护设备技术状况：

①绕组、铁芯、压紧装置、内引线接头、调压开关、套管和冷却系统等是否存在重要缺陷。

②套管防漏雨密封措施是否良好。

③套管爬距是否符合所处地区污秽等级要求，是否采取了防污闪措施。

④新装或大修后的变压器（含套管）是否按规定进行真空注油。

⑤变压器是否按要求采用胶囊、隔膜或充氮保护。

⑥净油器是否正常投入，呼吸器维护情况是否良好。

⑦有载调压装置是否存在缺陷，是否按制造厂规定的动作次数进行检修和更换绝缘油。

⑧瓦斯保护：气体继电容及瓦斯保护中间端子盒防水措施是否良好；现场是否配置合格的瓦斯取气用具，值班人员是否熟知取气方法。

⑨发生过出口或近区短路的110kV及以上变压器（尤其是铝线圈结构），是否进行必要的试验和检查。

⑩变压器防火措施是否符合规定，储油坑及排油管道是否保持良好状态，达到不积水、不积油和无杂物。

（3）技术资料.

①主要技术资料如出厂安装使用说明书、产品合格证书、出厂试验记录、有载分接开关安装使用说明书及出厂试验记录、压力释放阀、防爆膜出厂试验记录、潜油泵安装使用说明书等，是否齐全。

②试验报告及大修记录（报告）及主要内容是否齐全：大修记录主要内容是否具有放、注油时间，芯子暴露的环境，环境温度、湿度、时间，内部部件检查和试验记录，有载调压装置检查和试验记录，注油真空度（含套管和有载装置），抽真空时间，注油速度，注油后静止时间等；试验报告中是否有新安装和最近一次大修后及最近一次周期性电气试验、油化验、油色谱分析的报告。

2. 高压配电装置

（1）屋外高压配电装置电瓷外绝缘爬距配置是否符合所处地区污秽等级的要求，是否采取了防污闪措施（包括清扫）。

（2）配电装置各类接头及断路器、隔离开关触头是否有发热征象，接头温度监视是否完善，各类设备容量能否满足最大负荷要求。

（3）变电站各级电压的短路容量是否控制在合理范围，导体和电器是否满足动、热稳定校验要求。

（4）母线及架构：①多元件支柱绝缘子和悬式绝缘子串是否按规定摇测绝缘或检测零值绝缘子。②水泥架构（含独立避雷针）有无严重龟裂、混凝土脱落、钢筋外露等缺陷，钢架构及金具有无严重锈蚀。

（5）户内外高压开关设备：

①断路器遮断容量和性能是否满足安装地点短路容量要求，允许不检修切故障次数是否有明确规定，在达到切故障次数后能否及时检修。

②国产的户外断路器是否采取了可靠的防雨密封措施。

③油断路器本体及液压机构有无漏油，空气断路器本体及贮气筒有无漏气。SF6气体检漏周期是否符合规定，室内有SP6断路器的变电站运行安全防护措施是否符合规定。

④预防性试验中是否有超标项目，是否有超过了批准的期限（含SF6分含量测定及SP6气体系统检漏）。

⑤高压断路器、隔离开关大修项目是否齐全无漏项，是否超过了规定的大修周期。

⑥配电室门窗（孔洞）、电缆进入配电室孔洞是否封闭严密，无小动物进入的可能。

⑦国网公司规定应淘汰的断路器是否全部淘汰，明确应改造的小车开关柜是否全部进行了改造，或安排了更新改造计划并落到实处。

⑧是否按规定采取开关防慢分措施。

⑨各类断路器、隔离开关的安装使用说明书是否齐全。

（6）“四小器”（电压互感器、电流互感器、避雷器和耦合电容器）：

①110kV及以上国产户外电压、电流互感器是否采取可靠的防雨密封措施。

②110kV及以上磁吹避雷器、金属氧化物避雷器是否按规定在运行中测量电导电流或泄漏电流。

③35kV及以上“四小器”的预防性试验是否有超标项目，试验是否超过了规定周期。

④“四小器”瓷套管是否有裂纹，互感器是否有漏油现象，耦合电容器是否有渗油现象。

⑤现场安装的35kV及以上“四小器”厂家安装使用说明书是否齐全。

（7）防误操作闭锁装置：

①户外35kV及以上配电装置是否全部实现“四防”（不含防止误入带电间隔），各单元闭锁装置功能是否可靠。

②户内高压配电装置是否全部实现了“五防”[防止带负荷拉合隔离开关或手车一次插头；防止误分合断路器；防止带电挂地线（合接地开关）；防止带地

线（接地开关）合隔离开关或手车一次插头或合断路器；防止误入高压带电间隔]，各单元闭锁装置功能是否可靠。

③防误闭锁装置是否有单独的电源系统（与继电保护、控制回路的电源分开）。

④闭锁装置的维护责任制是否明确，维护状况是否良好。

⑤解锁钥匙或备用钥匙管理是否严格，评价期内是否发生过强行解锁误操作事故。

（8）过电压保护及接地装置：

①避雷针（线）的防直击雷保护范围是否满足被保护设备、设施和建筑物的要求。

②110kV及以上主变压器中性点过电压保护是否完善。

③各处避雷器配置、选型是否正确，防雷设施在雷雨季节是否全部投入。

④中性点非直接接地系统按规定装设消弧线圈是否已装设，补偿方式及调整的脱谐度是否符合要求。

⑤主系统是否存在铁磁谐振过电压隐患，是否采取防范措施。

⑥接地装置（含独立避雷针）的接地电阻是否按规定周期进行测试，接地电阻是否合格，接地引下线与接地网的连接情况是否按规定周期进行检查，运行10年以上（或按网、省公司规定年限）或腐蚀严重地区的接地网腐蚀情况是否进行了抽样开挖检查。

⑦接地装置地线截面能否满足热稳定校验要求。热稳定校验规定：大电流接地系统，取系统最大运行方式下，母线发生单相短路时流过接地线的短路电流稳定值为校验电流，取主保护后备一段保护时间为等效持续时间（0.75s）；小电流接地系统，取系统最大运行方式下，三相短路时流过接地线的短路电流的稳定值为校验电流，取后备保护时间为等效持续时间（3.5s）。

（9）设备编号、标志及其他安全设施：

①户外高压断路器是否装有双重名称（设备或线路名称、调度编号）的编号和路名牌，隔离开关（含接地开关）是否装有调度编号牌，各编号牌是否安装牢固，字迹清晰。

②户内高压配电装置各间隔（开关柜）前后是否均有双重名称编号牌，隔离开关是否均有调度编号牌。

③常设警告牌如户外架构上的“禁止攀登、高压危险”，户内外间隔门上的“止步、高压危险”等，是否齐全清晰。

④带电部分的固定遮栏尺寸、安全距离，是否符合要求，是否牢固、齐全、完整、关严、上锁。

⑤控制和仪表盘上的控制开关、按钮、仪表、熔断器、二次回路压板、端子排名称是否齐全清晰。

⑥一次模拟图是否完善，与实际运行方式是否相符。

3. **直流系统**

（1）直流系统运行工况：

①直流母线电压是否保持在规定范围内。

②直流系统对地绝缘是否良好。

③蓄电池电解液比重、液位、室温是否处于正常范围。

④蓄电池极板有无弯曲、脱落、硫化、极柱腐蚀等不正常情况，碱性蓄电池有无爬碱现象，蓄电池外壳是否整洁干燥。

⑤浮充运行的每个蓄电池电压是否保持在规定值（按制造厂的使用维护说明书规定，无说明书时控制范围应为：铅酸蓄电池，2.15～2.18V；免维护铅酸蓄电池，2.25～2.3V；高倍率镉镍蓄电池，1.36～1.40V）。

⑥蓄电池是否按规定周期进行核对性放电或全容量放电，是否能在规定的终止电压下分别放出蓄电池额定容量的50%和80%，并按规定进行均衡充电。

⑦蓄电池组中不浮充运行的补助电池是否定期（半个月至1个月）进行充电。

⑧充电装置技术性能是否定期进行全面校验，技术状况是否良好，稳压、稳流功能是否正常，精度、纹波系数能否满足要求，限流功能是否正常（用于免维护电池），整流器温度是否超过说明书规定，内部是否清洁，各部接触良好，无异常响声。

（2）监测与维护：

①全部蓄电池单体电压、比重的测量是否每月一次，典型（领示）电池单体电压、比重的测量是否每周一次，蓄电池组浮充电压、浮充电流（有条件时）的测量是否每日一次，能否定期测量，测量准确性是否能够保证。

②监测蓄电池运行参数的仪表是否定期校验，准确度是否合格。

（3）保安措施：

①直流系统各级保险定值是否有专人管理，能否定期检查核对，是否满足选择性动作要求。

②各种盘柜上的直流开关、刀闸、熔断器有无设备或回路名称和熔件额定电流的标志。

③枢纽变电站控制、保护、信号电源是否由两组母线供电，110kV及以上装有母差保护的母联断路器的控制、保护、信号电源是否由母线经单独的熔断器供电。

④变电站内是否备有现场需用的一定数量的（各种不少于2只）各种形式、容量的熔件，熔断器额定电流有无明显标志。

⑤事故照明及切换装置是否正常，是否定期进行切换试验。

⑥酸性蓄电池室防火措施是否符合规定。

（4）技术资料：

①初充电记录是否完整，初充电程序是否符合厂家规定。

②专业班（组）及变电站直流设备档案和运行维修记录是否齐全：设备档案内容包括设备台账、设备原理图、接线图、技术说明书或使用维护说明书、直流原理图、网络图、直流熔断器一览表；运行维护记录内容是否有蓄电池浮充电压、浮充电流记录，单体蓄电池电压、比重测试量记录，补充充电、均衡充电记录，定期放电记录，维护检修记录等。

4. 继电保护及自动装置

（1）主变压器、母线、断路器失灵、非全相、500kV电抗器和110kV及以上线路保护和自动装置的配置是否符合规定，并能正常投入运行，是否全面落实反事故措施要求。

（2）主变压器、母线、断路器失灵、非全相、500kV电抗器和110kV及以上线路保护和自动装置以及其他重要的复杂的保护是否符合现场运行规程，运行人员是否掌握。

（3）新投入或经更改的电压、电流回路是否按规定检查二次回路接线的正确性，电压互感器是否进行了定相，各保护盘和仪表盘的电压回路是否均已定相，单元保护经电压切换后的回路是否进行了定相。

（4）新投入或更改二次回路后，差动保护是否在投运前测量相量、差电压或差电流，带方向的保护、距离保护在投运前是否测量动作保护区。所有差动保护如母线、变压器、纵差、横差等，在投运前，除测定相回路及差回路电流外，是否已测各中性线的不平衡电流。

（5）需定期测试技术参数的保护如高频保护，是否按规定进行了测试，并且记录齐全正确。

（6）故障录波器、故障测距装置、故障顺序记录仪、设备自投、低频低压减载解列等装置是否正常投入，工作情况是否良好。

（7）保护盘柜及盘柜上的继电器、压板、试验端子、熔断器、端子排等，是否符合安全要求，其名称、标志是否齐全清晰，室外保护端子箱是否整洁严密。

（8）继电保护定值变更是否认真执行定值通知单制度，各保护定值与定值单是否相符。

（9）继电保护机构是否根据运行部门编制的各种运行方式图，编制继电保护及自动装置整定方案，并且审批手续符合要求。遇有运行方式较大变化或重要设备变更是否及时修订继电保护整定方案，并且全面落实。

（10）是否按期编制继电保护和自动装置年度检验计划，是否按《继电保护及电网安全自动装置检验条例》规定和年度检验计划，对主变压器、母线、断路器失灵、非全相、500kV电抗器和110kV及以上线路保护装置进行定期检验，检验项目是否齐全，检验报告是否完整。

（11）复杂保护装置是否有厂家或网、省局编制或批准的检验规程。

（12）继电保护班组及变电站是否备有符合实际的继电保护原理接线图、展开图和端子排图。

（13）保护正确动作率是否达到上级要求，是否存在原因不明的继电保护不正确动作事故。

5. 无功补偿设备

（1）变电站无功补偿设备配置是否符合规定，是否按规定正常投运。

（2）调相机。

①运行中调相机各部位的温度或温升是否有异常情况。

②轴承振动是否超标。

③定子电压调整控制情况是否良好，三相电压是否平衡。

④滑环和整流子表面火花是否严重。

⑤保护和测量装置是否正常投入，功能是否良好。

⑥冷却系统。油系统及其他主要部件是否存在重要缺陷。

⑦预防性试验是否超过规定周期，是否存在超标现象（含透平油）。

⑧大、小修是否超过规定的周期，检修报告是否完整。

（3）电力电容器。

①单台电容器的熔断器是否齐全，熔断特性是否符合要求（1nd=1.5～2.01cc）。

②电容器组内部故障、过负荷、外部接线短路及系统异常运行，保护配置是否完善，并投入运行。

③运行中，是否有漏油、鼓肚的电容器。

④电容器组放电装置是否完好。

⑤电容器组防火措施是否符合规定。

⑥串联电抗器电抗值是否满足限制涌流和高次谐波要求。

6. 电抗器和阻波器

（1）电抗器：

①户外电抗器电瓷外绝缘（含支持绝缘子）爬距是否符合所处污秽地区等级要求，是否采取了防污闪措施。

②电抗器引线接头是否有发热征象，设备容量能否满足最大负荷要求。

③预防性试验（含绝缘油色谱）有无超期超标项目。

④充油电抗器油温及温升是否存在异常情况。

⑤充油电抗器套管、储油柜油位是否正常、清晰，套管及本体有无渗漏油现象。

⑥充油电抗器防火措施是否符合规定。

（2）阻波器：

①阻波器导线有无断股，接头是否发热，销子、螺丝是否齐全牢固。

②阻波器安装是否牢固，有无防摇摆措施，与架构的距离是否符合要求。

③阻波器是否挂搭异物，架构有无变形。

7. 站用电系统

（1）枢纽变电站、容量在60MVA及以上的变电站、装有水冷或强油风冷主变压器的变电站、装有调相机的变站电是否设有两台站用变压器，能够自动切换并定期进行切换试验。

（2）采用整流电源操作的变电站是否设置了两台站用变压器，分别接在不同电压等级的电源上，并且装有备用电源自投装置。

（3）站用电容量、电缆截面在变电站扩建后是否进行校验，满足最大负荷要求。

（4）检修电源及生活用电回路是否装设合格的漏电保安器。

（二）电缆及电缆构筑物

（1）运行单位是否备有全部电力和控制电缆清册，清册内容是否有每根电缆的编号、起止点、形式、电压、芯数、截面、长度等，是否备有电缆线路路径图或电缆布线图。

（2）电力电缆预防性试验按照网、省公司批准的期限，有无超标或超期的项目。

（3）电缆巡查是否按规定周期进行，并有完整记录。

（4）电力电缆最大负荷电流是否超过电缆设计及环境温度、土壤热阻数值、多根电缆并行等校正系数后的允许载流量。

（5）电力电缆终端头是否清洁，无漏油、溢胶、放电、发热（含引线接头）等现象。

（6）地下电缆或直埋电缆的地面标志是否齐全，符合有关要求。

（7）电缆隧道、电缆沟防止进水、渗水及排水设施是否完好。

（8）电缆夹层、电缆隧道照明是否齐全良好，高度低于2.5m的隧道是否使用安全电压供电。

（9）电缆防火措施是否符合要求。

①穿越墙壁或楼板或电缆沟道进入控制室、控制柜、仪表盘、保护盘等处的电缆孔、洞及竖井是否封堵严密，符合要求。

②电缆夹层、隧道、竖井、电缆沟内是否整洁，不堆放杂物，电缆沟和洞内是否有积油。

③电缆主隧道及架空电缆主通道分段阻燃措施是否符合要求。

④特别重要的电缆如蓄电池引至直流母线的电缆等，是否采取了耐火隔离

措施或更换了耐火电缆。

⑤电缆敷设是否符合要求。

（10）电力电缆室内外终端头和沟道中电缆及中间接头的指示牌是否符合要求。

（三）架空送电线路

1. 专业技术资料是否齐全完整：地区架空送电线路地理平面图；每条送电线路的路径图；110kV及以上线路断面图；每条送电线路的交叉跨越图；每条线路的杆塔形式和基础形式图；110kV及以上线路导线、避雷线安装曲线或安装表；110kV及以上线路导线和避雷线连接安装图；各条线路经过地区污秽等级分布图及明细表；送电线路沿线其他特殊区域如雷击频繁区、强风区、洪水冲刷区、重冰区、导线舞动区、鸟害区、滑坡沉陷区、微气候区及易受外力破坏区等划定图或表；110kV及以上送电线路换位（相）图；有关隐蔽工程记录；110kV及以上送电线路参数的测试报告。

2. 每条线路是否明确其所属的运行单位和专责人，运行设备的管辖范围与分界点是否明确，不出现空白点。

3. 送电线路绝缘子盐密值是否定期、定点监测，记录齐全，并且能在划定污秽等级及防止污闪中实际应用。

4. 各条线路绝缘子爬距是否符合相应地段污秽等级要求，不符合要求的是否采取了防污措施。

5. 线路绝缘子是否按规定周期进行清扫或水冲洗。

6. 35kV及以上绝缘子串零值绝缘子是否按规定周期进行检测。

7. 杆塔接地装置的接地电阻是否按规定周期进行测量，接地电阻是否合格。

8. 导地线连接器及线夹是否按规定周期进行检查。

9. 铁塔基础、拉线地下部分及接地装置的锈蚀情况是否按规定周期进行抽查。

10. 防洪、防冰冻、防火设施是否按规定周期进行检查。

11. 线路运行是否按规定周期正常巡视，对线路特殊区域有无重点巡视计划安排，能否做好季节性事故预防工作。

12. 线路杆塔标志是否统一规定，做到齐全、正确、醒目及各种辅助设施是否齐全：

（1）线路名称和杆塔采用双重编号。

（2）同杆并架或邻近平行或交叉线路应用标志、色标或其他方法加以区别，能明确区分每条线路在杆塔上的具体位置。

（3）有必要的相序色标和防护标志。

（4）标志位置统一，设在易见的一侧。

13. 同杆并架或邻近平行或交叉线路的检修工作，有无防止错上带电线路或误登带电杆塔的组织措施，是否发给检修人员相对应的线路识别标志，并设专人监护等。

14. 各级运行单位是否做了防外力破坏的宣传工作，有无组织沿线群众护线的计划安排，贯彻落实如何。

15. 有无事故巡线、抢修组织表和有效的联系办法，如抢修图表、人员住处和召集办法等，是否备有事故抢修备品、抢修工具、照明设施及必要的通信工具，并组织落实。

16. 防止倒杆塔和断线事故的措施是否落实。

17. 核对性抽查线路运行情况，如抽查杆塔及基础、导地线、绝缘子、金具、连接器。导地线弛度与限距、拉线、接地装置以及线路防护区、巡线通道、标志等是否符合运行标准要求。

（四）配电网

1. 城市中、低压配电网

（1）城市中压配电网应以高压变电所（二次变）为核心，分成若干个相对独立的“分区配电网”，是否有明确的供电范围，相互是否交错重叠，每个分区是否有两路及以上的电源供电。

（2）低压分区配电网是否有明确的供电范围，低压架空线路不穿越10kV线路分段开关和联络开关，不跨越街区供电。

（3）有无事故处理管理规定，有无事故抢修组织和有效的联络办法，是否备有事故抢修用品，如材料、器材、工具等。

2. 多路电源用户或装有自备发电装置用户是否备案并采取防反送电措施

3. 凡能产生谐波电源使系统电压或电流波形畸变的用电设备

如整流设备、电弧炉、电气化铁道、交流弧焊机等，是否采取措施限制注入电网的谐波电流到允许值范围。

4. **配电线路**

（1）各条线路绝缘子爬距是否符合相应地段污秽等级要求。

（2）是否按规定周期检查导线连接器及线夹。

（3）各级运行单位有无防止外力破坏与安全用电宣传计划安排，是否贯彻落实。

（4）线路杆塔标志有无统一规定，做到齐全、正确、醒目：①线路名称及杆塔采用双重编号。②同杆并架或邻近平行或交叉线路应使用标志、色标或其他方法加以区别，并能明确区分每条线路在杆塔上的具体部位。③有必要的相序色标和防护标志。

5. **配电变压器台及柱上断路器**

（1）柱上变压器台距地面高度是否大于2.5m，落地式变压器台是否设有牢固的、安全净距离及高度均满足要求的围栏。

（2）变压器台有无线路名称和编号标志，是否装有醒目的“禁止攀登、高压危险”的标志牌，柱上断路器调度名称和编号是否齐全。

（3）变压器油温、油色、油面是否正常。

（4）变压器台高低压侧是否按规定装设避雷器，接地线连接是否符合规定。

（5）柱上断路器的防雷装置是否符合规定。

（6）导线各铜铝接头是否采用了铜铝过渡措施。

（7）变压器、柱上油断路器有无严重油污或滴油、渗油现象，柱上SF6断路器检漏周期是否符合厂家规定。

（8）运行单位是否有下列资料：变压器台账；变压器预试报告；避雷器和柱上断路器轮换记录、试验报告；接地电阻测量记录；负荷记录。

（9）变压器、避雷器、柱上断路器、接地电阻等各项试验和运行技术参数的测量是否均按规定的项目和周期进行，是否全部处于合格范围之内。

6. **小区配电站**

（1）倒闸操作是否严格执行操作票制度，检修工作是否严格执行工作票制度。

（2）检修维护人员是否定期进行设备巡视检查。

（3）是否按周期对一次设备如变压器、断路器、电力电缆、避雷器等及接地装置进行预防性试验和检修，主要试验项目是否超标。

（4）继电保护装置及指示仪表是否按周期进行校验。

（5）变压器是否存在重要缺陷，充油设备有无滴油、渗漏油现象。

（6）变压器的油温是否正常，负荷电流是否按规定进行测量。

（7）开关、刀闸触头及配电装置各部固定接头是否有发热征象。

（8）配电装置（配电室）是否有小动物进入的可能。

（9）安全用具是否齐全完好，并定期检查试验，妥善保管。

（10）配电站有无名称或编号标志，配电站设备的编号、标志及其他安全设施是否符合规定。

（五）通信设备

1. 通信设备运行的可靠性

（1）有无由于通信电路和设备故障影响供电设备运行操作和电力调度的现象，整改措施是否落实。

（2）通信设备是否有可靠备用电源如蓄电池、电动或汽（柴）油发电机、逆变器等。当交流电源中断时，通信专用蓄电池组单独供电时间是否能够达到3h以上。

（3）无人值班站是否达到设备运行稳定、故障率低、设备电源可靠、自动投入，在有人值班站是否有相应的监视系统。

2. 通信设施防雷

（1）通信机房内所有设备的金属外壳、金属框架、各种电缆的金属外皮以及其他金属构件，是否有良好接地，采用螺栓连接的部位是否用含银环氧树脂导电胶粘合。

（2）室外通信电缆、电力电缆、塔灯电缆以及其他电缆进入通信机房前，是否已经水平直埋10m以上。电缆屏蔽层是否已经两端接地，非屏蔽电缆是否已经穿镀锌铁管水平直埋10m以上，铁管两边是否接地。非屏蔽塔灯电缆是否全部穿金属管，金属与塔身是否两端连接。

（3）通信电缆进入通信机房是否首先接人保安配线架（箱），保安配线架（箱）性能是否良好。

（4）保安配线架（箱）是否良好接地，通信电缆空线是否接地。

（5）通信机房配电屏或整流器人端三相对地是否装有氧化锌避雷器（箱），并且性能良好。

（6）通信直流电源正极在电源设备侧和通信设备侧是否良好接地；负极在电源机房侧和通信机房侧是否接有压敏电阻。

（7）通信站防雷接地网、室内均压网、屏蔽网等施工材料和规格及施工工艺是否符合要求，焊接点是否进行防腐处理，防雷接地系统隐蔽工程设计资料、施工记录及重点部位照片是否齐全。

（8）每年雷雨季节前，通信站接地设施是否进行了检查和维护，接电电阻是否合格。

3. 保安措施

（1）在微波通信机房及工作人员活动区，微波辐射漏能功率密度是否符合下列规定：一日8h连续辐射时不应超过38 μW / cm²。微波工作人员是否配有微波防护服、防护帽和防护眼镜。

（2）通信机房是否有良好的保护环境控制设施，以防止灰尘和不良气体的侵入，全年室温是否保持在15 ~ 30℃之间。

（3）通信机房能否保证工作照明和事故照明。

（4）各通信设备供电电源是否全部采用独立的分路开关和熔丝。

（5）通信设备机架是否牢固固定，有可靠的防震措施。

（6）通信站是否具有防盗、防汛、防鼠、防虫等安全措施。

（7）用于高处作业的安全工具是否良好，用于在高压设施区工作的绝缘工具是否良好。

（六）调度

（1）调度范围是否划分明确，是否有正式书面依据和附图说明。

（2）系统一次主接线图、各厂（站）一次主接线图及主要设备参数是否齐全，并与实际情况相符。

（3）地区电网正常接线方式是否与主网正常接线方式相适应，并报中调备案。如发生运行方式改变与主系统接线方式有矛盾，影响系统设备运行或引起电能质量、负荷计算的改变，事先是否取得中调的同意。

（4）并网运行的自备电厂，必须并列倒闸的双电源用户或装有自投装置的双电源用户，是否参加电力系统的统一调度，应有正式书面调度协议。

（5）新建、扩建和更改设备有无投运管理制度，投运申报资料、审批资料、投运方案，审批手续是否齐全无差错。

（6）有无调度事故处理、电网事故处理、失去通信联系时的事故处理等规定。

（7）有无调度操作规程。调度操作规程中是否有：调度员操作前应充分考虑的事项，操作命令的形式，倒闭操作条件等一般操作规定和系统间的并解列、合解环、主变压器、线路、母线等特定形式的操作规定。

（8）调度模拟板（特别是配电网开闭设备）是否与实际相符，能否明确标出所有断路器和隔离开关实际拉合位置，地线标记是否明显。

（9）调度下达操作命令是否符合下列要求：拟定操作命令票，说明需停送电范围，操作目的、任务和执行互审，模拟预演，监护，重复命令，通报时间，做好相应记录和使用专业术语并全部录音等。

（10）调度电话录音设备管理是否严格，运行是否可靠，录音质量是否良好。

（11）有无电网负荷管理规定和负荷自动控制计划安排，自动监控和实控是否达到网、省公司规定指标，负荷监控是否严格，保证系统频率正常。

（12）有无继电保护和自动装置调度管理规定，包括继电保护运行、新设备投运继电保护管理规定及特殊保护、重合闸、故障录波器的具体管理规定。

（13）地区电网调度自动化功能如调度自动化系统基本功能、基本指标、调度自动化主站计算机配置，远动终端机功能等，是否符合规范要求。

（14）调度值班室是否有下列技术资料：送变电设备一次接线图及相应参数表，保护定值记录簿，低频率减载装置记录簿，变电站运行值班员、工作负责人、相关人员名单及电话，调度通信通道图，年、季、月运行方式及特殊方式，新设备投运方案档案，变电站现场规程，继电保护现场运行规定及重合闸停投的有关规定，调度范围划分明细表，设备分工管理明细表，调度值班表等。

（15）调度所是否有可靠的供电电源（两路交流电源、必要的直流电源和事故备用电源），能保证在系统发生事故时供电不中断。

二、劳动安全和作业环境评价

（一）劳动安全

1. **电气安全**

（1）电气安全用具如绝缘操作杆、绝缘手套、绝缘靴鞋、验电器等，是否符合安全要求。

（2）携带型接地线是否符合安全要求，管理是否严格，存放位置与编号是否对应；变电站使用模拟图板指示、工作票和操作票、装设地点三处是否对应。

（3）手持电动工具如电钻、电砂轮等是否符合安全要求。

（4）移动式电动机具如抽水泵、砂轮锯等是否符合安全要求。

（5）有无手持电动工具和移动式电气机具安装漏电保安器的具体规定，并严格执行。

（6）动力、照明配电箱是否符合安全要求。

（7）施工现场临时电源敷设有无管理制度，现场临时电源是否符合安全要求。

（8）电气工作人员是否普遍掌握了触电急救及心肺复苏法。

2. **高处作业安全**

（1）安全带（在用品）是否符合安全要求，其存放、保管是否符合安全规定。

（2）脚扣、升降板（在用品）是否符合安全要求，其存放、保管是否符合安全规定。

（3）脚手架（越线架）、脚手架组件（木质或金属脚手杆、管脚手板、连接卡具、吊架等在用品）、安全网及存放保管是否符合安全要求。现场搭设的脚手架是否符合安全规定。

（4）移动梯台（含梯子、高凳等在用品）及其存放、保管是否符合安全规定。

（5）安全帽的形状、材料、结构、现状是否符合安全要求；供电公司或二级单位有无生产场所戴用安全帽的具体规定，并认真执行。

3. 起重作业安全

（1）各式起重机包括门式、桥式起重机，汽车、履带和其他流动式起重机、斗臂车等，是否符合安全要求。

（2）起重用钢丝绳、纤维绳、吊钩、夹头、卡环、吊环等是否按规定定期检查试验。

（3）起重机司机是否经过专门训练和考试，持有合格证，并按期进行复审。

（4）各式电动葫芦、电动卷扬机、垂直升降机（载物）是否符合安全要求。

（5）手动葫芦（倒链）、千斤顶、手摇机动绞车、抱杆等是否符合安全要求。

4. 焊接安全

（1）各种类型乙炔发生器是否符合安全要求。

（2）氧气及乙炔气瓶库或贮存处所是否符合防火防爆要求。

（3）交直流电焊机是否符合安全要求。

（4）电焊工、气焊工是否经过专门训练和考试，持有合格证，并按期进行复审。

5. 机械安全

（1）主要木工机械如电刨、圆锯、带锯等是否符合安全要求。

（2）固定式、移动式钻床是否符合安全要求。

（3）固定式砂轮机是否符合安全要求。

（4）冲、剪、压机械是否符合安全要求。

（5）金属切削机床如车床、铣床、刨床、磨床等，是否符合安全要求。

（6）对从事机械加工的人员是否发放合格的劳保用品，并在工作中按要求使用。

（7）各类电动机械设备是否定有安全操作规程，安全操作规程是否在机械设备旁悬挂。

6. 各种小型锅炉、压力容器（高压气瓶和空压机）是否符合安全要求

7. 带电作业安全

（1）带电作业工作票签发人、工作负责人和工作监护人，是否由具有带电作业实践经验的人担任，参加带电作业的人员是否具有经局签发的合格证。

（2）带电作业工作票签发人是否经局领导批准，工作负责人是否经工区领导批准。

（3）带电作业是否设专人监护，复杂或高杆塔上的作业是否增设杆塔上的监护人。

（4）带电作业是否按规定停用重合闸，并不得强送电。

（5）带电作业工具是否定期试验，完好无损，有专人保管。工具库是否整洁，通风和湿度是否符合要求。屏蔽服有无破损。各点连接是否牢固，最远端点之间电阻值不大于20Ω。

（6）220～500kV作业有无感应电压防护措施，是否落实。

（7）带电作业班组是否具有以下技术资料并且填写认真，保管有序：带电作业工具登记册和工具制造组装图、带电作业工具试验记录和试验报告、带电作业作业表、带电作业项目工具卡、带电作业培训考核记录等。

8. **爆破压接工作安全**

（1）从事爆破压接人员和爆破压接质量验收人员是否经过专业培训，考试合格持证上岗。

（2）雷管、导火索、炸药的储存保管运输是否有管理制度，并符合公安部门的要求。

（二）作业环境

1. 生产区域照明如控制室、配电室、室外设备区、楼梯照明等，是否符合要求。

2. 永久登高设施如钢斜梯、钢直梯等，是否符合安全要求。

3. 生产厂房及生产区域地面状况：

（1）生产厂房有无渗漏雨，室内设备顶部有无脱落墙皮砸坏设备的可能。

（2）地面（含楼板）孔洞的栏杆、盖板、护板是否齐全，符合安全要求。

4. 防毒：

（1）剧毒品是否有管理制度，并真正贯彻落实。

（2）存放有毒有害物质如绝缘油、SF6、绝缘材料等的工作间（如油化验室、变压器检修间等），通风是否良好。

（三）交通安全

1. 各类机动车辆是否符合安全要求。

2. 有无包括技术保养、检验在内的机动车辆管理制度，是否落实。机动车司机是否持有驾驶证和准驾证。

3. 各种机动车辆是否定期进行安全检查和恶劣气候出车前的安全检查。

4. 有无乘车安全规定（包括车槽栏杆、乘车人及客货混装等），是否严格执行。

（四）防火防爆

1. 各级防火责任制是否健全。

2. 专职和群众性消防组织是否健全，其成员是否定期培训或训练。

3. 防火重点部位消防器材配置是否符合规定，有无清册和定期检查制度，是否严格执行。

4. 禁火区域、部位是否有明显的符合标准的禁火标志。

5. 禁火区（含电缆夹层）动火，有无健全的动火作业管理和动火工作票制度。

6. 消防泵有无定期试验、检修制度，是否落实。

7. 消防水系统（含高位水箱）是否完善并处于良好备用状态。

8. 消防通道是否畅通。

9. 易燃易爆物品的管理、存放是否有健全的制度，并得到落实。

（五）防汛

1. 汛期前能否做到提前研究防汛工作，制定措施，落实防汛值班及抢险组织。

2. 永久性防汛设施和防汛器材是否处于良好状态。

（六）抗震

1. 主厂房、建筑物及构筑物是否进行了抗震鉴定。

2. 抗震鉴定不合格建筑物是否采取了加固措施。

3. 是否制定了防震抗灾措施预案。

4. 根据地震预报及有关部门要求，需要对主变压器、蓄电池及其他设备采取抗震措施的，是否已经落到实处。

三、安全管理评价

电网企业安全管理评价，包括以下内容：

（一）安全生产方针的贯彻落实和安全目标管理

（1）公司年度工作计划或工作要点、工作安排、承包合同中，是否有明确的安全目标、切实可行的措施、考核奖惩办法，上述措施是否贯彻落实。

（2）在生产工作中，能否坚持“五同时”，即计划、布置、检查、总结、考核生产工作的同时计划、布置、检查、总结、考核安全工作。

（3）安全第一责任者是否亲自阅批上级安全生产重要文件和事故通报，并结合本单位实际提出要求，改进工作。

（4）领导干部是否支持安全监督人员向上级单位反映、汇报不安全情况和开展安全监督工作，对重要不安全情况是否发生过漏报、迟报。

（二）安全责任制

1. 各级领导人员的安全责任制是否健全，内容是否符合《安全生产工作规定》及上级有关规定，安全责任制是否明确，并且能够贯彻落实。

2. 职能部门的安全责任制是否健全，内容是否符合上级有关规定，安全责任制是否明确，并且能够贯彻落实。

3. 各生产岗位的岗位责任制中是否有明确的安全责任，并能贯彻落实。

（三）安全监督机构及安会监督网

1. 供电公司是否设有专职安全监督机构，人员素质和数量以及专业配套等方面，能否满足职责要求。

2. 主要车间是否设有专职安全员，其他车间是否设有兼职安全员，上述人员的主要精力和时间能否用于抓好安监工作。

3. 班组是否设有兼职安全员，每年是否能根据人员劳动组织的变动调整人选，做到组织、人员落实。

4. 安监人员是否有职有权（奖惩权），待遇是否落实（按生产人员对待，如升级、奖金、职称评聘等），是否认真贯彻《安全生产工作规定》，监督手段是否完善，符合规定。

（四）安全生产规章制度

1. 是否制定了“两票三制”安全管理制度，内容完善，执行认真。

2. 安全第一责任者、主管生产的副总经理、总工程师（含副总工程师）以及生产职能处室、车间是否有上级颁发的同本职、本部门工作直接有关的规程、制度和现场规程制度。

3. 班组长岗位是否备有《电力安全工作规程》和现场规程制度等。

4. 现场规程制度的修订、审批、印发、储备是否及时合理。现场规程制度是否覆盖面全，符合实际。现场规程个别条文修改有无正式审批文件，班组长岗位有无上述文件，并能及时修改个人保管的规程制度。

5. 有无“两票”合格率评价制度，是否严格执行，合格率评价是否符合标准要求，发现问题能否及时提出改进措施，有无记载可查，每月是否对“两票”执行情况进行一次统计。

6. 有无“两票三制”现场执行情况全过程检查制度，并有检查记录，且能发现问题，总结经验，及时整改。评价期内，是否发生过违反“两票三制”造成的事故，或发生过强行解除闭锁装置发生的误操作事故。

7. 缺陷管理制度是否健全，缺陷通知填写、传递是否及时，缺陷能否及时处理。

（五）安全培训与考核

1. 新工人（包括大专毕业生）是否全部经过三级安全教育，考试合格，档案、记录是否齐全。实习生进入现场前是否全部经过安全教育和安全规程考试。

2. 新值班人员（含调换新岗位人员）独立值班前是否考试合格，批准独立值班档案是否齐全。

3. 特种作业人员是否经过专门培训，考试合格，持有合格证，培训和考试档案记录是否齐全。

4. 是否按时编制本年度培训计划（包括安全教育），并能贯彻落实，有执行情况记录。

5. 一季度内是否完成生产干部、工人《电力安全工作规程》的学习和考试。

6. 是否做到每年进行一次现场运行、检修规程制度的复习考试。

（六）安全例行工作

1. 班组能否坚持每周一次的安全日活动，内容是否充实，并能结合本班组具体情况，提出改进工作的措施和吸取本单位、兄弟单位事故教训，记录是否齐全，参加安全活动的人员是否签名确认，二级单位领导每月是否检查签字。

2. 车间主要领导干部是否能定期参加班组安全活动，建立联系点，并有记录。

3. 评价期内总经理、生产副总经理、总工程师是否按时组织每年春、秋季安全大检查，是否做到有计划、有总结、有整改措施，有考评、有实效。

4. 公司、车间安全第一责任者是否每月主持一次安全分析会，及时研究解决安全生产中的问题，记录齐全。

5. 厂主要领导是否按规定进行夜间查岗，记录齐全，解决实际问题。

（七）反事故措施计划和安全技术措施计划

1. 是否按时制定和上报反事故措施计划和安全技术措施计划，内容重点突出，无重要疏漏，资金、人力、执行负责人、执行期限是否明确、落实，安全技术措施计划资金是否按规定提取，并由安监部门掌握使用。

2. 主管生产的副总经理或总工程师是否及时组织各有关部门对反事故措施计划和安全技术措施计划执行情况进行检查，完成情况有文字记录，对未能按时完成的项目能及时采取对策（可结合季度安全分析会进行）。

3. 年末反事故措施计划和安全技术措施计划完成率是否分别达到85%和95%。

（八）基础资料

1. 生产设备和系统管辖范围是否划分明确，无管理空白点，有正式书面依据。

2. 运行班组是否建立以下有关安全生产的记录簿：运行日志、设备缺陷记录、设备异动记录、检修工作票登记、临时接地线使用登记（电气运行）、不安全情况记录、安全活动记录、生产培训考核记录、事故预想记录、设备定期轮换试验记录、系统图册。记录内容是否完整、准确、及时，图册是否符合设备系统实际情况。

3. 检修班组是否建立以下有关安全生产的记录簿：设备缺陷记录、设备台账、设备系统图、主要设备装配图、检修技术记录、不安全情况记录、安全日活动记录、生产培训考核记录、保护和自动装置定期试验记录。

4. 公司主管生产的领导人是否每年重新审定一次电气工作票签发人名单，车间是否每年重新审定工作负责人和工作许可人名单，并及时进行调整。上述人员名单（包括调整人员名单）是否书面公布、印发各有关岗位。

（九）承包工作的安全管理

1. 企业对发、承包工程是否定有安全管理制度，并明确归口管理单位及其职责。

2. 各种承包合同中，有无明确安全要求和质量标准，以及发包方和承包方对安全应负的责任。

3. 所有承包工程合同副本是否送交安监部门，由安监部门对承包工程的安全管理进行监督。违反合同及有关规程规定者，安监部门是否有权停止其工作，并进行经济处罚。

（十）事故调查及安全信息反馈

1. 发生事故和障碍及严重未遂事故后的处理、汇报、原始记录的填写、事故现场的保护、事故记录的保存有无明确规定，并能贯彻落实。

2. 发生设备损坏事故和人身伤亡事故，有无可供分析用的事故录波图、计算机事故追忆资料、故障部分照片。有录像设备的单位是否同时录像，事故照片及事故录像是否按档案管理标准要求归档。

3. 事故发生后能否按照《电力生产事故调查规程》规定组织调查，并做到“四不放过”，事故报告填写内容是否符合《电力生产事故调查规程》的要求。

4. 是否定期（一般应每月）编发一期安全简报，及时通报本单位安全情况，总结事故教训，表扬好人好事。

5. 能否及时转发上级事故通报、快报，安全情况通报等，并能结合本单位情况具体贯彻。

（十一）安全工作奖惩

1. 生产单位的各种奖励制度及评选先进办法或奖金分配原则是否体现安全第一的方针，把安全生产作为评奖的首要条件。

2. 生产单位是否设立了安全长周期奖、安全生产特殊贡献奖、安全竞赛奖、千次操作无差错奖。奖金来源及安全教育、安全活动经费，应得到保证，并由安监部门掌握使用。

3. 各项事故罚款是否能用于安全奖励或加强安全生产的措施费用，并由安监部门安排使用。

4. 对工作失职造成事故、严重未遂事故和习惯性违章，有无明确的处罚规定，并对在评价期内发生的事故能贯彻施行。

（十二）现代安全管理

1. 是否设立了安全教育展览室。

2. 是否配备了电子计算机，实现电子计算机统计分析事故，并向上级主管部门报送事故卡片、月报软盘或电子信箱传递。

3. 在安全检查、专业性安全检查中是否使用了安全检查表或安全评价表，根据检查表开展检查工作。

4. 是否积极开展电化教育。有录像设备的单位是否拍摄了安全教育片、事故录像片；有闭路电视的单位，节目内容是否有安全生产动态报道、安全宣传教育内容等。

5. 是否应用概率论及数理统计分析事故规律，确立安全目标值等，并取得成绩。

6. 是否开展了“事故树分析”或“事件树分析”，并取得成绩。

7. 是否运用人机工程学原理改善设备、设施、环境及操作，在改善安全生产和劳动条件方面取得成绩。

8. 是否把安全行为科学与安全心理学基本原理应用于安全管理实践，并取得成绩。

第四节　安全性评价的实施步骤

一、健全组织合理分工

组织机构是指按照一定的目的和系统组织起来的团体。安全性评价组织机构就是按照全面开展安全性评价的目的和正确运用安全性评价的理论和方法组织安全性评价工作的团体。健全组织机构是企业开展好安全性评价工作的前提。安全性评价内容的合理分工是全面开展安全性评价工作的重要保证。

（一）建立健全安全性评价组织机构

建立健全安全性评价组织机构是开展好安全性评价工作的重要保证。安全性评价工作涉及企业安全生产活动的方方面面，如何协调好部门之间、专业之间等多方面的关系尤其重要。只有建立健全组织机构，加强协调指导，才能保证企业安全性评价工作的健康和深入开展。

一般来说，企业应建立健全如下安全性评价组织机构：

1. 安全性评价领导小组；

2. 安全性评价办公室；

3. 安全性评价专业小组。

安全性评价领导小组是企业开展安全性评价工作的组织领导机构，由组长、副组长和若干成员构成。组长一般由企业行政正职担任，副组长由企业生产副职担任，成员由企业相关部门和二级机构的负责人及有关专工等组成。安全性评价领导小组的主要职责：负责领导、组织、协调本企业开展的安全性评价工作；妥善解决评价中遇到的各类问题；根据专家意见，组织制定整改措施并督促整改措施的落实。

安全性评价办公室是企业开展安全性评价工作的日常机构，由主任和若干成员构成。主任一般由安全监督部门的负责人担任，成员由安全监督部门或相关部门的专工组成。安全性评价办公室的主要职责：负责安全性评价的日常工作；负责检查督促、分析解决安全性评价中出现的问题；指导安全性评价工作按实施方案正常有序地开展。

安全性评价专业小组是企业开展安全性评价工作必不可少的技术专业组织，由组长和若干成员构成。组长一般由生产技术部门或安全监督部门的负责人担任，成员由生产技术部门和安全监督部门以及企业二级机构的专工组成。安全性评价专业小组的职责：负责查评安全性评价工作中的专业技术质量，解决专业问题，把关和监督整改措施的可行性等技术问题；对评价项目依据的准确性、数据的正确性、专业技术的科学性负责。

企业在开展安全性评价工作中，必须做到领导负责、组织健全。

（二）安全性评价内容的分工

如前所述，安全性评价内容分为三部分：

1. 生产设备；

2. 劳动安全和作业环境；

3. 安全管理。

由于企业的生产分工不同，加之企业机构设置以及企业部门职能的不同，对评价内容的分工也不相同。一般是，生产设备由生产技术部门负责，劳动安全和作业环境、安全管理由安全监督部门负责。安全性评价内容的合理分工，是落实安全性评价专业责任的前提。

二、安全性评价项目的分解

对安全性评价项目进行分解的目的，是将安全性评价中的评价项目落实到企业各个职能部门、二级机构、生产班组，为安全性评价的项目查评做好准备。

（一）评价项目分解的原则

安全性评价项目的分解是开展安全性评价工作的重要前提。根据安全性评价的生产设备、劳动安全和作业环境、安全管理三大部分，为了保证查评项目的分解落实，分解过程中应遵循以下原则：

1. 层层分解的原则。层层分解是指按照评价的内容逐级逐项逐条进行分解，也就是在开展查评之前，安全性评价办公室按专业分工将查评项目分解到相关职能部门和二级机构，明确各自的查评项目。有关部门和二级机构再按照专业分工将查评项目分解到各生产班组，明确班组应查评的项目。项目分解中，要防止职能部门笼统地将评价项目分解到基层班组，出现项目分解不到位、不准确，甚至漏项等问题。

2. 细致分解的原则。细致分解是指在层层分解时，做到精心细致，防止漏掉查评项目或单位。例如：在水力发电厂生产设备部分中，水轮机整体运行工况不仅要分解到维护分场，而且还应分解到运行分场；调速器这项不仅要分解到调速机班，还要分解到自动班。

3. 完全分解的原则。完全分解是指一定要做到项目分解到底，查评单位分解到底；也就是说，对项目而言不管是大项小项还是条款，都要分解彻底。对设备来说不管是主设备、附属设备、外围设备都要全部分解。对查评单位来讲，如果一个项目应该由多个单位查评，一个查评单位也不能漏。

4. 分解到人的原则。分解到人是指项目分解时做到每个项目都有专责人，也就是说，每个项目都要有人负责查评，责任落实到人头，做到人员到位、责任到位。

（二）项目分解的方法步骤

根据安全性评价项目分解的原则，项目分解要做到完全和准确，应遵循以下方法步骤：

1. 实行逐级分解。按照安全性评价的项目层层分解，并落实责任人。

2. 核查反馈。评价项目分解到单位和个人后，应进行核查和反馈，及时分析论证，看分解的项目、落实的责任是否符合实际情况，有无漏项或不妥之处，发现问题应及时纠正。

3. 按照分解的项目，学习掌握评价标准和依据，为准确查评打下良好基础。

三、设备统计分类及资料收集

设备统计分类及资料收集是安全性评价必须完成的准备工作，其目的是在开展安全性评价之前，将需要评价的生产设备的规格、台数、生产厂家等进行统计，对评价的生产设备的技术说明、大修报告、维护记录、试验数据等资料进行收集整理，为正式开展查评工作做好充分的准备。

（一）设备统计分类

设备统计分类是指对评价的生产设备的规格型号、台套数、生产厂家等，按照电气设备类、机械设备类、制造设备类等进行统计和分类，并将统计和分类的结果按照要求规范地填写在表格中。设备统计和分类应满足下列要求：

1. 各类生产设备的数量；
2. 是否是同厂同规格产品；
3. 评价的设备属于几类设备；
4. 对各类生产设备的数量（台、件）注册求和；
5. 分清是主设备还是附属设备或是其他设备。

（二）设备资料的收集

生产设备资料应包括设备的技术说明书、设备的产品合格证、设备大修报告、设备维修报告、设备的试验数据、设备缺陷记录等。收集的设备资料应满足下列要求：

1. 必须是原始资料；
2. 资料要完整全面，不能缺漏；
3. 数据要可靠准确。

设备统计分类及资料收集工作必不可少，企业应予高度重视，切忌出现应付、凑合等形式主义做法。

四、各类工器具统计分类及资料收集

各类工器具的统计分类及资料收集同样不可忽视，其目的是在开展安全性评价之前，根据评价项目将需要评价的各类工器具的规格、台数、厂家等进行统计，对评价的各类工器具的技术说明、检修报告、维护记录、试验数据等资料进行收集整理，为查评工作做好准备。

（一）各类工器具的统计分类

各类工器具的统计分类是指对评价的各类工器具的规格型号、台套数、生产厂家等，按照电气安全器具类、机械安全器具类、其他安全器具类等进行统计和分类，并将统计和分类的结果按照要求规范地填写在表格中。工器具的统计和分类应满足下列要求：

1. 各类安全工器具的数量（台、套）各有多少，共有多少；

2. 是否属于同厂、同规格产品；

3. 各类工器具是否属于国家、部、网、省级指定的厂家生产，有无入网证等证书。

（二）资料收集

各类工器具的资料应包括技术说明书、产品合格证、检修报告、维修报告、试验报告、缺陷记录等。收集的安全工器具资料应满足下列要求：

1. 资料要完整全面，不能短缺；

2. 数据要可靠准确；

3. 必须是原始资料。

五、安全管理资料的准备

安全管理资料的准备工作同样重要。管理资料收集准备的充分，能为查评工作创造条件，在一定程度上能反映出较高的管理水平。

安全管理资料与生产设备、各类工器具的资料内容略有不同。

安全管理资料收集的内容包括：上级颁发的安全生产文件、规定、标准、责任制度等资料，以及这些文件、规定、标准、制度的贯彻落实情况。例如：安全活动记录、安全分析会记录、安全网例会记录、“两措”计划和管理办法及检查考核记录、责任制度、培训制度、防火制度、特种作业持证上岗资料等。

安全管理资料的收集准备，同样要求完整、可靠，必须是原始记录。

六、对照标准进行自我查评

自我查评也称自我诊断，是安全性评价工作的关键环节，也是安全性评价工作的重要实施步骤。

（一）查评方法

1. 静态查评。静态查评是指通过查阅大量的历史资料来发现问题的一种方法。各级在查评中首先要运用这种方法，掌握第一手资料并发现问题。

2. 动态查评。动态查评即现场查评，它通过现场观察检测考问试验等手段发现问题。这是安全性评价工作中广泛应用的方法。

3. 逐级查评。首先，班组自检自查填表。在此基础上，二级机构自查并填表，制定整改措施。然后，企业自查、汇总，组织企业专家查评，对查评出的问题进行分析总结，写出专业评价报告和评价工作报告。

（二）查评原则

安全性评价主要是通过对生产设备、劳动安全和作业环境、安全管理等方面存在的问题进行查找、定性定量分析、制定措施、消除隐患以夯实安全基础。因此，关键是查出问题，找准原因。

1. 对照项目查找问题。对照评价项目查找问题是查评中必须遵循的原则，只有这样才能发现问题，批准问题。

2. 对照查评依据分析问题。查评依据是根据有关规程规定编制的，是经过实践检验的准则。因此，对查评中发现的问题，要认真分析，找准原因，分出轻重缓急，绝不能主观臆定。

3. 填写查评结果。查评结果是安全性评价的原始记录，是重要的文字记载。因此，必须认真填写，不能敷衍了事。

（三）编制自查报表

企业各级在自查自检时，要及时将查评出的问题记录在案，并对问题进行综合分析，将结果填写在报表中。报表应做到：

1. 规范完整。规范完整是指一定要按报表的格式填写，采用统一的纸张（一般采用标准的B5纸），对查评结果、查评人、查评时间等填写清楚。

2. 报表要经领导审批签章。企业各级填写的自检报表一定要有主管领导的审查意见和签章。这是为了防止查评漏项、走过场等现象，确保查评质量所采取的必要措施，企业各级必须认真履行。

（四）查评中应注意的问题

1. 班组必须逐项逐条地查，防止漏项。

2. 班组在查评中不打分，企业二级机构在查评中，不提倡打分，企业在查评中应予打分。

3. 企业对二级机构和班组的查评结果应进行抽查。应严格执行评价标准要求，按比例抽查，抽查结果要能够反映企业的全貌。

七、制定整改措施

安全性评价的最终目的是对系统存在的危险性进行定性和定量的分析，确认系统发生危险的可能性及其严重程度，提出有针对性的整改措施，以防止事故的发生。因此，制定整改措施是安全性评价工作的落脚点。

（一）一般性问题，边查边改

在安全性评价过程中，对发现的一般性问题在找出原因之后应及时整改，这是常用的整改方法，好处是：能及时消除事故隐患，直接体现安全性评价的目的。

（二）制定整改措施

企业在查评中，对发现的重大隐患必须制定整改措施，落实项目、责任人和整改时间。对企业确实解决不了的重大隐患，应提出专题报告，报上级主管部门。

八、综合自检报表的编制和汇总

综合自检报表是企业安全性评价查评结果的文字记录，综合自检报表编制和填写必须严肃认真。

企业安全性评价办公室对二级机构上报的自检报表要进行汇总整理，并应满足以下要求：

（一）要按生产设备、劳动安全和作业环境、安全管理三大部分分项编制报表。

（二）自检报表要有企业安全性评价专业小组的专业人员的审查意见和签章。

（三）自检报表要经企业安全性评价领导小组组长或副组长审定并签字。

九、提出《安全性评价验收申请报告》

企业在开展安全性评价工作中，经过培训提高、项目分解、自查诊断、企业专家评审、措施整改等几个阶段后，达到和满足了安全性评价工作的标准和条件，经过安全性评价领导小组研究，可以向上级主管部门提出书面验收申请。申请报告应以文件形式上报省公司，申请报告要简述开展安全性评价工作的经过、取得的成果和申请理由，并附如下有关材料：

（一）《安全性专业评价分析报告》；

（二）《安全性评价工作报告》；

（三）《安全性评价结果明细表》；

（四）《安全性评价总评表》；

（五）《安全性评价查评扣分记录》；

（六）《安全性评价项目检查发现问题及整改措施》；

（七）《安全性评价项目检查发现重大问题及整改措施》或专题报告。

第五节 安全性评价的专家评审

一、评审程序

专家评审分为企业专家评审和上级专家评审。一般是专家分专业进行评审，提出专业评审意见，综合汇总成为安全性评价专业报告或意见。

企业专家应将评价意见形成安全性评价专业分析总结报告。上级专家形成评价意见后需召开一定规模的专业会议，向企业通报评审意见，企业根据上级专家的意见，制定整改措施，组织整改。

二、评审专家应具备的条件

负责安全性评价评审工作的专家，必须具备以下条件：

（一）坚持原则，实事求是，严肃认真，不讲情面；

（二）熟悉本专业的安全性评价工作；

（三）熟悉国家、行业有关安全生产法律、法规；

（四）身体健康，能适应安全性评价工作强度。

三、评审要求

专家在评审中，必须做到：

（一）深入查评，找准问题；

（二）公正合理，不打人情分。凡现存的危险因素，均应按标准规定扣分；

（三）本着为企业服务的宗旨，主动帮助企业分析问题，协助制定整改措施。

四、专业分工

电网企业一般分为变电、送电、配电、调度（电网、通信）、继电保护和自动装置（直流）、劳动安全和作业环境、安全管理等专业组。

各专业组应按查评项目明确分工，不能漏项。每个成员既要认真查评个人负责的项目，又要积极参加专业组项目的查评，互相配合，积极协作。

五、提出评审意见

评审意见是上级专家在完成对企业的查评工作后形成的权威性、结论性意见。评审意见的内容包括简要查评过程、管理工作中值得肯定的有推广意义的好做法、各专业存在的问题、评价结论。

组织专家评价的省公司要以文件形式下达安全性评价意见。企业可根据专家通报的意见，制定整改措施，并立即着手整改，不必等待上级部门下达文件后再进行整改。

第六节　安全性评价的资料归档

档案，是人们从事各项活动的历史记录，是重要的信息资源。企业档案，是企业管理的重要基础工作。《中华人民共和国档案法》规定：对国家规定的应当立卷归档的材料，必须按照规定，定期向本单位档案机构或者档案工作人员移交，集中管理，任何个人不得据为己有。

一、评价文件归档

开展安全性评价工作，会有很多文件。比如：省公司的有关文件如专家组查评后形成的安全性评价查评意见及建议，往往以文件形式下达给企业；企业自己的有关文件，都应按照《机关文件材料归档范围》要求，收集整理，及时移交档案管理部门立卷归档。

二、查评资料归档

查评资料是在安全性评价过程中产生的资料，比如：生产设备、劳动安全和作业环境、安全管理的查评而形成的资料。这些资料包括安全性评价工作总结报告、安全性评价专业分析报告、安全性评价结果明细表、安全性评价总评表、安全性评价扣分记录、安全性评价项目检查发现问题及整改措施等。企业每次安全性评价工作结束后，都应及时将评价资料归档。

三、上级专家评审资料归档

上级专家评审资料是指在安全性评价中，由省公司组成的专家对企业进行安全性评价验收评价中形成的材料。

对专家评价资料，企业应及时移交给科技档案部门，应归档的评价资料有：

（一）省公司专家组名单；

（二）安全性评价总评表；

（三）安全性评价项目检查发现问题及整改措施；

（四）安全性评价结果明细表；

（五）安全性评价的查评意见及建议。

第七节　安全性评价的复查评价

一、安全性评价的制度化

企业应每年结合春秋检开展安全性评价工作。安全性评价一般以3年为一个循环周期，即第一年企业自我评价并申请上级专家评价；第二年整改及上级专家复查；第三年巩固提高，然后开展新一轮的评价。

二、复查的一般要求

（一）复查是指上级专家的复查。复查的专家一般应是参加评价查评验收的专家，目的是保证评价工作的连贯性。

（二）复查时，专家人数可少于评价时的专家人数。

（三）复查程序和评价时基本相同，但复查以查评整改情况为重点，不放过新的危险因素。

安全性评价工作的实践表明：安全性评价工作不能一劳永逸。企业应重视复查评价，通过发现新的危险因素和不断地整改，消除引发事故的隐患，达到稳固安全生产基础、实现安全生产（建设）的目的。

第六章　标准化作业管理

第一节　推行标准化作业必须增强职工的事业心和责任感

所谓标准，是指衡量事物的准则。

所谓标准化，是指符合一定的准则。

所谓标准化作业，就是使作业符合安全生产明文规定的准则，就是要求作业人员严格按照安全生产法律法规，按照事先设定的唯一的程序作业，一丝不苟地执行安全技术、组织措施，确保作业人员生命和设备安全，确保作业任务的圆满完成。

在谈到如何实行标准化作业时，许多职工都说：“在当前，管理规范、作业标准都十分明确，可是，十分明确的东西为什么有时在执行时便走了样，甚至置若罔闻地根本不去执行，致使违章接连不断，事故时有发生呢？其中一个根本原因就是当事人缺乏事业心和责任感。”这真是一语中的，击中要害。

只要认真分析以往生产安全事故发生的原因，则不难发现，绝大多数人为责任事故都是由于管理不规范（或者叫作有法不依）、作业不标准（或者叫作有章不循）造成的，而管理不规范、作业不标准则是由于当事人缺乏高度的事业心和责任感所引起的。大家知道，思想支配行动，以安全思想为指导，必然会产生安全行为，而安全思想正是源于高度的事业心和责任感，即源于视职工群众的生命安全和国家财产安全为第一需要，以维护职工群众的根本利益为己任，源于一丝不苟、认真负责的态度，源于求真务实、真抓实干的工作作风。缺乏事业心和责任感，要落实管理规范和作业标准是不可能的。责任事故正是发生在当事人事业心和责任感的薄弱之处。

对2005年2月14日发生的辽宁省阜新市孙家湾矿难，人们普遍认为，如果当事人具有较强的事业心和责任感，认真落实管理规范和作业标准，就有可能阻止这次矿难的发生，挽救200多条生命。为什么这样说呢？第一，按照安全生产规定，下井作业的电工必须携带便携式甲烷检测仪，并在作业前使用检测仪检查周围情况，发现瓦斯浓度超标立即停止作业。而这名引起矿难的肇事电工明知有这一规定，却怕麻烦而擅自决定不带便携式甲烷检测仪。由于不做实际检查，他从事检修作业时不可能觉察到瓦斯浓度已达到爆炸的临界值，应当立即停止作业。第二，按照安全生产规定，检修设备时，必须先拉开电源，断电后再开始作业。但是，检修人员明知有这项规定，却认为“不断电也不会出事”，便在不切断电源的情况下，挪动一台风机，检修照明信号综合保护装置，改动电源线，在检修过程中产生电火花，引发瓦斯爆炸。第三，按照安全生产规定，值班矿长接到井内瓦斯浓度超限的警报，应果断做出处置，即立即下令断电和人员撤出矿井。但值班的矿长接到监测中心值班员关于监测仪器已经发出瓦斯浓度超限的警报的报告后，优柔寡断，竟然指示监测中心值班员“再查一下，查明什么原因造成瓦斯浓度超限后，再向我报告”。监测中心的值班员只好再把电话打到井下询问，问明情况，再把电话向值班矿长报告……还没等值班矿长重下决心，矿难已经发生。如果先前接到报告，值班矿长立即下达断电和工人撤出矿井的命令，就能减少甚至避免人员伤亡，因为在矿震发生到瓦斯爆炸之间，足有11分钟的间隔，完全有条件切断电源，把井下矿工撤到井上！遗憾的是，责任人没有按时下达这样的命令。不论是何种原因造成瓦斯超限，得知这一情况后，都应立即断电，立即撤出井下作业的矿工，然后，再查找原因。在关系上百名矿工生命安全的紧急关头，当断不断，犹豫不决，这哪里还有一点事业心和责任感？

在我们电网企业中，这类由于缺乏事业心和责任感造成管理不规范、作业不标准所引发的生产安全事故，也是屡见不鲜的。比如：非电工不准擅自接电源，这是一条非常严格的规定。因为非电工不懂得电工知识，不具备安全作业的素质，擅自接电源必然会出事，非死即伤，给电网企业带来严重的危害。可是，直至今日，仍旧有的工作负责人或班组长默许或指使非电工从事电气作业，对有过血淋淋教训的安全规程仍旧拒不执行，让血淋淋的事故重现，不知他们的事业心和责任感哪里去了。一次，某公司作业小组负责人带领人员在信号楼浇注混凝土环梁。上午11时，因振捣器电源线存在问题，使两个30A刀闸开关保险丝先后熔断。经过电工检验后，这个工作负责人得知振捣器的马达发生故障，得回公司拿摇表测一下再干。当时还有半车混凝土尚未浇注，便叫一名临时工回队取另一台振捣器。

振捣器取回来后，这个工作负责人见两个30A刀闸开关保险丝都已熔断，就将取回的振捣器三相电源分别挂在75A刀闸保险片上。同时，又让临时工杨某、陈某接振捣器马达电源。在接线过程中，又叫杨某把马达端的零线用胶布缠上。

接完线后，这个工作负责人未进行检查即开始工作。他负责移动马达，杨某负责振捣，陈某负责压面，让另一名临时工负责浇水。

工作约10分钟后，这个工作负责人发现混凝土较干，振捣器打不出浆来，便离开马达下去提水。

当他走出3m远时，陈某见振捣器软轴已直，就前去移动马达和电源线。马达的电源线横跨房间，需要用手提线才能移动。而电源线接头破裂的7mm处没有用胶布缠上。陈某移动电源线时，正好左手抓在接头的破裂处，触电倒下。

杨某见陈某倒下，头部摔在墙处，不知道这是触电了，便想去抱他，并大喊“来人哪”！

这喊声被刚走出3m远的工作负责人听见了，回头一看，见陈某的右手把的马达悬在墙里侧，便判断触电了，急忙返回，拽振捣器的软轴，使马达电源线脱离陈某的左手。与此同时，地面上也有人把刀闸拉开，使陈某彻底脱离电源。经查看，陈某的左手无名指第二关节侧有5mm的灼痕。

在场的人员把陈某抬至地面，发现陈某的脉搏还在跳动，但在场的人员无人会做人工呼吸，等到陈某被送到医院救治时，已无脉搏，抢救无效死亡。

在这起事故中，工作负责人不是电工，却擅自接电源，又指使其他工人接电源，违反了非电工不得擅自接电源的规定。为了赶任务，不等电工到场，就擅自接电源进行作业，可见，这个工作负责人根本没把自己和他人的安全放在心上，根本没有履行保护自己和他人的安全责任。除此之外，从事电力工作的人员必须学会紧急救护法，以便在危险时刻进行自救互救。这一规定在多年前即已明确，并且三令五申。但是这个土建队的领导没有抓好这方面的培训，工人根本不懂得自救互救方法，使陈某触电后耽误了抢救的有效时间而死亡。由此也可以看出土建队领导的事业心和责任感多么淡薄。

血的教训告诫我们，要落实标准化作业，必须先从源头抓起，即增强当事人的事业心和责任感。

但究竟什么叫事业心，什么叫责任感，这两者之间有何关系，有的职工并不十分清楚。

所谓事业心，是指全身心地投入到事业中，力图取得成就的精神。

所谓责任感，是指自觉地想把分内工作做好的愿望。

事业心和责任感这两者之间是紧密联系的，事业心是维系责任感的基础和前提条件，高度的责任感则是事业心强烈的根本要求和具体表现。我们所讲的要增强事业心和责任感，就是强调为了国家现代化建设和电力事业的发展，努力增强实行标准化作业的意识，使责有攸归，自觉地肩负起应当肩负的安全责任，做好安全生产工作，减少以至杜绝生产安全事故的发生，确保职工群众生命和国家财产安全。

那么，如何通过培训教育，增强实行标准化作业的事业心和责任感呢?

一、有针对性地讲清道理。一些职工之所以缺乏实行标准化作业的事业心和责任感，与他们思想上存在的模糊认识有直接关系。比如：有的存有侥幸心理，认为“不执行作业标准也不会出事”，有的认为“实行标准化作业太麻烦”，因而随心所欲、铤而走险。有的认为“标准化作业不一定管用，有的单位开展这一活动后，事故照样出”。凡此等等。在培训教育中，应紧密联系实际，讲清实行标准化作业，是一项预防事故保障安全生产的重大举措，不严格执行作业标准，实际就是违反作业标准，必然会诱发生产安全事故；讲清实行标准化作业，实质上就是从作业实际出发，落实预防事故的技术措施和组织措施，麻烦值得，随心所欲、铤而走险危害大，要不得；讲清只要认真抓好标准化作业，就能有效地预防事故的发生，那些事故照样出的单位，正是违反作业标准的必然结果，从而使大家坚信标准化作业的重要作用，积极主动地落实作业标准。

二、严格执行规定，在作业前反复提醒。在作业前，宣读工作票，讲解安全技术、组织措施，进行现场提问，并让每一个作业人员签字确认，设立监护人等，这些规定，既能使当事人明确作业中存在的危险点及其控制措施，又能唤起他们增强履行安全责任的意识。在作业中，守护在身边的监护人的一句提醒，即能使监护对象头脑冷静，纠正有可能出现的违章动作。由于每次作业条件和存在的危险点及其控制措施不同，因而每次作业应遵守的作业标准也是不同的，这就需要在作业前进行预想和编制作业指导书，并在作业前进行安全交底，变为作业人的行动指南。违反规定，不执行安全交底等规范就有可能引发生产安全事故。一次，某配电班进行更换变压器台横梁的作业，工作负责人虽然办的是一张停电作业工作票，但在施工方法栏中却写有“送电钻眼”的字样。在宣读工作票时，有个工人问道：“作业又是停电又是带电，咱们可都没带绝缘鞋和绝缘手套，会不会发生危险?”工作负责人回答说：“不会的。因为送电时在台下钻孔，台上作业停止，只要人员离开带电设备就行了。”于是，工作负责人把电源线一头接在变压器上，另一头拉进工作车厢里安在电钻上。然后，让人合变台刀闸恢复送电。大约过了半小时，几个孔钻完了。工作负责人从车厢里跳下来，让人拉开刀闸，再次将变压器停电。然后，吩咐6名作业人员上变台，开始工作。在换大梁时，台上一名作业人员发现大梁上少钻了一个孔，便对台下工作负责人说：“头儿，缺一个孔，没法安装。”工作负责人听完，说：“把大梁放下来，再钻一个孔。”又说，“你们在台上的6个人离变压器远点站着，不要动，我要送电了。”他让人再次合闸送电，在车厢里钻孔。台上的6个人中，有的站着，有的坐着，有的抽烟，一名工人站在离避雷器引线端子不远处，忽然一抬手，触击到避雷器引线端子上，弧光闪动。

“不好，有人触电了!”工作负责人听到喊声，立即从车上跳下来，用绝缘杆拉开高压跌落保险开关。触电的那名工人从3.6m高处摔到地面，送往医院，抢救无效死亡。

据事后调查，首先，触电的那名工人当时距离避雷器引线端子仅0.2m，安全距离不够。其次，工作负责人在作业前宣读工作票时，只宣读了停电作业的注意事项，未涉及带电作业的安全措施，致使触电的那名工人淡忘了与带电设备应保持的安全距离。第三，这次作业的施工方法和签发的工作票也存在严重问题。更换变台横梁，应事先将孔钻好，再去现场安装，不能利用变台本身作电源，再现场临时钻孔。签发的工作票，没有针对作业中要临时送电的特点，提出具体、有效的安全措施，竟然认同违章蛮干、不顾安全的施工方法。这个工作负责人在检讨中写道：“我负责指挥安装变台横梁的作业，但由于我缺乏为员工生命与健康着想的事业心和责任感，只想求快图省事，把应当落实的安全措施也省略了……”工作票签发人每当谈到这起事故的教训时，都十分内疚地说：“工作票签发人担负着维系作业人员安全和国家财产安全的重任，应特别留心审查作业方法是否得当，安全措施是否可靠，只有在认为万无一失的情况下，才能动笔签字。可在当时，我却忽视了这些……”

三、把执业标准化作业的情况与经济利益联系起来，实行重奖重罚。实践证明，实行重奖重罚，有助于大力增强执行标准化作业的事业心和责任感。在开展标准化作业活动中，某供电公司表彰了配电班班长，给予1000元奖励，因为他填写和执行工作票认真负责，使班组作业达到了标准化作业的要求。一次，配电班准备进行一项停电检修清扫作业。班长受领任务后，先是翻阅了大量资料，然后去了检修现场，用条图与实地对照，查清停电线路与邻近运行的用户线路的名称与距离，对应填写的安全技术措施做到心中有数。在填写工作票时，写明了停电线路名称和工作地段，接地线的位置以及邻近带电线路的名称、部位等。并写明在作业前，首先分清停电线路与带电线路，注明标记，严防误登带电线路而触电。其次，要求每项作业都由责任心强、熟悉防护要领的人担任安全监护人。工作票的填写符合实际情况，具有很强的指导性，受到签发人的认可。在执行中，这位班长严肃认真，工作票怎么要求怎么做，保证了清扫任务安全、圆满地完成。在表彰配电班长的大会上，该供电公司决定，今后凡是实行标准化作业成绩突出者，均每月发给奖金1000元。同时，对实行标准化作业不力，造成险情或事故的，分别给予5000至1万元的处罚。这么一来，奖得令人眼红，罚得使人心疼，有力地增强了职工实行标准化作业的事业心和责任感，使该公司的安全生产管理工作跃上了一个新的台阶。

第二节　职工应如何推行标准化作业

应当肯定地说，绝大多数职工认识明确，以极大的热情和科学创新精神投入到标准化作业中来，严于律己，服从管理，遵章守规，创造了安全生产的可喜成绩。

与此同时，我们也应当看到，还有一些职工对推行标准化作业的意义并不十分清楚。比如，有的职工会问：“过去一直强调遵章守法，现在又提出标准化作业，这两者究竟是什么关系？”有的职工说：“推行标准化作业是上级的事，是班头以上的事，我们普通职工让怎么做即怎么做就行了。”还有的职工认为：“标准化作业与我关系不大。”实践证明，这类模糊认识不加以澄清，就会妨碍推进标准化作业工作的积极性和创造性。因此，企业领导、班组长应重心下沉，摸清职工存在的真实想法，做好工作，解决问题，把大家的思想统一到开展标准化作业上来。

一、大力宣传推行标准化作业的目的意义。应回顾近几年安全生产所走过的历程，认清早在20世纪的八九十年代，标准化作业便在国内一些企业陆续开展起来，已被实践证明确是一项提高作业质量、有效地预防生产安全事故的好方法。一些企业虽未明确提出开展这一活动，但大家都已感觉到，都在有意识地使安全管理工作向规范化靠近，使作业向标准化靠拢。《国务院关于进一步加强安全生产工作的决定》指出："开展安全质量标准化活动，制定和颁布重点行业、领域安全技术规范和安全质量工作标准，在全国所有工矿商贸、交通运输、建筑施工等企业普遍开展安全质量标准化活动。企业生产流程的各环节、各岗位要建立严格的安全质量责任制。生产经营活动和行为，必须符合安全生产有关法律、法规和安全技术规范的要求，做到规范化和标准化。"网、省公司提出推行标准化作业的要求，是结合企业实际，贯彻落实国务院决定的一个实际步骤，对于预防生产安全事故，提升安全管理工作水平具有重大的促进作用。强调推行作业标准化与强调推进遵章守法在实质上是一码事，只不过是提法不同而已，也可以这样说，推进标准化作业正是推进遵章守法的继续和具体化。

二、要认真学习，重温安全管理规范和作业标准。对安全管理规范，从事安全管理工作的人员要掌握和信守，服从安全管理的职工也应了解和信守；同样，对作业标准普通职工要掌握和信守，从事安全管理工作的人员也要了解和信守，对管理规范和作业标准做到熟悉和了解，首先应加强学习和理解，这也是做好信守的前提条件。对于普通职工来说，应着重学习法律法规赋予的安全生产权利和义务，学习安全规程和安全规章制度赋予本职工作所应遵守的安全责任，学习作业中所应扼守的标准要求。对应知应会的作业标准，不仅要熟练地掌握，而且要一丝不苟地贯彻执行，力戒在自己身上发生不规范、不标准的行为。

三、要把学习和运用管理规范作为职工义不容辞的安全责任。从总体上看，对安全管理规范固然需要从事安全管理工作的人员多学一些，学好一些，执行严格一些。但是，普通职工也拥有法律赋予的学习和运用管理规范的责任。为什么这么说呢？首先是因为广大职工是企业的主人，也是安全生产管理的主体和生力军，他们应当服从安全管理，他们有责任参与安全管理。因此，只有了解管理规范，熟悉什么样的管理行为符合规范，什么样的管理行为违反规范，才能行使法律赋予的抵制违章指挥和强令冒险作业的权利；只有了解管理规范，认清作业现场存在的险情和隐患，才能实行法律赋予的提出批评以至上诉控告的权利；只有了解管理规范，熟知在进行安全监护时应当怎么做和不应当怎么做，才能尽职尽责地当好安全监护人；只有了解管理规范，明确普通职工拥有的安全生产权利，才能在自己的权利受到侵犯时以正当的手段维护自身的权益。因此，决不能以为“标准化作业与自己关系不大”，而是与自己息息相关，需要自己加以了解和信守。

四、无论何时何地，都应严格执行作业标准。作业标准即作业时应执行的作业程序、方法和工艺标准以及安全措施，这些如果得以严格地执行，不仅能提高作业质量，加快作业进度，而且能控制危险点，确保作业人员和设备的安全。反之，违反了作业标准（有时甚至是微小的疏漏），也往往会引发事故，造成人员的伤亡和财产的损失。所以，执行作业标准必须严肃认真，不应有半点马虎和疏忽。然而，执行作业标准不严格的现象却时有发生。比如：有的职工态度不端正，对事先制订的作业标准缺乏认真、全面的学习领会，致使在作业中常常淡忘而违反标准；有的在作业开始时执行标准比较认真，但临近作业尾声或者节假日临近，急于赶进度，抢时间，为图省事而违反作业标准；有的在得知或看到他人发生事故时，执行标准较为自觉，但时间一长，又自觉不自觉地发生违反标准的行为；还有的工作负责人要求别人执行标准，轮到自己时，却肆意违反标准。一次，某小组一行三人进行变压器预试工作，工作负责人心存侥幸，没有进行验电、装接地线和戴安全帽、系安全带，在没有办理工作许可的情况下，让作业人员擅自登台作业。在作业前工作负责人又与熟人唠嗑，分散工作精力，放弃监护责任。停电操作人员见工作负责人一副心不在焉的样子，也疏忽大意，虽然停了A、B、C相，但A相电源仍旧充到路灯变压器，使变压器带电，击中登台作业人员。正反两方面的经验教训告诫我们，执行作业标准绝不能含糊。作为普通职工应自觉地严格要求自己，注重学习，在作业前通过学习就熟知作业应坚持的标准要求，在进行安全交底时签名认可。作业临近尾声或节假日到来时，更不能出现松懈和麻痹，应把执行作业标准贯穿到作业的自始至终即全过程。工作负责人不仅要严于律人，更应严于律己，成为遵守作业标准的带头人。特别是在自己有意无意间违反作业标准而及时受到安监人员或其他人员纠正时，应虚心接受，坚决中止违反标准的行为。因为这是在为你的生命与健康负责，在为国家财产负责，理应幡然醒悟并表达感激之情。

第三节　大力抓好标准化作业的教育和培训

《安全生产法》规定："生产经营单位应当对从业人员进行安全生产教育和培训，保证从业人员具备必要的安全生产知识，熟悉有关的安全生产规章制度和安全操作规程，掌握本岗位的安全操作技能。"同时，又规定："从业人员应当接受安全生产教育和培训，掌握本职工作所需的安全生产知识，提高安全生产技能，增强事故预防和应急处理能力。"在实行规范化管理和标准化作业的过程中，必须把管理规范和作业标准的教育和培训作为中心环节来抓。

以往有的教育和培训效果不理想，其中一个重要原因在于参加人员学习积极性不高，"身在曹营心在汉"，虽然坐在课堂上，心却在琢磨与学习无关的事情，致使讲述的内容"左耳朵听，右耳朵冒"。要增强管理规范和作业标准的教育和培训效果，首先应有针对性地讲清教育和培训的目的意义，使参加人员明确学习的重要性和紧迫性。比如：针对"管理规范和作业标准做到一般了解就行了，参加教育和培训进行深入学习没必要"的想法，讲清安全生产管理规范和作业标准既是完成作业任务的行动指南，又是从事作业人员的生命安全和身体健康的保护要领，一般化地了解不行，必须进行深入学习，全面掌握，融会贯通，才能提高预防事故和应急处理能力；针对"安全生产教育和培训每年都搞，今年搞的管理规范和作业标准的学习，也是老一套，学不学没必要"的想法，讲清管理规范和作业标准的学习虽然与以往的学习内容有着紧密的联系，但作为一个相对独立的内容进行教育和培训尚属首次，能够比较全面、系统、透彻地介绍有关知识。同时，还应讲清当今时代最显著的特征是知识爆炸、信息剧增和科学技术的突飞猛进发展。高新机械设备的使用，作业科技含量的提高，迫切需要及时学习和掌握新的管理规范和作业标准。即使是对《安全工作规程》等人所熟知并经常使用的法律法规，也有紧密联系实际进行重新学习、重新理解的必要，针对"在教育和培训中学习的东西多数用不上，作业实际需要时现学也赶趟"的想法，讲清教育和培训的内容，正是作业人员做好本职工作所需要的安全生产管理规范、作业标准和应当了解的作业场所及工作岗位存在的危险因素、防范措施及事故应急措施。作业实际需要时，固然应当及时学习，但在教育和培训时进行集中学习，就能为结合工作实际学习打下良好的基础。大家认清了教育和培训与完成本职工作，促进企业发展息息相关，与保护个人及他人的安全息息相关，就能端正学习态度，以极大的热情和紧迫感投身到教育和培训中来。

作业标准的教育培训，应当因人而异、因工作制宜确定学习内容，绝不能不加区分地进行“一锅煮”。不久前，有个单位安排3天管理规范和作业标准的教育培训，参加人员有班组长及以上干部、安监人员和全体职工，请有关安全生产专家讲授。事后，大家反映：“这次培训效果不理想，因为不同层次的人员都在听讲相同的课目，班组长及以上干部感觉讲授的知识不解渴，而广大职工则感到讲授的知识太深奥了，用不上。”这是使用一个火候进行“一锅煮”所造成的不良后果。实际上，对班组长及以上干部、安监人员和广大职工应分三个层次分别进行教育培训。比如：班组长及以上干部应在全面了解有关作业标准的基础上，重点研究如何推行标准化作业。安监干部应以学习依法管理为重点，研究如何把规范化管理贯穿到作业的每一个环节和全过程。广大职工应学习和掌握应知应会的安全生产规程制度和作业标准，服从管理，信守和执行标准化作业指导书。

应坚持“用问题引导教育培训，用教育培训解决问题”的原则，把学习与应用管理规范和作业标准一致起来，讲课时切忌照本宣科，找一堆材料念一遍了事，这样无法提起听课人的兴趣，也无法解决现实存在的安全生产问题；切忌只顾外请专家授课，举办什么讲座。因为这样做常常与本单位的实际联系不紧，谈不上发现问题和解决问题。最有效的办法是，选择授课材料、授课人、确定讲授的重点都从本单位的实际出发，有什么问题就解决什么问题；需要解决哪些问题就着手解决哪些问题。这样做，使教育培训与提高受训人员的安全生产素质相贴近，与单位的安全生产形势相贴近，与推行规范化管理和标准化作业相贴近，就能收到事半功倍的效果。

第四节　编制标准化作业指导书的作用和意义

标准化作业指导书，是安全生产规范化管理和现场标准化作业指导书的简称。它是在每一项计划作业前，依据有关安全生产管理规范和作业标准，结合作业实际，以严密控制现场作业存在的危险因素，确保人员、设备安全和作业质量，立足于对作业人员的行为，所使用的设备和工器具以及作业工艺方法实施全员、全方位、全过程的动态闭环管理而编制的指导文书。

有的职工会提出这样的疑问："以前，我们在作业时，按要求办理工作票、操作票，现在又要求编制作业指导书，要求办理的手续太复杂了。作业指导书与工作票、操作票是什么关系，真的有指导作用吗？"

在作业前办理工作票、操作票，是电力企业长期以来坚持实行的一项铁制，是实行安全规范化管理和标准化作业的一项具体措施。工作票、操作票所开具的内容为从事作业的组织方法、采用的工艺标准和应当落实的安全措施，以及确定参加作业的人员和工作负责人等，因而工作票、操作票是进行现场作业的基本依据，是作业人员的行动指南。办理了工作票、操作票，方能从事作业；不办理工作票、操作票，绝不允许作业。如果不办理工作票、操作票而擅自作业，则属于违反安全生产规程制度的行为，必须立即制止，并根据实际后果追究当事人的责任。与工作票、操作票相比，作业指导书则具有更为广泛的指导范围，它从作业计划开始设定，对作业准备阶段、作业实施阶段、工作总结阶段所应遵守的管理规范和作业标准进行缜密的编制，从事此项作业的班组人员执行作业指导书，即能明确在作业准备阶段应做哪些工作，在实施阶段应采取哪些安全措施和遵从哪些作业步骤、工艺标准，在总结阶段应做好哪些总结工作和指导评估工作。办理工作票、操作票也是作业指导书所规定的作业步骤中的一项内容，在作业准备阶段，根据作业任务，编制作业指导书，填写并报有关人员审批签发工作票、操作票。

由此看来，作业指导书、工作票、操作票都是必须遵守的规章制度，对搞好安全生产、完成作业任务都有重要的指导作用，绝不能认为"哪个重要，哪个不重要"，或者是执行其中的一项而忽视其他。

经过实践验证，编制作业指导书体现了对作业中有可能出现的危险点和忽视质量的因素做到主动防范、事先防范和周全防范，只要作业指导书所列的内容符合作业实际，并得以贯彻落实，现场作业必然能够取得预想的效果。作业指导书要求在作业计划阶段即着手进行编制，从作业计划到作业实施，有较为完善的时间和条件编制作业指导书，从而避免了在作业即将展开之前匆忙制定安全措施，仓促上阵，因考虑不周而出现失误的弊端。比如：某供电公司编制的10kV架空线路停电清扫检查作业指导书中，把作业中有可能出现的危险点列为配电伤害、误登带电杆塔触电伤害、高处坠落、高处坠物伤人和起重伤人或运输途中伤人五项，每一项都编制了切实管用的控制措施。

一、为预防触电伤害所编制的控制措施

（一）作业前，必须将线路电源全部断开，并断开地段内有可能返回低压电源的二次刀闸、一次跌落开关；断开作业地段内亭站的二次主开关，落实好防止用户反送电的措施。

（二）作业前进行验电，并挂好接地线。在没有进行验电前，即使无电也视为有电，只有经过验电证明无电，方可确认无电。

（三）出现雷电天气时，严禁进行操作。

（四）若有感应电压反映在停电线路上时，应加装接地线；作业人员必须佩戴经检查合格的报警安全帽。

二、为防止误登带电杆塔触电伤害所编制的控制措施

（一）作业前，必须向作业人员交代清楚邻近、交叉跨越、平行的带电线路，必要时设专人监护。

（二）登杆检查工作必须由两人进行，其中一人作业，另一人负责监护。登杆前必须判明停电线路的名称、杆号。监护人只有在作业人员确无触电危险的情况下，方可参加作业。但监护人的视线不能离开作业人。

（三）登杆前，对所穿越的低压线、路灯线必须进行验电，并在装设接地线后才能穿越。

（四）在所有可能发生误登的杆塔上，悬挂或围系“禁止攀登、高压危险”标志牌或标志旗。

三、为防止高处坠落所编制的控制措施

（一）登高作业，应系好安全带。

（二）安全带必须系在牢固的主材上。登杆前，应检查脚扣、安全带是否牢固可靠，检查梯子（脚钉）是否完好，检查杆的埋深是否符合要求。

四、为防止高处坠物伤人所编制的控制措施

（一）用绳索传递工器具、材料。

（二）作业人员必须佩戴安全帽。

（三）材料、工器具的摆放应稳固，防止掉落砸伤下方人员。

（四）在作业杆塔或变压器下方的地面上，根据需要，以红色“路锥”和红白相间的安全绳围成安全警戒围栏。在围栏四周悬挂“止步、危险”标志牌。

五、为防止起重伤害或运输途中伤人所编制的控制措施

（一）使用合格的起重机械，严禁过载使用。

（二）使用前，应检查起重工具是否良好。

（三）起吊和吊运装车过程中，应把物件绑牢，在棱角和滑面与绳子接触处加包垫。

（四）起吊时，必须设专人指挥，要统一信号，统一动作，统一指挥。

（五）起重臂下严禁站人。

（六）物件初起和落放必须平稳。

这些简捷易行的危险点控制措施要真正落到实处，仍旧需要花费一定的人力、物力和时间。因此，在作业计划阶段即着手编制作业指导书，并以作业指导书的要求一项一项地贯彻落实危险点控制措施，完全有条件在进行现场作业之前把各种控制措施落到实处，为作业人员营造一个相对安全的作业环境。

因此，我们一定要明确编制标准化作业指导书的目的和作用，积极主动地编制标准化作业指导书，严格贯彻执行好作业指导书。

第五节　标准化作业指导书的具体内容

作业指导书由作业流程图、作业范围、引用文件、准备阶段、作业阶段和总结阶段等内容组成。

作业流程图，即具体作业各阶段应完成的工作任务及先后次序的网络图，看了这张图，就能一目了然地明确本次作业分为几个阶段，每个阶段应做哪些工作，应该先做哪项工作，后做哪些工作。如：某公司在编制10kV 40号配变站进入、返出电缆绝缘电阻测试停电作业指导书时，勾画出以下作业流程图：适用范围，即本次作业指导书适用的作业对象。仍以上面提到的作业为例，此处应填写：本次作业指导书适用于2005年6月1日进行的10kV 40号配变站进入、返出电缆绝缘电阻测试。

引用文件，即编制作业指导书所依据的有关文件。仍以上面提到的作业为例，此处应填写：

一、《电力安全工作规程》（电力线路部分）；

二、《配电作业安全管理规定》；

三、《配电安全管理规定》；

四、《配网工程安全管理暂行规定》。

准备阶段，即在作业准备阶段应完成的工作任务。应填写组织准备（明确工作任务，确定作业方法，填写、审核、签发“两票”，召开班前会，对作业人员的要求，工器具的准备，材料准备，画出定置图及围栏图，危险点分析及其控制措施等。仍以上面提到的作业为例，在“明确工作任务”栏填写：本次作业为10千伏40号配变站进入、返出电缆绝缘电阻测试工作。在“确定作业方法”一栏填写：使电缆与设备脱离，用兆欧表进行测试。在“审核并签发工作票”一栏填写：

一、审核工作票填写是否正确；

二、呈工作票签发人审核并签发。

在“召开班前会”一栏填写：

一、组织学习本次作业的作业指导书；

二、分析预测作业中有可能存在的危险点，并制定控制措施；

三、交代安全注意事项；

四、学习检修质量标准和技术标准；

五、进行人员分工。

对作业人员提出的要求：

一、精神状态应饱满，无社会干扰及思想负担；

二、具备符合作业条件的身体素质和技术素质，有安全上岗证；

三、着装统一，个人安全用具齐全；

四、安全监护人应明确责任，始终在工作现场，对作业人员进行认真监护，及时纠正不安全动作，不得擅自脱岗；

五、自身应严格执行《电力安全工作规程》和现场安全规定，并应监督《电力安全工作规程》和现场安全规定的实施；

六、在现场作业期间，除指定的联系人外，其他人员不准使用通信设备；

七、严禁酒后作业，严禁在作业现场吸烟。“工器具装备”一栏主要填写本次作业所需要的绝缘杆、验电器、安全带、绝缘手套等。“材料准备”一栏主要填写本次作业所需要的高压熔丝、螺丝、绑线等。

画出定置图及围栏图。如：某变电所在运行巡视标准化作业指导书中，画出巡视道路示意图。

在“危险点分析及控制措施”一栏填写：为控制触电，根据《电力工作安全规程》（线路部分）和《配电作业安全管理规定》制定的安全措施：

一、作业人员与10千伏带电部分保持0.7米以上的安全距离。

二、验电并挂好接地线。

三、在爬梯下沿上方1米处，悬挂“禁止攀登、高压危险”警告牌。

四、在测试时，电缆另一端必须设人看守。测完一相电缆绝缘电阻，将该相电缆放电后，方可进行另一相测试工作。

五、进入作业现场，佩戴合适的近电报警器。

为控制高处坠落，根据《电力安全工作规程》（线路部分）制定的安全措施：

一、在登杆前，检查杆根、脚扣是否牢固可靠。

二、在登高作业时，系好安全带。

三、将安全带系在牢固的主杆上。

四、在杆上作业转位时，不能失去安全带的保护。

为控制物体打击，根据《电力工作安全规程》（线路部分），制定的安全措施：

一、作业人员戴好报警安全帽。在上端作业人员把工器具、材料放稳固，严防掉落。

二、使用绳索传递工器具和材料。根据作业内容进行分工，比如：谁负责配变站周围安全围栏，谁负责设置电杆周围安全围栏，谁负责进行停电、验电和挂地线等。

作业阶段，即在现场开始作业时应落实的安全措施、作业内容、步骤及工艺标准和竣工时应做的工作。

仍以10kV 40号配变电进入、返出电缆绝缘电阻测试作业为例，在现场开始作业前，应当落实的安全措施：

一、停电。在操作前，核对停电小区变电站名称、编号，审查其是否与工作票开具的任务相符。通知重要用户减负荷。由操作人员执行《配变站操作票》进行停电，监护人负责监护。

二、验电。验电前必须戴好绝缘手套及护目镜，用相应电压等级的验电器检查合格后方可逐相进行停电。

三、挂接地线或合接地刀闸。验明无电压后，依据操作票在设备的高、低压侧分别挂接地线，有接地刀闸的合上接地刀闸。地线应先接接地端；后接导线端，先挂低压，后挂高压。人员不得触碰接地线。

四、办理工作许可手续。停电操作结束后，工作许可人当面通知工作负责人，并在工作票上签字，履行工作许可手续。

五、宣读工作票。工作负责人宣读工作票，交代有电部位及安全措施。经提问无误后，作业人员在危险点分析及控制措施表上签字。

六、落实辅助安全措施。按工作票所列要求断开有可能返回低压电源的开关、刀闸，加挂接地线；对验电器自检合格后再进行验电，验电时必须戴绝缘手套并逐相进行；验明确无电压后挂接地线，接地线应先接接地端，后接导线端，人员不能触碰接地线；根据作业任务、定置图及围栏图布置安全设施。每完成一项工作，都由责任人签名认定。

作业内容、步骤及工艺标准的依据是《10kV及以下电力电缆运行规程》。

一、拆除电缆附件、电缆头和各部分连接引线。拆除时，注意相位及相间距离。擦拭电缆头时，防止电缆绝缘损伤。

二、拆除配电变电站进线柜的电缆头连接线。拆除配电变电站高压室1号柜（东塔干31号左1进线柜）电缆头引线，注意核对相位，并将电缆头各相接地，将电缆头擦拭干净。

三、表计检查。检查兆欧表是否能达∞或短路时指零。

四、摇测电缆绝缘电阻。当兆欧表转速达112r／min时，对各相统一进行测试，并做好记录，测试相时其他两相接地；对电缆摇测应分别读取15s和60s时的绝缘极值，并做好记录。

五、电缆放电。当一相测试完后，应先取下测试线，然后对电缆和电瓶接地。

六、收拾仪表、材料。收拾仪表和各自临时用线。

竣工时，应完成的工作：

一、工作结束后，进行施工标准、有无遗漏工具材料等自检、互检、验收检查工作。

二、工作负责人清点人数。

三、办理工作终结手续。

四、由操作人员执行送电《配变站操作票》，拆除现场接地线及辅助安全措施，并核对拆撤地线组数是否与挂接地线组数一致。

五、由操作人员恢复送电，监护人唱票，操作人复诵。

六、工作终结后检查设备有无异常，检查用户用电是否正常。检查无误后，全体作业人员撤离作业现场。

总结阶段，即在总结阶段应完成的作业验收总结和作业指导书执行情况的评估工作。仍以上面提到的作业为例，在验收总结时，应做好缺陷消除记录、查找检修存在的问题及提出处理意见，进行查收评价，召开班后会进行讲评。进行作业指导书执行情况的评估，可按符合性、可操作性两项进行，查找存在的问题，提出改进意见。以便在以后遇到同类作业时，把作业指导书编制得更加符合实际和具有指导性。

第六节　严格贯彻执行标准化作业指导书

作业指导书只有当它指引工作任务走向规范化、作业走向标准化，所编制的要求逐项地落到实处，保障工作任务如期圆满地完成，它的指导作用才称得上发挥出来了。尽管作业指导书编制得不错，但在作业中把它们放在一旁，随心所欲，我行我素，作业指导书便成了毫无用处的一纸空文。

作业指导书确立的在作业中必须实行的安全管理规范和作业标准，既不是照搬照套现成的条文，也不是随意编制的，而是经过多次论证，可行的作业预案，是对作业客观规律的认定，是完成作业任务必须遵从的行为准则。对一项具体的作业来说，所应遵从的安全管理规范和作业标准只能有一个，不可能有与此相反的另一个。如果有的话，那就是违反安全管理规范和作业标准的错误行为，必须放在予以纠正之列。

落实作业指导书，真正发挥它应起的指导作用，是开展规范化管理和标准化作业活动的重头戏。编制的作业指导书毕竟是书面的东西，最要紧的还要付诸实施，脚踏实地、不折不扣地实践作业指导书。

作业负责人应把贯彻执行作业指导书作为一项重要职责。首先应认真学习，熟悉并熟记作业指导书所列的工作内容、管理规范和作业标准。要以作业指导书为指导，带领作业成员完成工作任务。要把作业指导书带到作业现场，与工作票一起向作业人员宣读，交代作业中存在的危险点及其控制要领，并签字认可。遇到疑难或不清楚的问题，应查阅作业指导书获得解决。发现违反作业指导书要求的现象，应及时察觉并纠正。一次，某配电一班在68号右2变压器台进行检查接点作业。工作负责人赵大水吩咐大徐和小王为一个作业小组，大徐负责在变台上操作，小王负责监护。这是作业指导书上作业的分工。同时，还特别规定一条：监护人必须全心全意地履行监护职责，不得擅自离开作业现场，也不得一边监护一边作业。想到这些，赵大水特意观察小王的监护是否到位，当他发现小王一副心事重重的样子，便当即让他们暂时停止作业。

“小王，你在想什么？我不是讲过多次嘛，监护人的目光不得离开被监护人，对被监护人的一举一动都要严密监视，并要作出是否符合安全规范的判断，如果不符合，应立即纠正。”赵大水询问道。

小王不好意思地说：“工作负责人，对不起。我确实是走神儿了。昨天晚上，我与我爱人因为给家里父母邮钱治病的事吵了一架，她一赌气回娘家，让我带刚满2周岁的孩子。今早，我把孩子送到邻居家照看，才来上班的。谁没有父母，可我爱人听说我偷着给父母寄钱就不高兴，非吵一次不可。一想到这儿，我就气不打一处来……”

赵大水说：“据我观察，你爱人很懂事，也很孝敬在乡下的公婆。我倒要问问你，给父母寄钱为啥要偷着寄呢，怎么不与你爱人商量一下，或者让你爱人以她的名义寄呢?”

小王想了一会儿，一拍大腿说：“是这么回事呀！我爱人对我有意见，不是因为给父母寄钱，而是我寄钱不与她商量。今后，我得改掉这个毛病。”

“好了。开始作业吧!”赵大水说，“你执行监护任务一定要认真负责啊！我过一会儿给你爱人打个电话，保证把她给你找回来。你就放心吧！”

作业开始了。大徐只拉开变压器二次刀闸，便向变台登去，就被小王叫停了。为什么呢？小王告诉大徐：“你怎么也走神儿了，还没有拉开跌落开关呢！”

大徐连声说：“我怎么忘记拉开跌落开关了。不拉开跌落开关，是不允许登台作业的。”于是，大徐拉开了跌落开关，又问道：“这回可以登台了吗?”

“可以了。”小王说。

这次作业过后不久，上级通报了一起不拉开跌落开关登台作业发生触电的事故。大徐看了后，非常感动地说：“小王，上次作业好险哪!多亏你提醒我先拉开跌落开关停电后再登台作业。”小王却说：“这都是工作负责人赵大水教导有方。”赵大水则说：“是作业指导书提醒了我。”

在一些企业，因工作负责人自以为是，不执行作业指导书，冒险蛮干而引发事故的也不少见。一次，某供电分公司配电班清扫10kV配电变压器台。上午，在停电后，清扫不到一个小时，天下起雨来，便停止了工作，恢复了变压器正常供电。下午3时，仍旧照常清扫。工作负责人赵某没把作业指导书和工作票带到现场，没按要求拉开配电变压器二次负荷开关和一次跌落保险，没装接地线，没向工作人员交代带电部位及控制措施，即拿着抹布，手拽变压器底座槽钢，从东面高压侧首先登了上去。当他双手攥着变压器高压侧A、B相套管，双腿靠近变压器散热器时触电，双手、前胸均着火了，从距离车厢1.9m的变压器台上掉下，头部摔在车厢内的塑料汽油桶上。在进行此起事故调查时，经查证，该项作业的作业指导书、工作票均无问题，工作负责人赵某肆意违章，冒险蛮干是引起这起事故的主要原因。

要把作业指导书真正落到实处，除了工作负责人忠于职守、按章办事外，还往往得益于其他作业人员的监督。《安全生产法》规定：“从业人员有权对本单位安全生产工作中存在的问题提出批评、检举、控告；有权拒绝违章指挥和强令冒险作业。”对工作负责人执行作业指导书的情况进行监督，督促按作业指导书办事，或者对违背作业指导书的做法及时提醒、批评，直至拒绝工作负责人的违章指挥和强令冒险作业，这是法律上赋予作业人员的权利和责任。事实正是如此，如果有人及时提醒、批评，坚决拒绝违章指挥和强令冒险作业，工作负责人则有可能中止违反作业指导书的做法，事故也就得以避免。反之，对违反作业指导书的做法不闻不问，盲目地服从，必然会引发事故，深受其害。上面讲过的工作负责人赵某触电烧伤的事故案例就是如此。令人费解的是，对赵某发生的接二连三的违反作业指导书的行为，在场其他2名作业人员没有一个提出疑问，或进行劝止，反而也跟着进行违章操作。不知道还有没有一点行使安全生产权利的意识?

在作业结束后进行评估讲评时，既要评估讲评作业指导书的正确性如何，又应讲评作业指导书的贯彻执行情况，对不严格贯彻执行作业指导书并因之而诱发异常、违章、未遂和事故的，应视具体情况追查有关人员的安全责任。

第七节　生产班组如何大力推行标准化作业

生产班组推行标准化作业，要走好三步棋：

第一步，制定的作业标准要符合安全生产的客观规律；

第二步，要一丝不苟地贯彻执行作业标准，不走样；

第三步，要为推行标准化作业创造有利条件。

具体地说：

一、要依据《电力安全工作规程》等规定，结合本班组的作业实际，熟知作业标准。作业标准的主要内容有作业准备标准、作业程序标准、作业操作标准、作业环境标准、工器具使用标准和劳动用品穿戴标准等。总之，对每道工序每个环节、每个动作都有具体的、切实可行的标准。要使标准让每一个职工都了解掌握，作为开展标准化作业工作的指南。

二、结合作业实际，严格执行作业标准。在作业前进行安全交底时，要把交代作业标准作为重要内容，使每个作业人员都了如指掌并签名认可。在作业中，要把执行作业标准作为检查的重点。每天的班前和班后会，都要讲评标准化作业的情况，表扬贯彻执行作业标准的好人好事，批评违反作业标准的现象。应当指出的是，作业监护人员也应把监护执行作业标准作为自己义不容辞的职责，督促作业人员认真遵照作业标准进行作业。

三、把执行作业标准纳入奖罚之列。标准化作业，是以保证安全生产为突破口的，理所当然地应成为考查安全生产实绩、进行奖罚的重要条件。有意或无意违反作业标准属于违章行为，应予以处罚；严格执行作业标准，实现安全生产的，属于遵章行为，应予以奖励。还可通过报纸、广播、录像等方法，对违反作业标准的行为予以曝光，营造出严格执行作业标准的浓厚氛围。

四、班组长、工作负责人，应当带头执行作业标准。作业标准是为班组每一个成员制定的，对每一个成员都起到约束作用。班组长、工作负责人有责任进行监督检查，要求职工执行好作业标准，更有义务带头执行作业标准。只有班组成员同心协力，心往一处想，劲往一处使，标准化作业工作才能大见成效。

第八节　严肃查处违反标准化作业的行为

对遵从作业标准的行为予以大力宣扬，对违反作业标准的行为予以严肃查处，是推动作业标准进一步落实的重要手段，也是治理事故隐患，实现安全生产的基本措施。

在工作实践中调到的问题是，进行大力宣扬似乎容易些，而进行严肃查处未免存有疑虑。比如：有的职工认为："因违章造成事故的责任人好办，依法办事就行了。查处一般违反安全管理规范和作业标准的行为最难办。轻则给予批评，重到给予罚款，凡是得罪人的买卖，会遭人怨恨。"有的班组长对一般违反管理规范和作业标准的行为，采取的是"息事宁人、得过且过"的态度，应当予以罚款的变成了教育，应当在会上点名批评的变成了事后再说，应当在公众面前作深刻检讨的变成了个别批评，大事化小，小事化了。由于对违反管理规范和作业标准的行为查处不力，致使个别职工不思悔改，屡教屡犯，原来遵章守规的职工见到违反规章也没有得到处理，也放松了对自己的严格要求，甚至造成不服从管理，不遵守安全规程，进而诱发生产安全事故的混乱局面。这告诉我们，对违反管理规范和作业标准的行为绝不能心慈手软，姑息迁就。因为违反安全管理规范和作业标准的行为，绝非小事一桩，而它本身即是事故隐患，是诱发事故的土壤和温床，容忍了违反管理规范和作业标准的行为，实际上就是容忍事故的发生，就容忍了对职工生命安全和国家财产的损害。这是为我们肩负的安全责任所不容许的。应当看到，违反管理规范和作业标准的行为遭人愤恨，严处这种行为必然会得到职工群众的大力支持。受查处的职工也会幡然省悟、弃旧图新，即使有个别职工心怀"怨恨"也是暂时的现象，一旦他们认识到这种查处正是为了保障企业的生产安全和自己的生命安全，便会由衷地感谢你。有位班组长讲得好："对违反管理规范和作业标准的行为，不能放任自流，或等到泛滥成灾才去处理，应当严管重罚，一开始就坚决刹住。宁可听骂声，也不愿听哭声。"他讲的骂声，是指受查处人员在背后的辱骂；哭声，是指出现伤亡事故后，伤者的痛苦，亲人的痛哭。可是人已伤亡，死者长已矣，再痛苦的哭声又有何益？如果把事故隐患铲除了，换几声骂，也是值得的啊!我们应当丢弃各种不必要的疑虑，坚决地严肃地查处违反管理规范和作业标准的行为，让其没有立足之地。

违反作业标准的行为有各种表现，所造成的实际后果也不尽相同。因此，查处时不能一概而论，应作具体分析，对不同的行为及后果采取不同的查处方法。对那些因违反作业标准而造成事故的责任人，有失职、渎职行为的，依照刑法有关规定追究刑事责任。对属于一般性违反作业标准，没造成后果的，应选择合适的方法进行查处，使之受到教育，提高安全意识和防护能力。在发展社会主义市场经济的条件下，有的职工对挣钱看得很重，如果他违反了作业标准，你对他进行批评教育，他可能满不在乎，也有可能当时表示悔改错误，但在以后工作中又重犯错误。他们最怕罚款，罚他个几十元甚至上百元，他会感到心痛，会真正地引起重视，痛改前非，进而成为一个真正地遵章守法、关爱生命的人。罚款涉及职工及其家属的切身利益，往往具有“牵一发而动全身”的功效。某公司有这样一个职工，夏季在工地干活不爱戴安全帽，班长在场时，不得不把安全帽戴在头上；班长不在场时，他便摘下来放在一边。批评了几次，他都依然故我。后来，班长对他在施工现场不按要求戴安全帽而罚款50元，从当月工资中扣除。他爱人得知此事后，对他说：“你这个人连自己的生命都不爱护，还能爱护别人吗？如果你再违反安全规范，我就同你离婚。”从此之后，这个职工果然改掉了不愿意戴安全帽的习惯。在进行罚款时，一定要讲清被罚款人错在哪里，动机是什么，为什么要给予处罚，让其心服口服，甘愿接受。

一些违反作业标准的职工，是由于对作业标准不够熟悉所致，可让其重新学习作业指导书，熟悉有关管理规范和作业标准，经过考试合格后，再让其上岗作业。一次，某所派一个维修小组检修调度录音设备。由于在作业前没有认真学习作业指导书，加上作业人手新，缺乏实践经验，故障未能及时排除，还出现了带危险情况操作。所长发现后，让其暂时停止作业，利用半天时间重新学习作业指导书，重点熟悉此次作业存在的危险点及控制措施，熟悉此次作业的程序和工艺标准。再进行检修作业时，他们采取可靠措施控制了线间短路容易造成烧损、开通电源容易发生触电等危险点，使检修作业达到了机架内缆线上的标记清楚准确、布放整齐有序、两路电源切换正常等工艺标准。

此外，在反习惯性违章活动中，各企业形成的对违章人员的查处方法也可以借鉴。如：让违反标准者作检讨，写出改过自新保证书；让其当义务安全员，纠正他人的违章行为；运用宣传工具对违反标准的现象予以曝光等。

对那些不服从管理，擅自行事，违反作业标准的，依据所造成的后果，或者给予批评教育，或者依照有关规章制度给予处分，包括给予警告、记过等。

查处工作切莫草率从事，不要以为“查处得越狠越重就越好”，应当在分析评估违反规范和标准行为的性质及危害的基础上，给予相应的处罚。处罚必须以事实为依据，以有关规范和标准为衡量准绳，以教育其本人及全体人员、挽回不良影响为目的。特别要坚持公平、公正、公开的原则，不搞迁就照顾，不为说情风所动，不搞以权谋私，真正做到一碗水端平，在作业标准面前人人平等，不论是企业领导或是职工群众，不论是老工人或是新工人，不论是员工还是临时工、农民工，只要违反了作业标准，都必须受到严肃查处。

第七章 基建安全应急管理

第一节 应急和应急管理的含义

一、所谓应急，应为应对；急是紧急、危急。应急就是应对紧急事件，应对电力生产安全事故和突发事件。如辽宁地区应对2007年“3·4”特大暴风雪灾害，既是应对自然灾害，也是应对突发事件。

二、应急管理就是切实防范和有效应对重特大安全事故及对企业和社会有严重影响的各类突发事件，控制和减少事故灾害造成的损失，保障人民群众生命财产安全，维护企业正常的生产经营秩序。

三、应急管理要对企业应急组织体系、应急预案体系、应急保障体系、应急培训演练、应急实施与评估等工作进行规范和管理。指导相关单位健全应急体系，完善应急机制，提高应急处置能力，实现应急管理工作目标。

四、应急管理是企业管理的重要组成部分，全面做好应急管理工作，提高事故防范和应急处置能力，尽可能防止和减少事故造成的伤亡和损失，是坚持以人为本、落实科学发展观的必然要求，也是保护人民群众的根本利益，全面履行电网企业社会责任，构建和谐社会的具体体现。如辽宁省电力有限公司成功地应对2007年“3·4”特大暴风雪灾害，既展现了电力企业履行社会责任，服务于社会的良好精神风貌，又焕发了公众应急防范意识，促进了电力企业应急管理体系的形成和完善。

第二节 突发事件

突发事件是指对国家政治经济活动、人民群众生活、社会稳定和电力企业形象构成重大影响或严重损失的各类突然发生的事件。

一、电力安全生产突发事件，是指电力企业发布的电网停电事件和电力生产突发事件，包括：

（一）重要或大城市发生停电事件，造成重要电力用户停电，对国家政治、经济、社会活动造成重大影响，对我国国际形象造成严重影响；

（二）电力生产发生重特大事故、电力设施大范围破坏、严重自然灾害、电力供应危机等各类突发事件，造成电力企业进入大面积停电预警状态或应急状态；

（三）发生停电事件，造成重要电力用户停电，对地方政治经济、人民群众生活、社会秩序、城市公共安全等构成重大影响；

（四）引起中央新闻媒体、全国性新闻媒体关注的停电事件或其他敏感安全生产事件；

（五）重特大人身伤亡；

（六）水电厂垮坝；

（七）上级应急领导机构授权发布的事件；

（八）电力企业认为有必要发布的其他事件。

二、社会安全突发事件，是指电力企业发布的群体性不稳定事件，包括：

（一）跨地区串联上访；

（二）大规模群体性事件；

（三）集体进京上访；

（四）恶性政治事件；

（五）其他对社会稳定或企业形象产生重大影响的各类不稳定事件。

三、突发事件的分类

近年来，我国各类突发事件频繁发生，给社会造成了严重不良影响和巨大损失。所以，必须明确突发事件的分类和分级，这是应急管理的基础工作。

导致突发事件的原因不一，可能是自然原因造成的，如地震、洪水、特大暴风雪等；也可能是技术原因造成的，如危险化学品泄漏、火灾、爆炸等；也可能是公共卫生原因造成的，如“非典”、禽流感等；还可能是社会原因造成的，如暴力、民族冲突、宗教械斗等。突发事件尽管起因千差万别，但有一点是共同的，即涉及的对象往往是企业和社会公众，因此，防范突发事件需要得到社会公众的理解和共识，需要社会公众的参与和支持。

根据突发事件发生的过程、性质和机理，主要分为以下四类：

（一）自然灾害。指由于自然原因而导致的事件，主要包括水旱灾害、气象灾害、地震灾害、地质灾害、海洋灾害、生物灾害和森林草原火灾等。

（二）事故灾难。指由于人类活动或者人类发展所导致的计划之外的事件或事故，主要包括工矿等企业的各类安全事故、交通运输事故、公共设施和设备事故、环境污染和生态破坏事件等。

（三）公共卫生事件。指由病菌病毒引起的大面积的疾病流行等事件，主要包括传染病疫情、群体性不明原因疾病、食品安全和职业危害、动物疫性，以及其他严重影响公众健康和生命安全的事件。

（四）社会安全事件。指由人们主观意愿产生，危及社会安全的事件，主要包括恐怖袭击事件、经济安全事件和涉外突发事件等。

四、突发事件的分级及预警

依据突发事件可能造成的危害程度、紧急程度和发展态势，一般划分为四级：Ⅰ级（特别重大）、Ⅱ级（重大）、Ⅲ级（较大）、Ⅳ级（一般），依次用红色、橙色、黄色和蓝色表示。

预警内容包括突发事件的类别、预警级别、起始时间、可能影响范围、警示事项、应采取的措施和发布机关等。

预警信息的发布、调整和解除，可通过广播、电视、报刊、通信、信息网络、警报器、宣传车或组织人员逐户通知等方式进行，对老、幼、病、残、孕等特殊人群以及学校等特殊场所和警报盲区采取有针对性的公告方式。

五、突发事件的特点

（一）突然性和急迫性

突发事件的特性是紧急突然。有些突发事件往往在瞬间爆发，出其不意，使人们措手不及，给社会和企业造成巨大冲击和严重损失及不良影响。如突发的地震、洪灾等自然灾害；战争、暴乱等政治事件；近年来发生的“非典”、禽流感等传染疾病；等等。对社会和企业造成巨大损失和严重威胁，这些突发事件都具有急迫性和随机性，人们难以预料，甚至防不胜防。

（二）潜在性和隐秘性

由于突发事件的潜在和隐秘，爆发的征兆不甚明显，即使有一些蛛丝马迹，也没有引起人们的警觉，使社会或企业不能有效预知，或虽然预知，也因应急预案的不完善或准备不足而不能有效应对。如美国“9·11”恐怖袭击事件，其隐秘不仅是美国甚至大大出乎国际社会的意料。再如2007年辽宁地区“3·4”特大暴风雪灾害，一度造成沈阳市内交通瘫痪。电力企业如果平时缺乏应急培训与演练，也会因对突发事件的准备不足而措手不及。

（三）不确定性和复杂性

突发事件的突出表现是爆发时间的不确定性、状态的不确定性、影响的不确定性和后果的不确定性。一切都在瞬息万变，人们无法用常规进行判断，也无相同的事件可供借鉴，突发事件的产生、发展及其影响往往背离人们的主观愿望，其后果和影响难以在短期内消除。典型的例子就是松花江严重污染事件，2005年11月13日，吉林石化双苯厂发生爆炸事故，造成6人失踪、2人重伤、20人轻伤。泄露的有毒有害物质流入松花江，造成严重污染。松花江是一条国际河流，污染治理费用巨大并导致吉林、黑龙江甚至俄罗斯沿江部分居民、食品厂、学校、幼儿园迁移。1986年发生的苏联切尔诺贝利核电站泄漏事故也造成了严重后果和不良的国际影响。

突发事件的复杂性是由其产生原因的复杂性以及事件的危害性、急迫性和辐射性所决定的。如果对突发事件初期处置不力、控制不当，又会辐射、传导，引发其他危机，造成多米诺骨牌效应。如2003年南京冠生园月饼“陈馅新做”事件在电视上曝光后，不仅导致了南京冠生园企业自身的破产，而且与南京冠生园没有任何产权关系的上海冠生园也受到影响，月饼销量大幅下跌，企业诚信力下降，生产经营遭受重创。我们之所以说辽宁电力企业对2007年“3·4”特大暴风雪灾害成功应对，是因为抢险救灾全过程及时有力，把损失降到最低，没有发生次生灾害，这是非常难能可贵的。

（四）社会的关注性和广泛的影响性

随着新闻媒介的发展和信息传播的快速及广泛，突发事件往往立即成为社会和舆论关注的焦点，甚至成为国际社会和公众谈论的热点话题。因此，社会或企业必须快速反应，正确决策，处置得当，使突发事件可控、能控、在控。确保社会稳定，民心安定，企业安宁，减灾有效。如1998年我国政府组织群众战胜长江、嫩江、松花江流域历史上罕见的特大洪水以及成功扑灭大兴安岭特大森林火灾就是最好的证明。再如，大连地区在2007年“3·4”自然灾害中，灾情最重，部分公众心理恐慌。大连供电公司成功地进行新闻发布，指定专人，通过电视、报纸、短信，及时发布信息，每天通报电网灾情及抢修情况，使传媒和公众知情、理解、无怨。

（五）危害性和辐射性

突发事件潜在的能量瞬间释放，突然爆发，其破坏力巨大且迅速蔓延，给社会和企业带来严重危害及长远影响。突发事件的传导效应和辐射性后果往往会产生连锁反应，甚至爆发危机。如2003年我国爆发的“非典”疫情，不仅使爆发地人人自危，其影响传导辐射到世界各地。

突发事件最能考验社会的诚信力和展示企业的形象。如，2003年我国政府在短时间内有效控制了“非典”疫情，提高了中国政府的诚信力和在国际社会的威望。再如迎战2007年“3·4”特大暴风雪灾害，辽宁省公司及时启动应急预案，决策正确，处置得当，在最短时间内恢复了正常电力供应，确保了主网稳定运行，有效地避免了高危用户因灾害停电而引发的重大事故，营口供电公司成功化解险情，使鑫隆矿业有限公司605名井下作业人员及时撤离，脱离险境，用实际行动践行了电力企业承担的社会责任。

第三节　应急管理的指导思想和工作目标

一、应急管理指导思想

全面落实科学发展观，认真贯彻实施《中华人民共和国突发事件应对法》，坚持以人为本、预防为主，充分依靠法制、科技和职工群众，以保障公众生命财产安全为根本，以落实和完善应急预案为基础，以提高预防和处置突发事件能力为重点，不断加强应急管理工作，最大限度地减少突发事件及其造成的人员伤亡和危害，促进社会和企业全面、协调、可持续发展，为地区经济的振兴和构建和谐社会创造安全稳定的环境。

二、应急管理工作目标

全面总结战胜自然灾害的经验和不足，进一步建立健全覆盖整个企业的应急预案体系；健全分类管理、分级负责的应急管理体制，加强应急管理机构和应急救援队伍建设；构建统一指挥、反应灵敏、协调有序、运转高效的应急管理机制；建立健全应急管理法规制度体系，依法开展应急管理工作；建设突发事件预警预报信息系统和专业化的应急管理保障体系，形成企业主导、部门协调、齐抓共管、共同参与的应急管理工作格局。

第四节　应急管理工作的原则

一、预防为主的原则

坚持“安全第一、预防为主、综合治理”的方针，落实反事故斗争各项措施，有效防止重特大电力生产事故发生。切实加强电力设施保护宣传和行政执法力度，提高公众保护电力设施意识，维护电力设施安全。组织开展有针对性的事故演习，提高大面积停电事件处理和应急抢险的能力，提升城市和企业应对大面积停电的能力。如2006年1月27日，辽宁电网针对电网的薄弱环节及恶劣天气状况，组织了辽南地区供电企业因暴风雪造成电网事故的大规模应急演练。总经理黄传兴参加了这次演练并作重要讲话；副总经理刘劲松全程指挥了这次应急演练，营口、鞍山供电公司还邀请了地方政府官员参加这次应急演练。

通过这次演练，企业和相关部门进一步明确了各自的职责和如何应对突发事件，为有效地战胜2007年“3・4”特大暴风雪灾害奠定了坚实的基础。

二、统一指挥的原则

在企业处置电网大面积停电应急领导小组的统一指挥和协调下，通过各级应急领导小组和电力调度机构，组织开展事故处理、事故抢险、电网恢复、应急救援等各项应急工作。企业各级应急领导小组统一领导管辖范围内的电网大面积停电应急救援和事故处理工作，电力调度机构指挥电网事故处理和电网恢复工作。2007年辽宁地区迎战“3·4”特大暴风雪灾害，各级电网调度统一指挥，沉着应对，在历时近29个小时的事故处理中，共下达逐项令4775项、综合令3466项，现场完成倒闸操作43627项，全部正确，体现了较高的能力和水平。

三、分层分区的原则

按照分层分区、统一协调、各负其责的原则建立事故应急处理体系。按照电网结构和调度管辖范围，制订科学有效的电网“黑启动”方案；发电企业完善保“厂用电”措施；电力用户根据重要性程度自备必要的保安电源，避免在突然停电情况下发生次生灾害。

四、保证重点的原则

在电网事故控制和处理中，必须将保证大电网的安全放在第一位，采取有力措施，防止事故扩大，防止系统性崩溃和瓦解。在电网事故恢复中，优先保证重要电厂厂用电源和主干网架、重要输变电设备恢复，提高整个系统恢复速度。在供电恢复中，优先考虑重点地区、重点城市、重要用户恢复供电。辽宁电网迎战2007年“3·4”特大暴风雪灾害体现出了保电网、保民生、保重点、保稳定为当务之急这一原则。

五、依靠科技的原则

战胜自然灾害深刻地启示我们，必须增加应急管理的科技含量，开展大电网理论和技术研究，采用新技术、新装备提高电力安全控制水平。加强电网建设和改造，强化电网结构，提高电网安全稳定运行水平。开展大面积停电恢复控制研究，统筹考虑电网恢复方案和恢复策略。省电力公司及重要城市电网应建立安全生产应急平台体系，以加强安全生产应急管理工作。

第五节　电力企业突发事件信息报告内容

国家高度重视突发事件应急管理和信息报告工作，2006年发布了《国务院办公厅关于加强和改进突发公共事件信息报告工作的意见》，国家电监会印发了《关于加强电力安全突发事件信息报告工作的通知》，对电力安全突发事件报告范围、报告时限、有关责任等内容提出了明确要求。

电网企业必须高度重视电力安全突发事件信息报告工作，严格执行国家和行业有关规定和要求，增强主动性和敏感性，切实做好信息报告工作。国家电网公司规定：电力企业发生以下电网安全事故和突发事件，相关单位必须即时报告上级安全应急办公室。

一、重大及以上人身伤亡事故、电网事故、设备事故、火灾事故；

二、中心城市电网发生停电事件，造成重要电力用户供电中断，对地方政治经济、人民生活、社会秩序、城市公共安全等构成重大影响；

三、重大政治活动或重要节假日保电期间发生停电事件，造成重要电力用户或居民生活用电中断，构成政治、经济或社会影响；

四、由于供电安全引起的煤矿、非煤矿山、化工等高危企业重大人身伤亡事故；

五、引起地方新闻媒体、中央新闻媒体、全国性新闻媒体关注的停电事件或其他敏感安全事件；

六、可能演化成上述影响的人身伤亡、电网停电、设备损坏、火灾等各类安全事故或突发事件。

七、对社会或企业形象产生重大影响的各类不稳定事件。

第六节　全面加强应急管理体系建设，有效应对突发事件

一、建立应急组织体系

（一）建立自上而下的应急组织体系。成立应急领导小组，全面领导应急管理工作。组长由企业总经理担任，副组长由企业主管副总经理担任，成员由企业

相关部门主要负责人担任。

应急领导小组主要职责：贯彻落实上级应急管理法规及相关政策；接受上级应急办公室、上级应急领导小组的领导；研究决定企业重大应急决策和部署；指挥企业重大安全生产事故和社会稳定突发事件应急处置工作。

按照国网公司的规定，应急领导小组下设安全应急办公室和稳定应急办公室。安全应急办公室设在安全监察部，负责安全生产应急管理的归口管理。稳定应急办公室设在总经理工作部，负责社会稳定应急管理的归口管理。相关职能部门按照“谁主管，谁负责”的原则，负责各自管理范围内的应急工作。

（二）建立自上而下的安全、稳定监督体系。各级安监部门、总经理工作部分别负责安全、稳定应急管理和预案编制工作的监督检查，协调制定、修订本单位安全、稳定类应急预案及相关规章制度，督促开展应急培训和应急演练，负责与地方政府及有关部门的应急工作协调。

（三）建立自上而下的安全、稳定保证体系。各级调度、运行、信访、保卫部门实时监控电网运行状态、信访稳定和治安保卫工作，负责相关突发事件应急处置。生产、基建、农电等部门组织落实应急队伍和物资储备，实施应急抢险救灾、供电抢修恢复等应急处置工作。

二、健全应急预案体系

（一）建立上下对应、相互衔接、完善健全的应急预案体系，按照“横向到边、纵向到底”的原则，必须针对电网安全、人身安全、设备设施安全、网络与信息安全、社会安全等各类突发事件，编制相应的应急预案，明确事前、事发、事中、事后各个阶段相关部门和有关人员的职责。

（二）编制的预案依据相关法律法规和上级有关要求，结合企业应急管理工作需要，制定综合应急预案及应急管理制度，并且明确应急处置方针、政策、原则，应急组织结构及相关职责，应急行动、措施和保障等基本程序，健全企业应急管理制度和预案体系。

（三）根据国家电网公司的规定，企业应按照应急预案体系结构，结合各自职责范围、安全和稳定工作实际及应急管理需要，编制综合应急预案、专项应急预案和现场应急处置方案。

（1）综合应急预案

1. 电网大面积停电事件应急预案

2. 重要城市电网大面积停电事件应急预案

3. 突发事件信息报告与新闻发布应急预案

4. 社会稳定突发事件应急预案

（2）专项应急预案和现场应急处置方案

电网安全类：

1. 电网调度处置大面积停电事件应急工作规范

2. 电网调度重大事件应急汇报规定

3. 电网调度应对突发事件应急工作预案

4. 电网调度自动化系统突发事件应急预案

5. 电力通信系统突发事件应急预案

6. 电煤供应应急预案

7. 重要变电站、换流站、发电厂全停应急预案

8. 重要用户停电应急预案

9. 特殊时期保电预案

人身安全类：

重大人身伤亡事故应急预案

设备、设施安全类：

1. 电力设施大范围受损抢修应急预案

2. 水电站大坝垮塌应急预案

3. 重特大火灾应急预案

4. 防震减灾应急预案

5. 防汛、防台风应急预案

网络与信息安全类：

网络与信息安全突发事件应急预案

社会安全类：

突发群体性事件应急预案

其他相关应急预案，企业应结合应急管理工作需要编制。

（四）编制应急预案时，应立足本单位应急管理基础和现状，明确应急预案的目标、范围、定位、框架等关键要素。在机构设置、预案流程、职责划分等具

体环节，符合本单位实际情况和特点，保证预案的适应性、可操作性和实效性。

（五）企业编制应急预案时，应结合本单位部门职能分工，成立应急预案编制工作小组，明确编制任务、职责分工，制订工作计划。在预案编制过程中，应注意广泛收集相关法律法规、应急预案、技术标准、事故案例等资料，客观评价本单位应急处置能力，充分利用本单位现有应急资料，科学地建立应急预案体系。

（六）企业编制的应急预案应做到三个符合：一是符合国家应急救援相关法律法规；二是符合企业应急预案及应急管理规章制度；三是符合电网安全生产特点及本单位应急管理工作实际。企业编制的应急预案要与上级应急预案、地方政府应急预案相衔接；编写格式规范、统一，符合应急预案编制导则及编制规范的要求。

（七）企业应急预案编制完成后，应进行预案评审。评审由本单位主要负责人（或分管负责人）组织有关部门和人员进行。外部评审由上级主管部门或地方政府负责安全管理的部门组织审查。评审后，由本单位主要负责人（或分管负责人）签署发布，同时报上级主管单位备案。

（八）企业应加强对应急预案的动态管理，根据应急管理法律法规和有关标准变化情况，电网安全生产形势和问题，应急处置经验教训，及时评估和改进预案内容，不断增强预案的科学性、针对性、实效性和可操作性，不断完善并持续改进应急预案。

三、完善应急保障体系

电力企业必须不断完善应急保障体系，以应对新形势下各类突发安全事件。

（一）加强应急体系建设，依托现有专业信息系统，实现信息传输与共享。利用现有调度值班、生产值班、行政值班、客户服务等平台，明确信息报送渠道和程序，加快突发事件信息和应急指挥命令的上传下达，建立统一高效的应急指挥系统。

（二）加强应急抢险救援队伍建设，结合实际组织落实专职或兼职的专业应急抢险救援队伍，改善技术装备，强化实战演练，提高抢险救援能力，形成各专业应急救援队伍各负其责、互为补充、积极参与的应急救援体系。

（三）企业应将应急体系建设所需的资金纳入年度资金预算，建立健全应急保障资金投入机制，以适应应急队伍、装备、交通、物资储备等方面建设与更新维护资金的要求，保证抢险救灾、事故恢复及灾后重建所需的资金投入。

（四）加强各类应急资源的管理，建立应急资源储备制度，定期对各类应急资源进行普查，做好备品备件和生产资料的储备与管理。加强对储备物资的动态管理，及时予以补充和更新，保证应急资源始终处于完好状态，未雨绸缪，有备无患。

（五）加强安全生产事故和社会稳定事件防范工作，组织分析并查找本单位安全隐患和薄弱环节，开展安全风险评估，掌握各类安全风险和事故隐患，落实综合预防和应急处置措施，落实维护稳定责任，建立齐抓共管的常态应急管理机制。

四、切实搞好应急培训与演练

为有效地应对突发事件，电力企业必须加强应急培训和演练工作。

（一）加强应急预案的宣传教育和培训，提高各级人员尤其是领导干部对应急管理工作重要性的认识。加强应急预案的培训和演练，使各级人员尤其是岗位运行人员熟悉和掌握应急处置方案、应急启动条件、应急执行程序，提高应急处置能力。

（二）企业应强化应急培训管理工作，将应急培训纳入培训规划和职工年度培训计划，制定培训大纲和具体内容，运用各种方法和手段，开展对各级人员的培训。培训工作应与实际工作相结合，新上岗人员应进行相关应急知识培训。

（三）企业应积极配合当地政府部门及新闻媒体，开展电力生产、电网运行和电力安全知识的科普宣传和教育，提高公众应对停电的能力。加强与当地政府部门联系，开展社会停电应急联合演练，建立应急联动机制，提高社会应对电力突发事件的能力。

（四）企业应结合实际，有计划、有重点、分层次、定期组织相关部门进行应急预案演练，做好演练评估工作。按照国家电网公司规定，企业每年至少组织一次大面积停电应急联合演习，要邀请重要用户参加，以加强电网、电厂和用户之间的协调和配合，完善大面积停电应急预案。

（五）电网调度机构应定期组织开展电网调度联合反事故演习，综合考虑电网薄弱环节及季节性事故特点，有针对性地演练各级电网调度、发电厂和变电站之间协同处置重大突发事件的应急机制，提高各级运行人员的事故判断和应急处置能力。

（六）生产管理部门应定期组织开展生产安全突发事件应急救援和抢险救灾演习，针对重大人员伤亡、电力设施毁坏、重要变电站全停、重要用户停电、台风洪涝、特大暴风雪等灾害组织开展应急处置演练。通过演练检验预案、锻炼队伍、提高能力。应急演练要注重实效性，防止走过场，演练切忌成为演戏。

（七）各级安监部门应抓好应急救援法律法规、标准体系、规章制度的宣传、教育和培训，协调相关单位定期开展应急联合演习。加强应急预案工作的监督管理，组织对应急预案的培训与演练进行监督检查，对没有按规定开展应急演练的单位及演练中发现的问题，监督落实整改。

当前，电网企业应结合本单位实际，加强应急培训和演练工作，尤其是要开展重要大城市突发大面积停电事故的应急演练。应结合季节性事故预防，开展应对特大洪涝灾害、重要变电站全停等应急演练，进一步锻炼队伍，提高各级领导和职工应对突发事件的处置能力。

五、实行应急实施与评估

（一）发生重特大安全生产事故及对企业和社会有严重影响的稳定突发事件，企业应迅速启动相应应急预案，组织实施应急处置；按预案规定将有关情况报告上级应急领导小组和地方政府应急指挥机构，接受应急领导，请求应急援助；做好对外信息发布工作，减少突发事件影响，维护社会和企业稳定。

（二）发生严重自然灾害、重大公共安全事件、其他行业重特大安全生产事故，企业应服从地方政府的应急抢险指挥，组织开展应急救援，保证事故抢险和应急处置所需的电力供应，防止发生次生、衍生灾害事件。

（三）应急处置结束后，企业应及时组织灾后恢复与重建工作，尽快恢复灾区电力供应。灾后恢复重建要与防灾减灾相结合，确保抢修人员安全。各级安监部门要按照国家和上级相关规定，及时开展事故调查处理，制定整改措施并督促落实。

（四）企业应加强应急评估与统计分析工作，对每次突发事件的应急处置及相关防范措施进行评估，对本单位应急预案体系的建立及各类应急预案的编制和实施情况进行评估，对年度应急管理工作情况进行全面评估。加强应急管理统计分析工作，及时、全面、准确地统计各类突发事件造成的伤亡及损失等情况，并按照上级及地方政府要求及时上报。

第七节　应急管理人员应具备的素质和能力

一、应急管理人员应具备的素质

所谓“素质”，一般是指事物所具有的本来性质或素养。电力企业应急管理人员的素质如何，直接影响应急管理工作的效果。

鉴于突发事件具有危害性大、影响面广的特点，作为一名优秀的应急管理人员必须具备以下素质和能力：

（一）优秀的思想政治素质

把应急管理工作提高到讲政治、保稳定的高度，扎扎实实地搞好应急管理工作，有全心全意为公众和企业服务的思想；坚持实事求是的思想路线，善于把上级的指示精神与本企业的实际相结合，创造性地开展应急管理工作；对贯彻执行“安全第一、预防为主、综合治理”的方针，态度坚决，始终把应急管理工作放在重要的位置，时刻把公众和企业职工的生命安全与身体健康记在心上，以人为本，关爱生命。有敏锐的嗅觉和突出的鉴别能力，善于觉察突发事件在潜伏、发生、发展过程中的种种表象，妥善应对突发事件，通过去粗取精，去伪存真，做出正确的分析判断，把突发事件化解在初始状态。

（二）良好的道德素质

要有做好应急管理工作强烈的事业心和责任感，兢兢业业地履行管理职责；深入现场，深入实际，虚心听取各方面的意见和建议；谦虚谨慎，虚怀若谷；办事公道正派，一碗水端平；对自己要求严格，带头执行应急管理规章制度，表率作用好；有很强的进取心，为搞好应急管理工作，吃苦在前，享受在后；勇于克服困难，乐于无私奉献。

（三）实用的知识素质

毛泽东同志曾经讲过：没有文化的军队是愚蠢的军队。而没有知识的应急管理人员不能很好地应对突发事件。作为应急管理人员必须具有一定的文化水平，熟知并能够应用与本职工作有关的《应急预案》及应对措施，懂得现代企业应急管理知识，这样才能在应对突发事件中纵观全局，游刃有余。

（四）突出的能力素质

要有很强的观察能力，掌握情况及时、准确；有很强的思维能力，能够独立分析和解决应急管理中的问题；有很强的协调能力和公关本领，善于处理各方面关系，统筹做好应急管理工作，驾驭应急管理工作的全局；有很强的事故预知预防能力，善于见微知著，未雨绸缪，把突发事件尽早消除，把突发事件造成的损失控制在最小限度；有很强的决策能力和组织实施能力，保证决策的正确性，并使其落到实处。及时、恰当、准确、有效地传递信息。

应急管理人员要做到“三勤”。一是脑勤，主要是动脑筋多想问题，要经常想一想有可能发生哪些突发事件，如何应对，本单位应急管理工作存在哪些问题，怎样改进；二是嘴勤，坚持不懈地进行应急宣传教育，警钟长鸣，不厌其烦，做到：晓之以理，动之以情，持之以恒，导之以行；三是腿勤，就是经常深入企业，深入现场，督促检查应急对策落实情况，确保应急管理工作实现可控、能控、在控。

二、应急管理人员应具备的能力

为有效地应对突发事件，应急管理人员还应具备以下十种能力：

（一）快速反应能力。应急管理人员平时就要养成敏锐的嗅觉，在突发事件前快速反应，睽一斑而见全豹，雷厉风行，沉着应对。

（二）敏锐的鉴别能力。突发事件在其酝酿、发生、发展过程中，会表现出不易觉察的迹象。因此，必须善于捕捉那些初露端倪的表象，善于观察发现事物异常信号，去粗取精，去伪存真，由此及彼，由表及里，辨别真伪，做出正确的分析判断，冷静地应对突发事件。

（三）较强的预知能力。突发事件往往是随机发生的，其不可预测性决定了应急管理人员必须增强思维和预知能力，凡事预则立，不预则废。要紧紧把握自然灾害等突发事件的可知可控性，超前做好预测、预防和预警工作，防患于未然。

（四）掌控全局的能力。处置突发事件，事关全局，来不得半点的松懈和大意，必须胸怀全局，精心组织，周密安排。既要预想突发事件引发的社会影响，又要考虑减少经济损失；既要考虑应对措施的力度，还要考虑突发事件的处置效果，并要顾及后续影响以及周边因素的作用。一言以蔽之，对突发事件的处置要高屋建瓴，统筹兼顾，防止急于求成，避免顾此失彼，切忌因小失大、贻误全局。

（五）超强的应对能力。一个优秀的应急管理人员面对不期而至的突发事件，必须有超强的应对能力。一要因情施策，正确决策。二要针对具体情况，区别对待，措施有力。三要高瞻远瞩，运筹帷幄。四要集思广益，方案最优。

（六）善于协调的能力。协调能力也即组织指挥能力和公关本领。作为一个优秀的应急管理人员必须善于调动各方面的积极性。做到调控有序，忙而不乱，清醒而又理性地协调好各方面关系，稳准好地处置突发事件，把损失降至最低，把影响降至最小。

（七）信息沟通能力。由于突发事件的不确定性，因此，及时、准确而又恰当地沟通和发布信息非常重要。及时准确的信息便于领导决策和指挥。畅通、准确的信息使公众了解突发事件演变情况，取得社会公众的理解和支持，对稳定社会秩序、抢险救灾作用极大，并能有效地防止恐慌，避免混乱，化解危机。可以这样说，娴熟的信息管理能力和新闻发布技巧是应急管理人员应对突发事件的必备能力。

（八）分析总结能力。突发事件平息之后，应按照安全问责制的规定，及时分析总结应对突发事件的成败得失，找准经验教训，以利提升素质，更好地应对突发事件。

（九）恢复秩序能力。突发事件平息之后，应急管理人员应抓紧组织恢复正常秩序，恢复生产，恢复生活，恢复稳定，应在较短时间内恢复常态。

（十）提升素质能力。一个优秀的应急管理人员应善于从应对突发事件中学习提高和成长。要把应对突发事件当作难得的锻炼机遇，事事留心，理性思考，在应对突发事件中增长才干，提升素质。

以上各方面的素质和能力要求，互相联系，缺一不可，共同构成一个有机的整体。其中，思想政治素质是应急管理人员的根本素质，对其他素质和能力起到基础和统率作用。道德素质是指道德品质方面的要求，道德品质是指一个人依据一定的社会道德准则去行动时所表现出来的行为特征。良好的道德素质，是推动应急管理人员抓好管理工作的驱动力和行为规范的准则。知识素质是形成其他方面管理素质的必要条件，知识的贫乏，必然导致管理上的失误。能力素质是管理者顺利实施管理所必须具备的本领，也是影响管理效率的最直接的因素，是对管理者的特殊要求。缺乏能力素质，即使工作热情再高、知识再丰富，应急管理工作也无法顺利完成。因此，必须正确理解应急管理人员的素质和能力要求，做到协调发展，全面提高。

第八章　安全文化建设管理

第一节　知识经济时代企业呼唤安全文化

在21世纪，知识的创造、存取、学习、交流和使用方式的速度，决定人类社会的进步速度和方式。因此，21世纪将是知识经济的发展时代。知识经济时代对电力企业安全文化建设提出了新的更高的要求，电力企业只有加强安全文化建设，才能适应知识经济时代的发展。

一、知识经济时代

建立在计算机和连接计算机的网络即以信息结构为基础的时代，称为知识经济时代。当前，各国的专家学者对知识经济的解释林林总总，有的认为它是网络经济或泡沫经济，有的认为它是新的产业部门的出现或产业结构的升级。我国经济专家认为，概括地说，知识经济是指以知识和信息为基础的经济，具体地说，知识经济是指区别于以前的以传统工业为产业，以稀缺的自然资源为主要依托的新型经济，本质上，它是以智力资源的占有、配置，以高新科技为主的知识生产、分配和消费(使用)为重要因素的经济。知识经济是一种更高级的经济形态，它的出现，是人类物质文明和精神文明建设的又一历史性的飞跃。

二、知识经济时代的基本特征

知识经济时代是个什么样子，换句话说，它与以往的任何时代相比有什么不同？我们可以从美国知识经济中得到启发。

（一）在知识经济时代，知识已成为当代生产力。如前所述，农业时代，生产力主要依靠自然，可称为自然生产力；工业经济时代，生产力主要依靠科学技术，可称为科技生产力；知识经济时代，生产力主要依靠知识，可称为知识生产力。在知识经济时代，知识在生产力的各要素中起着支配作用，劳动者的脑力（智力）将占主导地位，生产工具和劳动对象的科技含量显著增加，作为新的经济资源的信息、教育、知识等，成为推动生产力发展的关键因素。

（二）在知识经济时代，知识作为一种生产投入将以日益增长的速度取代物质投入，资源短缺的状况会从根本上改变。工业经济时代的一个重要特点，是通过大量消耗不可再生的能源和资源来生产更多的产品，但是，不可再生的能源和资源是有限的，既会引起生产过剩和经济危机，又会造成不可再生的能源和资源的枯竭和浪费。那么，能不能找到一种既能保证经济增长的需要，又能节约能源、保证质量的资源呢？在知识经济时代，人们这种希望将会变成现实。知识作为人脑的产物，不会因为被利用而出现枯竭，相反，它的增长的可能性是无限的，全人类都可以利用它；知识特别是高新知识的利用，能够极大地节约物质资源。例如：知识经济最发达的国家美国，在21年前，美国发射到火星的“海盗号”，耗资10亿美元。近年发射的“探路者号”登上火星，仅耗资1.8亿美元。

（三）在知识经济时代，企业的管理更注重知识管理。工业时代的管理手段中，有行政的、经济的、法律的等，从一定的意义上讲，这类管理是属于硬管理，它带有强制的约束色彩。到了知识经济时代，这种硬管理虽然需要，但企业更需要知识管理，即使使用硬管理手段，其知识性也将成为其中的主导成分。

（四）在知识经济时代，复杂的劳动将成为一种知识性的劳动。工业时代的社会分工，把劳动者分为脑力劳动者和体力劳动者，而以体力劳动者占据主导地位。知识经济时代将会改变这种状况，脑力劳动者将成为劳动力的主体，即便是体力劳动者在完成生产任务的过程中，所依赖的不仅是体力的付出，更是一种创新意识和创新能力的付出。知识(智力)将成为提高劳动生产率的支配因素。例如：美国互联网经济1998年总收入为3014亿美元，超过了能源（2230亿美元）和邮电（2700亿美元）的收入，仅次于汽车工业的收入（3500亿美元），但其按人均的生产率（25万美元），已高于汽车工业（16万美元）；从1995年到1998年，美国互联网经济增长了174.5%，1998年美国电子商务比过去所有的估计都高，达1000亿美元。

（五）在知识经济时代，知识资产作为无形资产，在经济发展中将发挥越来越重要的作用。工业时代是以有形资产的多寡来衡量企业的经济实力和产品的价值的。知识经济时代将会改写这一观念。专利、商标、名牌等知识性要素，不仅要渗透到如机器、设备等有形资产要素中去，而且会作为无形资产而胜于有形资产。例如：美国的微软公司，规模很小，库存量少，但其资产值高达2000亿美元。1995年，美国许多企业的无形资产的比例高达50%～60%。

（六）在知识经济时代，高新技术知识将被大力开发和利用。与工业时代不同的是，创造新知识并转化为现实的生产力将成为人们经济活动的主导方面，即人们不满足于对原有的高新技术知识的利用，更注重于研究和探索新的高新知识，促进社会生产力的发展。从电子信息技术的进步，就能看到对新知识的创造过程。在20世纪80年代初，电子属于绝对的高新技术，电脑是它的高精产品。到了90年代后期，因特网则如日中天。体现高新技术知识的产品，推出的周期也越来越短。70年代美国电机、工业产品生产周期平均为两年，到90年代缩短为3周。这说明，新知识创造的步伐在加快。

（七）在知识经济时代，产品的有重量的物质成分将大幅度减少，其无重量的成分将日益占主要地位。比如，现在的电脑价格只相当于20年前的万分之一，在它的全部价值中，能源和材料占的比重很少，占80%～90%的是知识价值，即无形的重量。

（八）在知识经济时代，尊重知识、尊重人才将成为社会风尚。一个企业的发展，最终取决于人的知识素质。一个企业只有不断提高职工整体科学文化素质，建立起企业与知识群或知识系统的有效联系方式，提高对知识的依赖和开展利用能力，才能创造出更多的经济效益。就劳动者个人而言，知识多的人就业和获得报酬的机会就多。据统计，在经合组织国家中，教育程度低的平均失业率为10.5%，受过高等教育的人平均失业率只有3.8%。知识强国的工人干一小时所得的报酬，要高于知识弱国的工人干几十小时所得的报酬。可见，分配方式也在发生变革，知识因素已成为独立的分配因素，社会将根据在知识经济运行中财富的增长及带动者付出知识的含量来分配报酬所得。

（九）在知识经济时代，不再是主要强调对劳动者的应用性技能培训，而是大力营造知识经济的内在支撑因素——文化体系。高尔基说：“书籍是人类进步的阶梯。”但书籍只是文化知识的载体，归根结底，文化知识才是人类进步的阶梯。知识经济时代，人们获取知识已成为他们工作和生活的第一需要。社会也将创造更多的条件，以提高全民的文化水平，已参加工作的职工将要接受再教育，不断吸纳新的科技知识。要建立起适合经济时代要求的文化体系。这种文化体系不仅会帮助劳动者拓宽知识面，增强创造者的能力，而且能帮助他们培养良好的职业道德和商业道德，增强遵守劳动纪律、识大局的整体观念，提高精神文明程度。经济知识的进步与社会文明的进步将协调发展。

三、在知识经济时代，电网企业必须加强安全文化建设

知识经济时代的到来，对电网企业安全文化建设来说，无疑是挑战与机遇并存。一方面，就我们电网企业安全文化建设的现状看，虽有进步，但总体上讲许多安全知识(安全制度、安全设施等)是工业经济时代的产物，职工队伍的安全知识水平并不高，还难以完全适应知识经济时代的需要；另一方面，知识经济时代又为安全文化建设提供了良好的机遇。一定的文化是一定时代的产物，它规范着文化建设的内容和方向，知识经济时代比以往任何时代都强调安全文化建设的作用。

（一）安全知识在知识经济时代的重要地位，决定电网企业必须加强安全文化建设

在知识经济时代，安全知识作为人类知识的重要组成部分，必将成为生产力的一大要素，只有加强安全文化建设，安全知识为劳动者所掌握，才能对生产力的发展起到促进作用。如前所述，知识经济时代的生产力诸要素中，都与安全知识有着不可分割的必然联系，劳动者必须具备相应的安全知识，生产工具和劳动对象也必须具备相应的安全性能，也只有把安全信息、安全教育、安全知识等新的经济资源充分开发和利用，才能为现实的生产力服务。可见在知识经济运行中，安全知识将被劳动者广为运用甚至成为须臾不可或缺的知识。我们讲知识就是生产力，不单纯是指哪一类知识而言，而是指包括安全知识在内的能促进社会生产力发展的全部知识。我们所以把安全知识单列出来讨论，是因为安全仍旧是知识经济时代的主题。任何时代经济的发展都是建立在安全的基础之上。离开安全，经济必将受到破坏。在工业经济时代，电力企业把“安全第一、预防为主”作为生产和建设的基本方针和实现电力工业持续、快速、健康发展的基础和保证，正因为如此，安全文化建设非常重要。在知识经济时代电力企业也必须坚定不移地贯彻执行“安全第一、预防为主”的方针，把它作为一切知识经济活动的基础和保证，安全文化建设比以往更为重要。要从贯彻执行安全生产方针和安全

知识就是生产力的高度，来看待安全文化建设的重要性，增强抓好这项工作的紧迫性。

（二）知识经济时代的生存环境，决定电网企业必须加强安全文化建设

过去，谈到安全问题，有些企业仅仅考虑保护本单位职工的生命安全与健康，或者认为本单位不出事就足够了。实际上，还应增强环境保护意识，考虑整个人类的生命安全与健康。在工业时代，由于人们缺乏环境保护意识，掠夺式地开发，使人类出现了生存危机。20世纪70年代，联合国专门小组发表了著名报告——《只有一个地球》。1992年，联合国在里约热内卢召开环境及发展大会，向世界发出严峻警告：如果人类不改变自己的生产方式、生活方式和价值观念的话，前景就是毁灭。在此前后，各国政府和国际组织纷纷制定了《环境保护法》《野生动植物保护法》《森林法》和限制CO_2及硫化物排放量等，各国的科研机构和大学还竞相建立生态、环境研究所、系、学院，联合国专门成立关于人口、资源生态、环保的国际性组织。2000年9月，世界自然保护基金会发表题为《全球变暖与陆地生物多样性下降》的报告说，按照通常的估计，今后100年里地球大气二氧化碳的浓度将增加1倍。由此引起的气温升高、两极冰冠消融、海面升高等现象，到2100年，将有1／3的动植物栖息地发生根本性的改变，这将导致大量的物种因不能适应新的生存环境而灭绝。如果世界各国不采取有效措施减少温室气体排放量，11年后地球大气二氧化碳浓度可能会增加2倍，而不是通常认为的1倍。如果情况果真如此，全球生态环境遭受的打击，将比预期的更为严重。现在，人们已取得共识——保护环境是人类义不容辞的共同责任。因此，电力企业只有加强安全文化建设，才能使职工从知识经济繁荣景象的背后，看到人类面临的生存危机，自觉地遵守有关环境保护的法律法规，为保护环境做出应有的贡献。

（三）全面提高职工的安全知识素质，需要加强安全文化建设

知识经济时代要求电力职工应具有更高的安全知识素质，但从一些电网企业来看，职工安全知识素质不高的问题十分突出。有的职工安全知识老化，所学的知识只是工业经济时代的东西，而又缺乏学习新的安全知识包括高新科技知识的紧迫感。有的职工掌握的只是一些应用性的安全技术知识，缺乏对安全知识系统

的学习与了解，更缺乏创新意识和创造能力。要尽快改变这种状况，就必须大力加强安全文化建设。美国新管理大师彼得·圣吉曾发出警告说，一个人学习过的知识，如果每年不能更新70%的话，那么这个人将无法适应社会的变化。在知识经济时代，知识更新频率大大加快，推出高新技术产品的周期也越来越短。如：电灯发明于1873年，普及花了46年；电话发明于1876年，普及花了35年；电视发明于1926年，普及花了16年；因特网应用于社会是1984年，普及仅花了7年时间。安全知识也是如此，它将随同其他方面知识的更新而更新，随同高新技术产品的出现而出现。电力企业必须采取措施，加强安全文化建设，帮助职工不断地更新安全知识。作为职工个人不要认为“自己的安全知识已够用了，有老本可吃了”。知识如同物品一样，既有损耗，又有折旧，不会一劳永逸，应积极参加安全文化建设，如饥似渴地吸纳新的知识。知识经济时代还要求职工不能满足于对安全知识的能懂会用，更应该具有创新能力，即善于把安全知识与做好本职工作相结合，学习的目的不单纯为掌握知识，更重要的是能够综合运用安全知识观察和处理实际问题，增强保护环境、保护他人和自我保护的能力。

（四）由硬性管理向知识型管理转变，需要加强安全文化建设

以往如同其他管理工作一样，安全管理也是管理者向被管理者实施控制的过程，管理多采用硬性的管理手段。在知识经济时代，安全管理以知识管理为主，安全知识成为联结管理者与被管理者的中间链条，安全管理决策和手段也将越来越知识化、智能化和数字化。加强安全文化建设，能使安全管理者提高自身的安全知识素质，不仅要走在学习的前列，而且要学得更多更好，“以其昏昏，使人昭昭”的偏向得以避免。不仅会操作计算机等先进的办公设备，而且懂得设备的安全防护。在安全管理中，不是单纯地让职工知道应该怎么做，不应该怎么做，而是让职工弄清为什么应该这样做，为什么不应该那样做，使职工自觉地运用安全知识引导自己的行为，变事后的检查督导为事前的教育引导。加强安全文化建设必然要形成安全信息知识的收集、储存和利用机制，届时不论是来自基层或来自上级的安全信息，也不论是来自本系统或外系统乃至国外的安全信息，不再为少数管理者所独享，而是以最快的速度传递给广大职工群众，让每个人都知道，都能从中吸取有益的经验和教训，人们对安全信息共享的愿望将成为现实。由此可知，加强安全文化建设不仅能促使管理方式由强制性向知识型转变，而且在管理方法上将会更加富有知识色彩，推动安全管理活动不断迈上新的台阶。

（五）开发安全知识资产，需要加强安全文化建设

安全资产的开发主要有两种途径：1.开发安全资产与开发高科技产品同步进行，安全资产寓于高科技产品之中；2.单独开发安全资产，作为保护劳动者安全的工器具。但不论哪种途径的开发，都离不开加强安全文化建设。人类科学技术的发展史表明，科学的脚步，常常与阻碍的羁绊同行，技术的发展每每与遏制的逆流同在。计算机作为高科技的产物到今天已加速了劳动者的智能化，创造了无与伦比的生产率，但是，黑客的侵入却威胁着它的安全。如何有效地防范黑客的入侵，有待人们开发和掌握新的安全技术。掌握了一定安全知识的劳动者，为安全作业创造了有利条件，但再智能的劳动者，也会有失误，可靠性不如安全设备。对新的高科技的安全设备的开发，已成为当务之急。加强安全文化建设，既确定研究题目，又提供必要的物质条件，就能极大地调动专业技术人员和职工的积极性和创造性，研究出更为尖端适用的安全产品，使电力企业走出一条依靠知识进步实现安全生产的路子。

（六）加强安全文化建设，也是企业培养安全管理人才的必由之路

抓好知识经济时代的安全工作，归根结底取决于安全人才。据了解，在一些电力企业中，有一定工作能力和建树的安监人员，大都已接近退休年龄，有的已退出了工作岗位；而新任职的人员有相当一部分缺乏必要的安全知识和管理方法，力不从心，致使有的领导发出“安监人员青黄不接，后继乏人”的感叹。安全监督工作需要高素质的人才。但如何尽快地使人才健康地成长起来呢?个人主观努力固然重要，但创造良好的环境也不能缺少。多年的成功经验已经证明，加强安全文化建设是企业安全管理人才脱颖而出、茁壮成长的肥田沃土。一个人的成才，其先天因素只是基础，更重要的取决于后天的学习教育、实践锻炼和环境的熏陶。安全文化建设，无疑地在给安全管理人才提供学习机会、实践场所和活动舞台。安全文化建设长期抓下去，一代代安全管理人才就能迅速成长起来。

在知识经济时代，安全文化建设是电力企业一项经常性的长期工作，必须下大力气抓紧抓好，使其结出丰硕的精神成果和物质成果。

第二节　电力企业安全文化的本质特征

一、众说纷纭的安全文化本质论

近几年来，随着人们研究探讨活动的深入，对什么是安全文化的本质特征，都尝试作出回答。归纳起来，这类看法主要有：

（一）认为安全文化的本质是一种质量文化。有的文章认为，企业安全文化是借鉴质量文化的作用，并贯穿质量文化形成和发展的全过程中，保证生产优质无害的产品。并进一步认为，质量事故是生产事故的一部分，应当发展安全文化来解决，因此，安全第一与质量第一完全能够联系起来。

（二）认为安全文化的本质是环境保护文化。有的文章从全球变暖、臭氧层变稀薄、自然环境受到破坏、人类及其动植物的生存面临严重威胁出发，认为安全文化的本质在于重新认识和保护自然环境。

（三）认为安全文化的本质是减灾文化。其理由是减轻自然的和人为的灾害，是从古至今人类共同关注并致力于解决的问题，如何预测、预报灾害，把灾害造成的损失减到最低限度，正是安全文化面临的重大课题。

（四）认为安全文化的本质是节能文化。有的文章认为，自然灾害或人为事故的后果不仅是污染环境，而且造成极大的浪费。发展安全文化，控制灾害和事故，就能节省能源。因此，安全文化的本质应该是一种节能文化。

（五）认为安全文化的本质是消防文化。这种看法，主要是考虑近些年国内国际发生了多起特大火灾事故，安全防火已成为所有企事业单位面临的头等大事而得出的结论。

只要我们深入地研究和思考，以上所说的质量文化、环境保护文化、减灾文化、节能文化和消防文化，或者是电力企业安全文化的某些内容的构成，或者是电力企业安全文化某些功能的表述，都没有揭示电力企业安全文化的本质特征。

二、我国制定的安全生产方针，揭示了电力企业安全文化的本质特征

我国制定的安全生产方针是安全第一、预防为主。这一方针是根据毛泽东于1952年对劳动部工作报告的批示制定的。毛泽东在批示中指出：“在实行增产节

约的同时，必须注意职工的安全健康和必不可少的福利事业。如果只注意前一方面，忘记或稍加忽视后一方面，那是错误的。”因此，在全国第二次劳动保护会议上，提出了劳动保护工作必须贯彻安全生产方针。1981年12月，中华全国总工会劳动部部长江涛在全国职业病普查总结会议上的讲话中说：“根据党和政府历来的指示，以及30年来的经验教训，当前预防伤亡事故和职业病的工作方针，可以概括为“安全第一，预防为主，群防群治，防治结合”。1993年12月22日，原电力工业部在《关于安全工作的决定》中明确：“安全第一、预防为主是电网企业生产和建设的基本方针，是电力工业实现持续、快速、健康发展的基础和保证。”2000年3月18日，国家电力公司颁发了《安全生产工作规定》，进一步明确：“为了贯彻安全第一、预防为主的方针，保证员工在电网生产活动中的人身安全，保证电网安全可靠供电，保证国家和投资者的资产免遭损失，特制定本规定。”“安全第一、预防为主”，把劳动保护、安全生产、保护职工生命与身心健康、预防事故、消减灾害等统一考虑，是对安全文化本质特征的高度概括。

1. 纵观人类安全文化的发展史，我们会看到，在不同的历史时期内，安全文化有不同的内容。但是，“安全第一、预防为主”却是安全文化的两大支柱，贯穿于古今安全文化之中。换句话说，“安全第一、预防为主”揭示了人类安全实践的基本规律，其他各种规律都是这一基本规律的派生或服从服务于这一基本规律。所谓安全第一，就是指在进行生产经营和生活娱乐的时候，必须把安全放在首位来考虑，在安全与生产经营、生活娱乐发生矛盾的时候，应该首先解决安全问题，以生产经营和生活娱乐服从安全；所谓预防为主，是指以事先防范为主，把事故、灾害消除在未萌状态，即见微而知著，防患于未然。“安全第一、预防为主”是人类反事故、保安全的经验总结，并被实践所证明的科学真理。从这个意义上讲，安全文化的本质是安全第一的文化，是预防为主的文化。

2. “安全第一、预防为主”不仅是安全生产经营的方针，也是人类一切活动应首先考虑的前提条件和根本要求。长期以来，有人存在一种误解，认为“安全第一、预防为主”，只是安全生产的方针，因而只适用于安全生产，对其他领域的活动不一定适用。其实，“安全第一、预防为主”，已超出了生产经营领域，不仅适用于企事业单位，而且适用于党政机关、文化团体，乃至军队建设。在《中国人民解放军内务条令》中，强调“安全工作是部队的一项经常性、综合性的工作，必须坚持预防为主的方针。做好安全工作是加强部队全面建设的重要方面，是各级首长、机关部门及全体军人的共同职责”。在人们的日常生活中，从饮食起居到卫生保健，同样要贯彻“安全第一、预防为主”的文化要求，比如：治病不如防病、药疗不如食疗等。“安全第一、预防为主”作为一种文化已被人们所接受，成为处理安全问题的基本准则。

3.“安全第一、预防为主”，决定了电网企业安全文化建设所处的地位和作用。电网企业各方面的建设都不能忽视，必须全面地抓好，但首先应抓好安全文化建设，为其他各项建设打牢基础，提供安全思想和物质保证。另一方面，也只有抓好了安全文化建设，职工安全素质获得极大提高，安全物质设施不断完善，才能促进把“安全第一、预防为主”的要求落到实处。

三、电网企业安全文化建设，必须把“安全第一、预防为主”作为核心内容

（一）要加强“安全第一”的文化建设

1.“安全第一”是安全文化的首要观点。加强安全文化建设，必须强化安全第一的意识。

（1）“安全第一”是由我们党的宗旨和国家性质所决定的。我们党的宗旨是全心全意地为人民服务，我们的国家是人民民主专政的社会主义国家，这就要求我们必须把保护劳动者的生命安全和身体健康放在第一位；

（2）“安全第一”是改革开放和发展社会主义市场经济的基础；

（3）“安全第一”是生产经营活动顺利进行、促进经济增长的前提条件；

（4）“安全第一”是劳动者个人健康长寿和家庭美满的重要保证；

（5）“安全第一”是保护自然环境、人类得以生存和繁衍的必然要求。正是这些理由，为“安全第一”的文化提供了思想理论依据。

2. 要掌握必要的“安全第一”的知识。在我们电力企业，许多“安全第一”的知识已变成了具体的规章规定，比如：“三检制”，即在班前、班中、班后这三个时间进行安全检查；“五同时”，即在计划、布置、检查、总结、考核生产任务的同时，计划、布置、检查、总结、考核安全工作；“危险点分析预控”，即针对生产施工中的危险项目要害部位和关键环节，在开始作业前便制定出相应的对策，以保证万无一失；等等。对于这些，企业不但要引导职工严格遵守，而且

要帮助他们弄清为什么要这样做，灌输必要的安全知识，以增强安全文化素质。

3. 要善于应用“安全第一”的文化知识，观察和处理遇到的各种安全问题。“安全第一”不是一句空话和“口头禅”，应该实实在在地体现到工作中去。比如，当生产进度与经济效益和安全发生矛盾时，是牺牲安全去换取进度和经济效益，还是以进度和经济效益服从安全?当遇到领导者违章指挥，将给职工生命和身体健康带来威胁时，是勇于坚持“安全第一”，劝阻违章指挥，还是听之任之?当安全设施不完备，不具备生产或施工条件时，是盲目上马、冒险作业，还是等待安全设施完善后再开工?这些问题都是“安全第一”的题中应有之义，绝不能回避，绕开走，而应作出正确的判断和选择。“安全第一”的文化建设正是在分析和解决这类实际问题中获得进步的。

（二）要加强“预防为主”的文化建设

1. 要正确认识“安全第一”的文化与“预防为主”的文化之间的辩证关系。两者既有区别又有紧密联系，“安全第一”的文化，主要是阐明安全的重要地位和作用以及如何坚持“安全第一”；“预防为主”的文化，主要是规定了安全的基本原则和方法以及如何贯彻预防为主。“安全第一”为“预防为主”的文化建设规定了依据和目标，“预防为主”是“安全第一”文化建设的必然要求和有效途径。对此，我们应全面理解，全面建设，不能注意其中的一项建设而忽视另一项建设。

2. 要抓好“预防为主”的思想建设。一些人为的事故，大都是人的思想麻痹，存有侥幸心理而疏于防范；或者虽有防范措施却失去效能所造成的。当事故出现之后，有的不是转为以预防为主，仍旧是就事论事地消极应付。要彻底纠正这种状况，必须加强思想建设，打牢“预防为主”的思想基础。古人云：“未雨绸缪”，乃是安全文化的经验之谈。出了事故即使善后工作再及时圆满，找出的教训再深刻，制定的措施再有效，也不如防患于未然，因为被事故夺走生命的人不能复生、夺走健全肢体的人将会终生残疾，国家、集体或群众受损失的财产无法弥补，给企业形象和国家声誉造成的危害也无法挽回。企业在安全文化建设中，必须帮助职工强化“预防为主”的思想，把功夫下在预防上。

3. 各种安全防范措施要贯彻“预防为主”的基本原则。例如：消灭潜在危险、降低潜在危险因素的数值、距离防护、时间防护、屏蔽防护、坚固防护、不予接近、闭锁、以机器取代人员、警告与禁止信息等；还如：电力企业当前开展的安全性评价活动，即综合运用安全系统工程学的理论方法，对系统存在的危险性进行定性定量分析，确认系统发生的危险的可能性及其严重程度，提出必要的控制措施，以寻求最低事故率、最小的事故损失和最优的安全效益的方法。这些基本问题和方法都是“预防为主”要求的具体体现，是人类安全文化长期积累的产物。

4. 要创造和吸纳新的知识，发展“安全第一、预防为主”的文化

应该肯定地说，建国50多年特别是改革开放以来，我国电力企业安全文化建设越来越受到重视，贯彻“安全第一、预防为主”的方针收到了一定的成效，安全生产的局面已处于受控状态。但是，我们必须看到，情况在不断地变化，以“安全第一、预防为主”为本质特征的安全文化建设不能一劳永逸，必须随同时代的发展、人类的进步而不断地加强。我国已处在深入改革和发展社会主义市场经济的新时期，电力企业必然以提高经济效益为中心，经济效益状况如何已成为制约电力企业生存与发展的决定因素。在这种情况下，如何正确处理以提高经济效益为中心与坚持安全第一的关系？我国加入世界贸易组织之后，世界贸易组织的一个基本原则就是平等竞争，安全状况如何已是电力企业参与国际市场竞争的重要条件，如何以包括安全在内的高素质的优势，在强手如林的竞争环境中占有一席之地?知识经济时代已经向我们走来，知识占有的多寡会成为企业盛衰的关键因素，高科技产品也将源源不断地投入到电力生产或施工中，如何把“安全第一、预防为主”贯彻到知识经济中去，这是电力企业安全文化建设面临的新课题，必须认真研究和探索，从理论与实践的结合上作出回答。过去，电力企业安全文化建设取得的经验固然可贵，但如果满足于现状，不研究新情况、解决新问题，谋求新发展，安全文化建设就会处于僵化状态而失效。安全活动的实践是安全文化产生和发展的源泉，在新的情况下，面对各种复杂的矛盾，坚持“安全第一、预防为主”的方针不能有任何的误解和动摇。同时，要认真探索和总结坚持“安全第一、预防为主”的新鲜经验，虚心吸纳国内外同行的新信息，谱写电力企业安全文化建设的新篇章。

第三节　加强电力企业安全环境文化建设

人们不论是生产或是生活，总是在一定的自然环境下进行的。进行生产活动

的环境，也叫作业环境，它是指作业活动周围的景况。在生产活动中，作业者与作业环境之间不是处于各自封闭的状态，而是在不断地进行物质、能量和信息的交流。一方面，作业者要识别作业环境存在的危险和危害，采取必要的措施加以防范，使之始终处于相对安全状态；另一方面，作业环境对作业者的心理和行为会产生至关重要的影响。从一定的安全目的出发，把改善作业环境与加强安全文化建设结合起来，在作业环境里，以相应的安全文化理念设置生动、有效的宣传形式，让其起到警示、规劝和诱导人们牢记安全、趋夷避险的作用。这类依托电力企业作业环境、工作环境和生活环境而形成和发展起来的安全文化，叫作电力企业安全环境文化。电力企业安全环境文化是电力企业安全文化的重要组成部分，它与电力企业思想安全文化、道德安全文化、制度安全文化，处于同等重要的位置，是这些安全文化外在的表现，因此，必须全力以赴地建设好。

一、电网企业环境安全文化的作用

我国人民群众从古以来就发现环境对人的思想和行为的影响作用。

《三字经》中“昔孟母，择邻处”，讲的是：古时候，孟轲的母亲为了让儿子能接受好的影响，曾不厌其烦，三次搬家，最后终于选择了一家私学为邻居。后来，孟轲成为伟大的思想家、孔子思想的继承人，虽然起决定作用的是他的主观努力，但最初的好邻居的影响也是不可忽视的外部条件。

这个故事告诉人们：风气（环境）对人们有至关重要的导向作用，作为领导者倡导什么样的风气，被领导者就会追随什么样的风气。

如何看待环境的作用，毛泽东在《矛盾论》中曾深刻指出：“唯物辩证法认为外因是变化的条件，内因是变化的根据，外因通过内因而起作用。”今天，我们研究电力企业安全环境文化建设，同样应以唯物辩证法为指导原则，要把劳动者本身安全素质如何看成是决定的因素，同时，也要重视作业环境安全文化对劳动者心理行为的影响作用，以此出发，去营造一个有利于劳动者身心健康的文化环境。

（一）加强电网企业安全环境文化建设，能够潜移默化地增强职工的安全观念。每一个职工都在一定的环境下工作和生活，环境安全文化的影响绝不能低估。这种环境安全文化既有积极的，也有消极的，我们应该营造积极的环境安全文化，克服消极的环境安全文化。比如：习惯性违章被视为一种顽症，虽三令五串却屡禁不绝，究其原因，不能不说与一定消极的环境文化有直接关系。在一些新职工身上出现的“不良的习惯性行为方式”，不是他们发明的，而是从一些老职工身上“学”来的，受其违章操作省力、又没出事的文化理念的感染所致。因此，小到一个班组，大到一个企业，如果积极的安全文化环境薄弱，领导和老职工对安全不以为然，新职工也会习惯性违章成自然。反之，那些营造了积极安全文化环境的企业，却是另外一番氛围，领导和老职工牢记安全，疾违章如仇，那么，新职工也会对违章望而生畏，对执行安全规程自觉而严格。

加强安全环境文化建设，就是使积极的安全文化在环境上处于优势和主导地位。协同学原理认为：优良的意见或盛行的风气起着序参量的作用，它支持着每个人的意见、看法，以形成一致的观点。美国社会心理学家所罗门·阿希曾做过一个有趣的试验，让9个人参加，说出三条线哪一条与参考线长度相等。但参加试验的9个人中只有一个是真正的受试者。在头二轮试验中，所有的参试者都能正确地说出哪条线与参考线等长。从第三轮开始，七八个非受试者一致说出那条最短的线与参考线等长，排在最后的一个受试者听了前面人的意见，动摇了自己的看法。在9个受试者当中，有6人多次把多数人的明显错误意见作为自己的意见；有2人拿不定主意，在10轮中有二三次附和多数人的意见；只有2人坚持自己的正确判断。假如七八个非受试者判断都是正确的话，那么受试者也会从众，其判断的正确率将达到80%以上。我们在前面所说的领导者和老职工能左右新职工的安全心理和行为状况，便是因为他们的意见和主张处于主导地位，而新职工受其从众心理支配，也会效仿。

（二）加强电网企业安全环境文化建设，能够增强实现事故零目标的信心，提高安全管理水平。安全环境文化的潜移默化的影响，不是使人的认识只处于低级的循环状态，而是不断地产生飞跃，呈现出螺旋式的上升趋势。在这里，安全环境文化建设所产生的实际效果会对人们的认识起着至关重要的作用。比如，企业发生了事故，安全文化建设将处在不利的环境中，虽然教育功能会启发人们如何如何地“把坏事变成好事”，但毕竟使有利的环境遭到了一次严重的摧残；企业长周期的安全，安全文化建设则处于有利的环境中，人们就会相信：除了不可抗拒的自然灾害以外，一切事故都是可以避免的，会珍惜已有的成绩，百尺竿头，再进一步。因此，事故状态下或长周期的安全状态下，也都是一种安全文化的环境状态，它支配人们的安全心态，对安全文化建设起着积极的或阻碍的作用。

先进安全典型是电力企业安全文化环境里的一座亮丽的景观，会唤起人们极大的关注和向往。选树先进典型，推广经验，是安全环境文化建设不容忽视的层面。就安全文化建设而言，各单位总是有先有后，不可能并驾齐驱。树典型，让先进典型树起一个标杆，一面旗帜；学典型，让暂处中间或后进状态者迎头赶上，安全环境文化建设才能处于后浪推前浪的波澜壮阔的生动局面。从生理学讲，这也是一种把安全环境文化建设持续不断地由低级向高级推进的协同效应。心理学在研究商业中心的形成时认为，在一般的人看来，似乎商店尽可能地分散，平分地盘能招徕顾客，获得利润，其实际情形正好截然相反，如果商店甲向街中心移动一点，能更多地招徕一些顾客，那么，商店乙也会对此举作出反应，也要向街中心靠近，也在同地经营。正是由于竞争而集中，出现了商业中心。安全环境文化建设中的选树和学习安全典型也是如此，大家都向安全先进典型的标准靠近，新的先进典型层出不穷，又会突破原来达到的水准，这样势必形成你追我赶的竞争状态，从而推动安全环境文化建设不断前进。

（三）加强电网企业安全环境文化建设，能够唤起安全警觉和规范安全行为。最有说服力的事例是在工作间或施工现场设置的安全警语和安全标志，不仅使人处在浓厚的安全文化氛围之中，而且使人明确怎样做是安全的，怎样做是危险的。“必须贯彻安全第一、预防为主的方针”，“安全为了生产、生产必须安全”等标语能使职工时刻牢记安全生产方针；“上下共同努力，杜绝死亡、消灭重伤，实现事故零目标”等标语，会使职工互相提醒为实现明确的安全目标而防微杜渐；“一人平安，全家幸福”，“高高兴兴上班，平平安安回家”，会从思想感情上激发职工的安全责任。至于安全标志，更是具有直接引导人们趋夷避险的作用。在现场入口处设“必须戴好安全帽”“必须穿防护服”“高处作业系好安全带”等标志，人们见到之后都会自然地想起自己是否按规定去做了，做了的会打深烙印，没有做到的会很快地穿戴好；在上下层交叉作业、容易落物之处，挂上“当心落物”的警示标志，会时刻提醒人们注意对落物的防护；在材料、设备、油漆仓库、油库、木材加工处、制氧站、乙炔站等易燃易爆场所，悬挂“禁止烟火”“禁放易燃易爆物品”等警告标志，看了它们会使人们进一步增强防火防爆意识。凡此等等，都是在结合工作或作业环境，有针对性地宣传安全文化知识，易于为职工所接受，转化为他们的安全行为。

在工作或施工环境里，设置必要的体现安全文化的警语和标志为什么会有如此大的效用呢?首先，这些安全警语和标志乃是一种安全信息语言，它本身虽不能直接消除任何危险和危害，但却能及时提醒职工对危险和危害之处的注意，防止事故的发生。其次，这些安全警语和标志的设立，不是凭空而来的，而是安全管理者因时因地因事制宜而确定的，是安全管理活动对管理客体的控制手段之一。再次，这些安全警语和安全标志适应了人们安全心理活动的规律性。正如在交通路口见到红灯停、绿灯行一样，在工作或施工场所，见到“小心，此处有孔洞”的告示，人们就会停止不前，避免发生误踏孔洞而坠落，同理，在人们因工作紧张、身心处于疲惫状态出现盲动、忽视安全的时候，“安全施工，切莫大意；不怕一万，就怕万一”的警示，会使你如同吃了一服清醒剂，从而收敛错误的举动。

二、考虑长远，立足当前，谋划本企业的安全环境文化建设

安全环境文化是一个复杂的系统，不能把它仅仅理解为作业环境，也不能仅仅理解为自然环境，其实，安全文化环境只是相对而言的，对一个班组来讲，它自身安全文化建设的状况，可称为班组内部的安全文化环境；其他班组或企业的安全文化建设的状况，又是班组的外部环境。对一个职工而言，除了他自身以外的一切人和事物，都是他的外部环境。因此，我们必须放开眼界，多方面去考虑组成环境的各要素，切实抓好各方面的安全文化建设。

要建设一种安全文化的舆论环境，真正让“安全第一、预防为主”成为支配职工的主导思想和群体的舆论优势。这就要做到以下几个方面。

（一）要造成实现“零事故”的安全目标的舆论环境。具体地说，预防发生对社会造成重大影响、对资产造成重大损失的7种事故(即预防人身死亡、大面积停电、大电网瓦解、电厂垮坝、主设备严重损坏、重大火灾、核泄漏)，应成为所有职工的共同奋斗目标，不仅坚信它应该实现，而且坚信它完全能够实现，从自己做起，从现在做起，努力为总目标的实现增砖添瓦。

（二）造成“遵章光荣、违章可耻”的安全道德舆论环境。要逐渐地感受到“一人违章、全班受罚，一人立功、全班受奖”，不仅是一种经济上的奖罚，更是一种道德上的褒贬。在这样的情况下，违章者会成为“众矢之的”而无处立足，遵章者就会有口皆碑，并使人们以此为荣。

（三）要造成“有章必守、违章必究”的安全纪律舆论环境。有关专家分析说：“从当前看，诱发事故的原因不是无章可循，而是有章不循、违章不究所导致的结果。”正是因为有的安全管理者缺乏严字当头，违章不究，助长了被管理者有章不守的行为。在一个企业，如果形成严于管理的大气候，有章不循者就无处藏身了。

（四）要造成“安全责任重于泰山”的安全责任舆论环境。从维护社会稳定、国家信誉和企业发展的高度来考虑问题，职工真正把安全生产当成义不容辞的责任，领导者真正肩负起为官一任，保一方平安的历史重任。

三、营造生动活泼而又扎实有效的安全环境文化

国家电网公司《安全生产工作规定》中指出：“生产性企业可运用安全录像、幻灯、电视、计算机多媒体、广播、板报、实物、图片展览，以及安全知识考试、演讲、竞赛等多种形式宣传、普及安全技术知识。”这实际上指出了安全环境文化建设的必要形式。在唯物辩证法看来，形式和内容是一对范畴。没有一定的形式作为手段和方法，安全文化建设内容就会落空；同时，形式又是为内容服务的，如果只图形式、走过场，出现形式主义，同样也无法保证安全文化建设内容的实现。因此，不论采取什么样的形式建设安全文化，都必须从实际效果出发，切忌搞形式主义。

第四节　加强电网企业现代安全管理文化建设

一、电力企业现代安全管理文化的基本内容

近些年，随着现代管理科学的进步，电力系统引进系统论、信息论、控制论、团体力学等新兴学科，并广泛应用于安全管理实践，初步形成了具有自己特色的现代安全管理文化。其基本内容主要有：

（一）安全管理职能知识。在现代化生产的情况下，安全管理应具有决策职能、教育职能、组织职能、监督职能、奖惩职能、预测职能、指挥职能等。各种职能不能单独存在，而是一个互相联系、紧密配合的统一体，必须把它们的作用都有效地发挥出来，追求安全管理的最佳效果。

（二）安全管理应遵循的规律知识。电力企业安全管理活动在遵循动力规律、循环规律、择优规律、反馈规律等普遍规律的同时，必须遵循本系统管理活动的特殊规律，即：遵循“安全第一、预防为主”的规律；危险点分析与预控规律；有计划改善劳动条件的规律；以保护劳动者生命与健康为准则的规律；依靠科学技术进步改善劳动条件的规律；安全管理科学化的规律等。

（三）安全管理者素质知识。管理者自身素质如何，直接影响安全管理活动的水平。专家认为：管理者的素质是指一个合格的管理者应具备的条件和能力，是管理者的禀赋、觉悟、品质、知识和能力的总和。并进一步认为，电力企业安全管理者必须具有很高的政治思想觉悟、高尚的道德品质、较高的科学文化水平和较强的组织领导能力。

（四）安全信息知识。信息是安全管理活动的“神经系统”。安全信息是指在劳动生产中起安全作用的信息。必须重视安全信息的收集、储存、传递、使用和反馈。要根据信息控制可能对人员和设备造成危害的能量，建立事故预测管理机制和上下级之间信息交流网络。

（五）系统安全管理知识。要用系统论的思想分析和处理安全管理遇到的实际问题。系统论认为，系统是一个各要素按照一定方式和顺序，相互联系、相互制约、相互作用而形成一定结构和功能的统一体，具有整合性、相关性、有序性和开放性等特征。电力企业安全管理活动也是由若干小系统组成的统一体，必须注意发挥整体的功能，实行有序性管理，并应成为开放系统，不断地与外部环境交换物质能量和信息，始终保持生机与活力。

（六）安全管理控制知识。所谓控制，是指为了达到保持事物的稳定状态或促使事物由一种状态向另一种状态转变的目的，控制者(施控系统)对控制对象(受控系统)施加的一种主动影响或作用。生产活动中的危险和危害是伴随生产活动而出现的，对它不能消灭，只能加以控制，使之处于国家允许或人们可接受的标准之内，不至于诱发事故。从这个意义上说，电力企业安全管理活动就是在做控制危险和危害的工作。采取预先控制、现场控制、全面控制和重点控制等方式，就能有效地控制有可能诱发事故的危险点和危险源。

（七）安全管理主体知识。我们把安全管理对象分为“五大要素”，即对人、物、环境、时间和信息的管理。在“五大要素”中，人具有主观能动性，起决定性的作用，处于支配地位。人不仅能够进行自我管理，合理地利用信息和时间，而且，完全有能力控制人的不稳定状态和环境存在的不安全因素。并且，在我们社会主义国家的电力企业，职工群众是企业的主人，也是安全管理的主力军，只有相信和依靠职工群众，才能搞好安全管理。

（八）安全管理激励知识。借鉴美国心理学家和行为学家亚伯拉罕·马斯洛"人类需要的层次论"，区别不同情况，运用教育激励、奖惩激励、目标激励、尊重激励、榜样激励、表率激励等方式，唤起职工对安全的需要，不仅要唤起他们对安全的生存需要，而且要打开视野，关注生态平衡和人类的环境保护，唤起他们对安全的社会需要。

（九）安全管理的时间知识。遵循时间学基本原理，科学合理地安排工作。电力企业一些事故的发生，都与特定的时间和空间有关系，事故的高峰期也是在一定的时间和空间出现的。因此，研究时间和空间对人的心理和行为的影响有特殊的意义。科学合理地安排工作，注意劳逸结合，既能预防因身体疲惫和精力困乏而诱发的事故，又能保证以充沛的体力和精力完成各项任务，提高劳动生产率。

（十）安全管理耗散结构知识。应用耗散结构基本原理，打破安全管理的平衡状态，推动管理不断跃向新的台阶。耗散结构理论认为，一个充满活力和内在动力的管理系统，必定是一个内部存在差异，非平衡的系统；而处于平衡状态的系统必定是"死水一潭"，没有效率可言。打破安全奖分配上的平均主义，大力度表彰和重奖安全生产长周期的先进单位，对发生事故的单位或个人以重罚，实施外在压力与激发内部动力相结合，是打破平衡状态，造成"为有源头活水来"的局面的必要措施。

（十一）安全管理协同知识。抓好安全管理，离不开协同作用。协同学认为，任何系统中各子系统之间都存在着协同效应，即子系统的协同行为产生的，超越各子系统自身单独作用而形成的系统整体的作用和行为。据此，明确各级、各部门和各类人员的安全管理责任，能使"安全生产、人人有责"和"安全管理、齐心协力"的生动局面得以实现。

（十二）团体力学知识。贯彻团体力学的基本要求，生成企业安全管理活动的内聚力和向心力。一些电力企业认为，安全管理有无内聚力和向心力，将直接影响职工对实现安全目标的信心，影响管理者与被管理者的关系，影响职工积极性和创造性的发挥，而要生成内聚力和向心力，关键在于营造一个和谐、文明、进步的安全管理环境。据此，提出了“安全监督也是服务，在服务中搞好安全监督”的思想，领导与职工之间、职工与职工之间，在安全思想上互相帮助，在安全工作上互相支持，在安全生产上互相关心，从而减少了不必要的猜忌、内耗和隔阂，增进了友谊和信任。

（十三）安全管理权变知识。适应权变理论的要求，按照实际情况决定安全管理内容和方式。权变，就是权宜和应变，一切从实际出发，按照客观规律办事。如果作业指挥者不顾客观情况已发生了变化，仍固守原定方案，主观臆想和武断而违章指挥，也是发生伤亡事故的一大诱因，并且容易造成群死群伤。因此，必须根据实际情况进行安全管理决策，制定安全目标和指挥方案。

（十四）安全管理突变知识。依据突变理论，研究和制定控制事故发生的措施。有的专家认为，事故的发生是一种事物发生突变的现象，即原来处于相对安全稳定状态的事物突然变为不安全、不稳定的状态。而研究事物不同类型的突变，可以寻找其发生事故的成因及控制突变的条件，为制定此类事故的预防措施提供依据。

（十五）事故成因知识。轨迹交叉、因果顺序、能量转移等事故成因理论，对预防电力企业各类事故有着十分重要的借鉴意义。事故成因论是从不同角度研究的，可谓“智者见智，仁者见仁”，但归结起来讲，无外乎强调，在预防机械系统对人的伤害上，应采取防护措施，使人与机械的危险部位隔离；在预防环境对人的伤害上，控制已经存在或潜在的危险源非常必要；在事故发生后的救护上，方法要科学，防止造成新的伤害；在治理隐患上，应注意综合性，切断事故诱因的关键链条，防止连锁反应的出现；等等。

（十六）安全管理预测知识。运用预测学知识，增强安全管理的预见性和科学性，把握工作的主动权。一些权威认为，科学的安全预测是积极预防工作的前提条件，是实施安全管理决策不可缺少的基本环节。而要增进安全预测的可靠性，必须采取预兆预测、数理统计预测等科学的方法。尽管如此，由于安全预测是对未来可能出现的危险危害趋势的推断，因而得出的结论带有一定的不确定性，必须接受实践的检验。

（十七）安全心理学知识。从人的心理过程和个性心理上，去探讨心态对安全生产的影响，有针对性地做好工作，培养适应安全生产需要的心理品质，纠正容易生成危险因素的不良心理和习惯。

（十八）安全管理方法知识。提高安全管理效能和质量，必须采取现代管理方法。现代安全管理方法主要有经济方法、行政方法、法律方法、宣传教育方法、社会心理方法、数学方法、目标管理方法、网络计划方法等。

（十九）安全管理现代化知识。在安全管理中，运用以电子计算机为核心的现代设备，建立网络系统，进行安全信息收集和决策，选择最优决策方案，实行跟踪控制，以提高安全管理的效率。

二、加强电力企业现代安全管理文化建设的重要性和紧迫性

（一）加强现代安全管理文化建设是电力企业现代化生产的必然要求。管理具有两重性，即它具有社会属性和自然属性。马克思认为，管理的自然属性，是由人们进行分工协作的集体劳动过程中所产生的，是组织社会劳动过程的一般要求，为一切社会化大生产所共有。管理的社会属性，是指它的阶级性，即反映一定生产关系的要求，执行维护和巩固生产关系，实现特定社会目的职能，为某种生产方式所特有。了解管理两重性的理论，有助于帮助我们进一步理解加强电力企业安全管理文化建设的必要性。

国外有人提出，科学、技术和管理，是现代文明的三大支柱，把科学技术和科学管理看成是推动经济发展不可缺少的两个车轮，主张“三分靠技术，七分靠管理”。邓小平在《建设有中国特色的社会主义》中曾深刻指出：“管理也是知识。”当前，我国电力事业正在持续发展，以现代先进科学技术为标志的机械设备不断地更新，生产新工艺不断地采用，许多电力企业已逐步实行现代化生产。在这种情况下，要抓好安全管理，单纯地依靠过去的管理经验和方法不行，必须加强现代安全管理文化建设。这是因为：过去的模式和方式总是与当时的具体条件和经济制度联系在一起的，有的是计划经济时期的产物，即使有些管理模式和方式在今天看来仍旧管用，但也必须与现代化生产的实践相结合，才能显现出生命力。而反映了社会化大生产的安全管理一般规律性的安全管理文化具有先进性和科学性，对一切社会化大生产都是适用的。尤其应该提出的是，电力企业现代安全管理文化的研究和建设，都是刚刚起步，已有的成果，很难满足电力事业发展的需求。因此，只有加强现代安全管理文化建设，才能改变安全管理工作“投入大、产出少”的局面，带来低耗、高效、快速的管理效率。

（二）加强现代安全管理文化建设，是提高电网企业各级领导素质的必然要

求。现代安全管理文化素质是电力企业各级领导必须具备的重要的素质，没有一定的现代安全管理的文化素质，就无法组织安全管理工作。而从当前的情况看，现代安全管理文化素质不高是一个普遍问题。有的思想观念陈旧，习惯于按老方法办事，缺乏现代管理意识，面对千头万绪的复杂情况不能统筹考虑，驾驭全局，常常是顾此失彼，忙于应付，或者墨守成规，把局部的经验当成普遍规律，使自己的思想落后于事物的发展，常常是事与愿违，由于管理失误而造成事故；或照抄照转上级的安全规定，提一些空洞无物的口号，一个口号还没有见成效，另一个口号又被提出来，形式主义、官僚主义作风严重；在安全与效益、进度发生矛盾时，不能坚持原则以牺牲安全去保效益和进度，结果是得不偿失，效益和进度也一同牺牲，凡此等等，无不说明旧的习惯行为根深蒂固，已无法适应现代安全管理的需要。正像英国评论家萨尔提出的那样："员工按程序办事，并不是因为这样做能提高效率，而是因为程序是众所周知的，做起来也轻松自在。当一种程序演变成一种例行公事时，就会妨碍员工去思索新的工作方法。"因此，要使各级领导树立现代安全管理观念，必须加强现代安全管理文化建设。

（三）加强现代安全管理文化建设，也是预测和预防事故的必然要求。在现代安全管理文化中，有许多知识是直接论述如何预测和预防事故的。比如：事故成因论、事故预测论等，这些知识，是现代化生产情况下事故发生及其预防规律的科学总结，对我们电力企业的安全生产具有直接的借鉴意义。比如：事故成因论认为，事故的发生发展是按时空顺序相继出现的结果，其中有一些事件是以另一些事件首先发生为前提的。根据这一理论总结出事件树分析法，通过对事故发生的逻辑顺序进行定性及定量描述分析，不仅能推测某类事故能否发生，而且能找准促使某类事故发生的不同因素所起的作用，进而选择预防方法。再如，电力企业开展的安全性评价，就是综合运用现代安全管理文化的理论和方法，对系统存在的危险性进行定性和定量分析，确认系统发生危险的可能性及其严重程度，提出必要的控制措施，以寻求最低的事故率、最小的事故损失和最优的安全效益。实践证明，电力企业只有加强现代安全管理文化建设，才能增强工作的预见性和科学性，采用可靠的方法和措施，控制各类事故的发生。

三、采取有效途径加强电网企业现代安全管理文化建设

近几年，电力行业强调要抓好电力企业现代安全管理文化建设，加强了研究

工作，陆续出版了介绍这方面知识的文章和书籍，在一些培训中也增加了相关内容。但从总体来看，许多企业并没有把现代安全管理文化建设摆到议事日程，不如安全规程制度建设那样受到足够的重视。因此，一定要充分认识加强现代安全管理文化建设的重要性，切实把它作为安全文化建设的基本环节来抓。

（一）要加强学习，掌握现代安全管理文化的基本原理。电力企业应从长远建设着眼，对建设电力企业现代安全管理文化作出长期计划和短期安排。要规定学习内容，提出学习要求，并进行检查和考试。学习的时候，应从基础抓起，首先让干部职工了解什么是现代安全管理文化，什么是电力企业现代安全管理文化建设及电力企业现代安全管理文化包括哪些基本内容，怎样加强这方面的建设；对于涉及别的具体学科，也应首先弄清它的基本原理。如：在学习系统论时，就应弄清什么叫系统，系统有哪些特性，进行安全管理应树立哪些系统观念以及如何运用系统管理的思想解决实际问题等。这些由此及彼，一步一个脚印地学习，坚持数年，就能使干部和职工掌握现代安全管理文化。

（二）要理论联系实际，在应用上狠下功夫。我们正在进行电力生产现代化建设，电力生产现代化建设需要现代安全管理文化；同时，学到的现代安全管理文化也只有与现代化建设的实践结合起来，才能加深理解，把握精神实质，达到学以致用，发挥它的指导作用的目的。因此，应在实践应用中加强现代安全管理文化建设。要结合安全管理遇到的实际问题学习管理文化，把学习管理文化与解决实际问题结合起来，要通过举办培训班，播放安全录像、幻灯、电视、计算机多媒体、广播、实物、图片展览以及安全知识考试、演讲、竞赛等活动，宣传和普及现代安全管理文化，提高全体员工的现代管理文化水平。

（三）坚持学习现代安全管理文化与学习优秀的传统安全管理文化并举。在建设中应防止出现两种偏向：一种是因循守旧，认为传统的管理文化一切都好，因而拒绝接纳现代安全管理文化；另一种是彻底否定传统安全管理文化，认为传统安全管理文化都不适用了，必须以现代安全管理文化取而代之。实际上，传统的安全管理文化与现代安全管理文化之间是有内在联系的，我们强调加强现代安全管理文化建设，并不是否定优秀的传统安全管理文化的借鉴意义。首先，在我国古代，古人创造的安全管理文化至今仍有指导作用，其次，电力企业在过去长期实践中形成的安全管理文化中，有许多内容是科学规律的总结，对现代化生产条件的安全管理工作仍旧适用，不能加以否定。

（四）在发展电力企业现代安全管理文化上有所作为。电力企业现代安全管理文化的提出，不过是近几年来的事，处于初始阶段，每个电力职工都有责任和义务去研究和发展电力企业现代安全管理文化。在学习的时候，既应把学到的书本知识大胆地应用于实践，又应善于逐步积累自己的管理经验，并在管理文化的指导下，把感性认识上升到理性认识。要不断研究和探索新情况、新问题，加强和改进安全管理工作，创造书本上没有的文化知识。要用不断总结出的新的管理理论和方法，为建设电力企业现代安全管理文化做出应有的贡献。

第五节　加强电网企业安全教育文化建设

电网企业安全教育文化是指电力企业有关安全教育内容、原则、实施方法及教育设施等知识的总称。美国人类文化学家林顿认为：文化是由教育而产生的行为及其行为结果构成的综合体，它的构成要素为每一社会成员所共有，并且加以传播。从安全教育与安全文化的关系上看，一方面，安全教育作为知识的范畴，具有积累、传递、继承和发展的功能，毫无疑问，应属于安全文化的重要组成部分；另一方面，安全教育是安全管理部门和人员为适应企业和个人的工作生活的需要，以一定教材为依据，有目的地向职工群众施加影响，使之增强安全观念，获得安全技能，并提高防护能力的行为，因此，安全教育是传播安全文化的重要工具。

电网企业安全教育文化是伴随新中国电力事业的开创而产生的，经过不断地探索、积累和创造，已初步形成自己的特色，为实现安全生产发挥了服务和保证作用。

一、电力企业安全教育文化的基本内容

（一）根据不同的目的，教育内容趋向规范化

1.安全思想教育，即以解决不安全思想为主的教育，针对不同时期，进行不同作业或各类人员普遍存在的思想反映，用有关安全理论和案例进行教育，引导和规劝职工克服麻痹思想、侥幸心理等，进而树立牢固的安全意识。

2.安全方针政策教育，即及时传达学习国家和上级召开的安全生产会议精

神，颁布的安全生产法规，领导人有关安全生产的重要批示，把职工的思想认识统一到上级的要求上来，并变为自觉的行动。

3.安全法规教育，即组织学习国家和上级制定的有关安全生产的法律法规和规章制度以及本企业制定的贯彻落实细则，为严格执行这些法律法规和规章制度打下坚实的思想基础。

4.安全道德教育，即结合思想和工作实际进行安全道德教育，培养高尚的安全职业道德和社会公德，增强全体职工做好安全工作的事业心和责任感。

5.危险和危害知识教育，即在作业前，向参加作业的人员介绍危险和危害所处的部位，有可能造成的严重后果，以及应采取的预防措施，使之有足够的思想和物资准备，避免受到伤害。

6.“三不伤害”教育，即在作业前，向职工指明有可能伤害自己的因素，自己伤害他人的因素，他人伤害自己的因素以及控制办法，切实做到“不伤害自己，不伤害别人，不被他人伤害”。

7.安全警示教育，即以本单位或其他单位发生事故的案例进行教育，使职工从中吸取教训，防止类似事故的发生。

8.安全技术教育，一是向所有职工灌输应了解和掌握的安全技术知识，主要内容包括：企业危险性较大的作业项目及其防护技术，电气、机械设备、起重运输和建筑工程安全技术，有害有毒物质的防护技术，防火常识和灭火器材的使用方法等。二是按专业与工种需要，进行专业安全技术教育，主要内容是指专业、工种的劳动环境安全技术、设备和工艺操作的安全技术、个人防护用品的正确使用常识等。

9.特种作业人员的安全教育，在电力企业，特种作业是指对操作者本人、他人和周围设施的安全有可能造成重大危害的作业，包括电工作业、锅炉司炉作业、压力容器操作、起重机械作业、爆破作业、金属焊接(气割)作业、矿井下瓦斯检验、放射性作业、机动车驾驶、机动船舶驾驶和轮机操作、建筑登高架设作业以及符合特种作业基本定义的其他作业。直接从事特种作业者，称为特种作业人员，应向特种作业人员灌输有关安全技术，经考试合格取得操作证后方能独立作业。

10.安全生产周或安全生产月活动教育，即在每年国家开展安全生产周或安全生产月活动之时，以确定的活动主题为基本宗旨进行教育，动员职工积极参加活动，促进安全生产的实现。

（二）电力企业安全教育原则

安全教育原则揭示了安全教育的客观规律性，只有认真遵循它，才能有的放矢，增强安全教育效果。电力企业安全教育应坚持的原则主要有：

1. 坚持超前预防的原则。电力企业有条俗语说：“安全多下及时雨，教育少放马后炮。”在所有的安全教育中，都应体现“预防为主”的思想，即把安全教育作为超前预防事故的一个基本环节，把“超前预防”事故作为安全教育的出发点和落脚点。

2. 坚持理论联系实际的原则。确定的教育内容应具有针对性，每次教育应解决哪些问题，达到什么样的预期目的都应明确，做到心中有数；在教育中，应围绕所确立的教育目的开展工作，真正解决问题，讲求实效，不走过场；要引导职工增强安全意识，把教育中学到的安全技术应用到实际工作中去。要把职工安全意识是否增强了，安全技术是否掌握了，安全防护能力是否提高了，安全要求是否落实到行动上，作为检查教育成效的唯一标准。

3. 坚持教育与被教育者双向交流的原则。在安全教育中，要尊重广大职工群众的主体地位，采取组织遵章守纪或事故责任者现身说法等方式，让职工群众自己教育自己，变要我参加安全教育为我要参加安全教育。

4. 坚持安全教育者首先受教育的原则。一些电力安全专家撰文指出：安全管理者的失误是最大的失误。这不但因为他们是职工群众安全教育的组织者，先受教育才能抓好教育，而且因为他们是安全生产的指挥者，如果安全管理者自身忽视安全或缺乏相应的安全技术，势必疏于防范和出现主观臆断的违章指挥，其后果很可能造成群死群伤，带来程度严重的大面积的危害，因此，安全教育者必须首先接受安全教育。国家电力公司规定：新任命的各级生产领导人员，应经过有关安全生产的方针、法规、规程制度和岗位安全职责的学习，由上级管理部门安排或组织考试；在岗的各级生产领导人员，也要定期参加安全生产法规、规程制度的学习和考试。除此之外，还应学习现代安全管理文化和电脑应用技术等。

5. 坚持解决安全思想问题与落实安全设施相结合的原则。毫无疑问，安全教育能帮助职工提高对安全重要性和必要性的认识，了解和掌握安全技术，进而转变为自我防护能力，但是，反面经验教训表明，安全教育并非万能，安全素质再高的职工也会由于这样或那样的原因发生失误，从安全设施上加强防护，就能在人出现失误的时候得到可靠的保护。因此，在解决安全思想问题的同时，一定要重视安全防护设施的建设。

6. 坚持谋求整体效果的原则。不能把每次教育看成孤立的而应当做培养职工安全素质诸多环节中的一个链条，注意各次教育之间的内在的有机联系。上次教育应是下次教育的前提和基础，下次教育应是上次教育的继续和巩固，使职工的安全素质在教育链条紧密相扣与延伸中得到逐步的提高。

（三）电力企业安全教育设施

安全教育设施是进行安全教育的物质条件，是增进安全教育效果的重要保障，也是安全教育物态文化的基本标志。近些年，随着科技的进步和经济效益的提高，电力企业安全教育设施也在不断地完善。

1. 建立电化安全教育室。

2. 编印各种安全教育教材。

3. 购置录像和电脑设备，制作多媒体软件，把网络连通到班组，运用多媒体开展安全教育。

4. 课堂教育与课外教育融为一体，在作业和休息场所悬挂职工自己创作的安全名言警句。

5. 设置安全咨询机构。

（四）电网企业安全教育方法

近几年，电网企业不断地改进教育方法，力争摒弃那种空洞无物、呆板无趣的说教，以富有感染力和说服力，职工喜闻乐见的方法取而代之，使安全教育如春风化雨，深入人心，收到事半功倍的效果。

1. 岗位培训法。新工人入厂即进行岗位培训，向他们介绍企业安全生产的概况、工作性质和工作范围；本岗位使用的机械设备、工器具的性能，易于发生的危险和防护设施；工作和生产环境；事故多发地点和危险场所；安全工作规程，岗位安全责任制和有关安全注意事项；个人防护用品、用具的正确使用和保管。培训后，要进行考试，考试合格者填写“三级安全教育”卡片，装入档案。新工人正式上岗前，要当面认师，由师傅讲清师徒各自应负的安全责任。

2. 安全日活动。安全日活动班组每周一次，一般定为每周一或周五上班后，占用生产时间两个小时。在安全活动中，可根据实际需要，学习上级有关安全生产的指示、要求；总结一周的安全工作，表扬好人好事，对违章人员提出批评和处罚，讨论制定安全措施；也可阅读事故通报，分析事故案例，谈从中应吸取的教训等。

3. 班前班后会。班前会主要是针对当天的工作任务，向职工讲清作业特点和操作要求，讲清可能发生事故的环节、部位和预防方法，进行安全交底，并在交底书上签名确认。班后会主要是对当天安全作业情况进行小结，在肯定好的方面的同时，指出存在的薄弱之处及整改措施。班前班后会的特点是时间短，教育的针对性强，见效快。

4. 安全竞赛。它主要包括安全知识竞赛、百日无事故竞赛、安全操作技术无差错竞赛、安全讲演竞赛等。安全竞赛体现了公平竞争，优胜劣汰，适合青年职工争强好胜、思想活跃等特点，易于引起他们对安全教育的兴趣和集体荣誉感。

5. 事故分析会。主要通过分析本企业或其他企业发生的事故案例，加深对有关安全规程的理解。分析事故，一定要坚持“三不放过”(事故原因分析不清不放过、事故责任者和群众没受到教育不放过、没有防范措施不放过)的原则，真正引起对这类事故的警惕，变他人的事故为共同的教训。

6. 谈心。安全管理者要经常与职工谈心，职工之间也要互相谈心，以便了解职工真实的安全思想和技术状况，倾听他们对安全工作的呼声和意见，帮助他们解决安全上遇到的思想和实际问题。

7. 因人施教。要注意掌握不同人员的安全思想变化规律，有针对性地做好思想教育工作。特别应注意做好因违章而受到处罚职工的思想工作，帮助他们认清违章的危害和处罚的必要性，增强安全意识，努力做好安全工作。

8. 发动职工家属共同做好安全教育工作。职工家属与职工朝夕相处，对他们思想和工作情况比较了解，并且，职工也愿意接受家属的劝告。让亲人“高高兴兴地上班，平平安安地回家”，已成为每个家庭所有成员共同关注的事情。应经常与职工家属沟通、联系，或与他(她)们签订安全合同，共同加强对职工的安全教育。

二、安全教育是推动电网企业安全文化建设的重要工具

显而易见，抓好安全教育，对于加强电力企业安全文化建设，全面提高职工

的安全文化素质，具有重大的作用。

（一）引导作用。安全教育的一项基本任务，就是引导规劝职工认同和接受先进科学的人类安全文化。引导和帮助职工群众深刻理解“安全第一、预防为主”的方针及有关安全政策规定，充分认识做好安全工作的重要性和必要性，抵制各种不良思想的影响，从思想上和行为上接受各种安全规定。

（二）传播作用。国家和上级制定的安全生产法律法规、方针政策，揭示了电网企业安全生产的客观规律，是电力企业实现安全生产的重要保证。然而，如何使它们与基层企业广大职工见面，为他们所理解并变为具体行动，这就需要发挥安全教育的传播作用。通过安全教育，职工能够了解这些法律法规、方针政策和规章制度已经颁布实施，记住与自己有直接关系的条文条款。安全教育的作用还表现在，以说服和规劝的方式，帮助职工消化理解安全法律法规、方针政策和规章制度的内容，扫除各种思想障碍，为贯彻落实铺平道路。从安全教育与安全环境文化、现代安全管理文化、安全规程制度文化等之间的关系上，安全教育既能为传播这些安全文化打下坚实的思想基础，又具有直接传播这些安全文化的功能，离开安全教育，各种安全文化建设都是抓不好的。

（三）积累作用。安全教育的积累作用，突出表现在对先进科学的人类安全文化的继承与创造上，我们今天所了解的古代人类优秀的安全文化，正是接受安全教育而获得的。引入和介绍外国先进的安全文化，安全教育充当了重要的角色。安全教材的一次又一次的编写和修订，体现了对安全文化继承和创造的统一。

（四）舆论作用。根据优势舆论主导人们思想和行为原理，安全教育能营造一种强烈的讲安全的氛围，对人们的思想和行为会产生一种无形的心理压力，形成安全的心理定式，阻止不安全的消积的情绪传染。因此，在教育中运用广播、电视、报纸等宣传媒介，大造声势，是十分必要的。

三、讲求实效，切实提高电力企业安全教育文化建设的质量

从一些事故案例分析看，造成事故的主观原因多是责任人安全意识不强，或是应懂应会的安全知识没有掌握。再进一步深究，他们也参加了企业组织的各种安全教育，只是打的安全烙印不深，一遇到实际情况就不知所措，既忘记了安全，又缺乏应付危险的自我保护能力；而企业对安全教育也抓了，时间占去不少，但并没有真正解决实际问题，走了过场。这说明，安全教育文化建设的质量

亟待提高。换句话说，提高质量，乃是加强电力企业安全教育文化建设的关键所在。

（一）要紧密结合安全生产的实践进行安全教育。据了解，在安全教育前，有的企业很少进行安全思想和行为的调查，对实际情况若明若暗。教育中也只是按照上级布置的内容照本宣科，至于应该解决哪些问题，突出什么重点，问题解决到什么程度却心中无数。教育后的考试，也是流于形式，互相抄写，表面上看参加教育者的答卷分数在及格以上，实际上并没有学到多少东西。这样，安全教育与安全生产的现实需要严重脱节，不可能收到预期效果。因此，在教育前，一定要进行安全和行为摸底，摸清职工中普遍存在哪些不安全的表现，分析产生这种不安全表现的思想动机是什么，应学习哪些安全知识，采取哪些方法才能予以解决，然后再进行安全教育的实施工作。教育者必须明确，安全教育是服务和服从于安全生产的，安全生产的实践为安全教育提供了需要解决的课题和检验安全教育成效的标准，安全教育为安全生产提供思想保证和智力支持，如果离开安全生产的实践需要去抓安全教育，势必会形成“两层皮”。

（二）要坚持说实话、办实事、见实效，克服和防止形式主义。许多同志都有这样的经验体会：越是在任务重、时间紧的情况下，越是容易出现忽视安全的思想偏向，越应该加强安全教育。安全教育应求实效，不能满足于安全规定读过了，更要看全体职工是否理解掌握了；不能满足于安全教育时间已落实，更要看收到的实际效果有多大；不能满足于大多数人已经参加了教育，更要看教育是否有死角；不能满足于理论考试成绩有多高，更要看实际防护能力是否有提高；不能满足于抓了多少教育，更要看险情和事故是否在减少。要端正安全教育的指导思想，抓安全教育绝不是为了图名图利，更不是为了应付上级检查，而是为了企业的发展与保护职工的生命安全和健康。只有把安全教育的指导思想端正了，把对上负责和对下负责一致起来，才能有效地防止和克服形式主义，推进电力企业安全教育文化建设。

（三）要加强和改进安全教育，适应现代化生产的需要。改进的目的是为了加强，加强的根本出路在于改进。近几年，电力企业贯彻改革精神，探索出一些加强和改进安全教育的新路子，比如：建立安全教育机制，使安全教育由过去的零敲碎打变为正规培训；举办事故案例展览，制作和播放安全电视片，以形象化教育增强感染力和说服力；开展各种竞赛，寓教于乐等。但从总体来看，安全教育值得探索和改进之处仍旧很多，主要有：

1. 如何使安全教育与正规教育接轨，即让安全教育走向在校学生的课堂，企业主要抓好在岗安全教育，并把两者有机地衔接起来。

2. 如何正确把国家和上级的安全法律法规、方针政策和规章制度教育与企业现实安全问题结合起来。

3. 如何使安全教育的内容更贴近实际，扎实管用，满足职工在生产和工作中的安全需要。

4. 如何使各种安全教育既能独自发挥作用，又能形成整体优势，为增强职工安全文化素质服务。

5. 如何建立大安全教育的格局，营造一种无时不有、无处不在的安全教育氛围。

6. 如何在安全规程制度教育中，增添事例分析等辅助内容，加深职工对条文规定的理解。

7. 如何增强安全教育的渗透性，使全员在生产和工作中全方位、全过程地发挥作用。

8. 如何把安全教育中传授的理论知识尽快地转变为职工的安全防护能力。

9. 如何把安全教育的“软指标”变为“硬指标”，制定出看得见、摸得着且能量化的检查标准。

10. 如何使安全教育文化建设与其他方面的安全文化建设协调发展，相得益彰。

上述几点是电力企业安全教育所面临的新课题。这些课题的探索和解决，必将是电力企业安全教育文化建设的进步和加强。

（四）加大投入，实现安全教育手段的现代化。教育手段如何，将会直接影响教育的效果。网络安全教育，打破了沿袭多年的“一本教案一张嘴，一块黑板一支笔”的传统模式，极大地增强了安全教育的形象化和感染力，电力职工上课思想溜号、打瞌睡和唠闲嗑的少了，积极参与、认真思考、踊跃发言的多了，取得的效果是传统模式效果所不能比拟的。但各企业的网络教育尚处在各自为战的状态，制作多媒体软件耗费许多人力财力，仅限于本企业的应用，建立电力系统的安全教育网络，已成为当务之急。另外，运用多媒体进行安全教育毕竟是一个崭新的事物，一些企业虽购置了多媒体设备，但由于缺乏制作多媒体软件的专门人才，致使网络教育无法开展。因此，应重视这方面专门人才的培养和使用。这既说明安全教育物态文化建设的艰巨性，同时，又为加强它的建设提供了良好的契机，电力企业应把握契机，积极主动地抓好。

第六节　加强电力企业班组安全管理文化建设

一、要充分认识安全文化建设在班组管理活动中的地位和作用

安全文化建设既是班组安全管理的重要组成部分，也是促进班组生产经营活动顺利进行的重要保障，因而，必须对加强班组安全文化建设引起高度重视。作为企业的各级领导，有责任指导、帮助班组抓好安全文化建设；作为班组特别是班组长，应充分认识安全文化建设在班组整个建设中的重要地位和作用，自觉地抓好安全文化建设。

首先，安全文化建设为做好班组日常管理工作提供巨大的精神动力。班组安全管理工作固然要抓好物资的投入，客观环境的改善，创造一个稳固的安全条件，但是，绝不能忽视以人为本的原则，即把做好人的工作，调动职工参与管理、实现安全生产的积极性和创造性作为安全工作的出发点和落脚点。这就需要大力加强安全文化建设，通过抓好安全教育，营造安全氛围，宣传和传播安全知识等，启发职工真正增强安全观念，把安全作为生活与生产的第一需要，自觉地保护自己和他人。其次，安全文化建设为班组日常安全管理工作提供智力支持。不论是管理者，还是被管理者，做好安全工作，不仅要有满腔的热忱，而且要有应知应会的安全科学技术知识。加强安全文化建设正是获得安全科学技术知识的有效途径。再次，安全文化自身也需要在班组日常安全管理工作中得到实践、开发和创新，成为一个班组综合安全实力的重要标志。由此可见，加强安全文化建设与抓好班组日常安全管理工作是一致的。一方面，班组日常安全管理工作为安全文化建设提供了广阔的实践场所，另一方面，安全文化建设又为抓好班组日常安全管理工作起到指导和推动作用，两者互为条件，相互促进，协调发展。

尽管“安全文化”一词的提出较晚，但电力企业班组安全管理工作一直是在安全文化的规范下进行的，只不过是没有意识到或缺乏自觉性而已。在长期的历史进程中，人类从事的实践活动创造了光辉灿烂的安全文化。同样的道理，电力

企业广大职工不但是安全文化的实践者、继承者，更是安全文化的创造者。电力企业安全文化，正是电力企业广大职工在继承人类安全文化的基础上，并借鉴国外和国内其他行业的基本经验，在生产和生活实践中创造的。班组的各项安全管理活动，要以一定的安全文化为指导，又是在学习、传播和创造安全文化，比如：各类安全规程的编制，就是安全文化应用的产物，并构成了安全文化的一项重要内容。学习和应用安全规程，就是在学习和应用安全文化。因此，电力企业安全文化产生于班组的生产经营实践中，又反过来服从和服务于班组生产经营的实践，看得见，摸得着，班组抓安全文化建设不是无从下手，而是得心应手，大有可为。

诚然，在加强整个企业的安全文化建设中，上级领导和机关负有重大的责任，但这不等于说班组负有的重要责任可以放弃或减轻了，在加强安全文化建设上，各级有各级的责任，不能互相替代。班组是企业生产经营的最基层单位，也是加强安全建设的前沿阵地和窗口。企业安全文化建设的基本要求，归根结底要落实到班组，落实到每个职工。只有班组的安全文化建设加强了，整个企业的安全文化建设才会打牢稳固的基础。更何况，安全文化建设具有层次性的要求，破除“上下一般粗”的做法，才能形成各自特色，保持生机与活力。以往的事实表明，班组往往是隐患和事故的多发区，也是预防事故的重点和难点，因而，抓好班组安全文化建设具有特殊的意义。因此，班组长必须认清肩负的重要责任，着眼班组的实际和特点，弯下身子抓好安全文化建设。

安全规程制度和技术措施不是自然形成的，而是由具有一定安全文化水平的人，根据科学理论和总结生产实践经验而编制的，并且是安全文化的重要内容，贯彻落实安全规程制度和技术措施，也是加强安全文化建设的一个实际步骤。加强班组安全建设是一项系统工程，需要做出长期的艰苦的努力，绝不能企求像完成某项具体作业任务那样容易立竿见影。但是，抓好安全文化的学习和应用，确实能够从根本上提高职工的安全文化水平。就预防人为事故而言，采取的途径和手段有多种，在作业前分析预测和控制危险点，建立安全监护制，改善作业环境等，都不失为明智之举。但是，劳动者是生产的主体，也是预防人为事故、保证安全生产的主体，只有他们的安全文化水平得到提高，才能真正把握预防事故的主动性。安全文化包括两大方面：一是安全精神文化，二是安全物质文化。这两大方面有机联系，互为条件，缺一不可。只重视安全精神文化，忽视安全物质文化，或者只重视安全物质文化，忽视安全精神文化，都没有认清安全文化的本质与真谛，因而是不正确的。作为班组必须坚持两手抓，两手都要硬，即：一手抓安全精神文化建设，如向职工灌输安全理论，增强他们的安全观念，组织职工学习安全技术知识，并转化为实际防护能力，坚持安全规章制度，以规范职工的行为等；一手抓安全物质文化建设，如配齐劳动防护用品、安全工器具，完善各种安全设施，改善作业环境等。可见，加强班组安全文化建设，不仅要务虚，而且要务实，应使安全精神文化与安全物质文化共同进步，协调发展。

在抓好班组日常安全管理工作中，要求加强安全文化建设，实际上就是要使班组日常安全管理工作接受安全文化的指导，并纳入安全文化建设的轨道，因而加强安全文化的标准要求与抓好日常安全管理工作的标准要求是一致的，绝不能看成是彼此不相干的“两层皮”。衡量一个班组安全文化建设是否抓好，同样要坚持日常安全管理工作应坚持的标准。比如，在安全目标上，应实现控制未遂和异常，追求事故零目标；在安全教育上，应实现教育内容、时间、人员和效果的四落实；在安全设施上，应做到劳动防护用品、用具齐全；在作业环境上，应实现隐患和危险处于受控状态；等等。同时，要坚持改革和创新，不断总结经验，丰富安全文化的内容，努力摸索加强安全文化建设的新做法。

总之，抓好安全文化建设是摆在班组面前的一项重要任务，是新时期加强安全管理工作的必然要求，也是每个班组长义不容辞的职责。

二、要明确电网企业班组安全文化建设的主要内容

班组安全文化建设概括起来主要有以下内容：

（一）安全生产方针政策文化。

（二）安全法律法规文化。

（三）安全规程制度文化。

（四）现代安全管理文化。

（五）安全教育文化。

（六）安全措施文化。

（七）安全减灾文化。

（八）安全效益文化。

（九）安全道德文化。

（十）安全环境文化。

（十一）安全作品文化。

加强班组安全文化建设，具体地说，就是要加强上述11项内容的学习和宣传，并同班组实际相结合，贯彻到实处，推动日常安全管理工作。

安全文化的11项内容各有各的功能和作用，不能互相代替。比如，安全规程制度文化，其主要功能在于阐释安全科学技术、工艺和操作方法，以及应建立和遵守的各项规章制度。安全环境文化，着重研究环境对人的心理和行为的影响，以及如何建设一个安全、文明、舒适的工作与学习环境。安全道德文化，是从社会公德和职业道德方面研究安全的价值，以及如何规范人们的安全道德行为。因此，安全文化的每项内容，都能独立地发挥作用。究竟在什么样的情况下，应着重抓好哪方面内容的文化建设，要视班组的具体情况而定。比如：如果贯彻安全方针政策成了班组建设的弱项，就应该加大安全方针政策学习和宣传的力度，使职工认清贯彻安全方针政策的重要性和紧迫性，牢固树立“安全第一、预防为主”的思想。同时，安全文化11项内容是一个互相联系的有机整体，在内容上，它们之间互相渗透，彼此贯通。比如，安全方针政策文化是安全生产的“总纲”，其他方面的安全文化必须以它为指导原则，体现它的基本要求。安全措施文化是一种物态文化，即安全精神文化的转换形式，它的编制必须以安全规程制度等其他方面的安全文化为依据。在功能作用上，它们之间互为条件，互为依托。比如，安全教育文化建设有其自身的规定性，要求应具有一定的教育设施，教育要达到“内容、时间、人员和效果”四落实等，同时，它又是其他方面安全文化建设的重要途径和手段。再如，安全道德文化和安全法律法规文化，一则表现为情感良知的自身性，一则表现为他律性和强制性，正是两者的协调作用，促进安全生产向规范化发展。这就告诉我们，班组长在抓安全文化建设时，必须注意发挥安全文化建设11项内容的系统功能，使之相得益彰，形成整体优势。

三、电网企业班组安全文化建设的主要途径

（一）要发动职工群众制定加强班组安全文化建设的规划。加强班组安全文化建设是一项长期的任务，并且从现在抓起，做出艰苦的努力，这一任务才能完成。因此，班组要结合具体实际制定长期建设规划和短期打算。在长期建设规划中，应明确提出建设所要达到的长期目标和近期目标，加强安全文化建设的重点

内容及保证目标实现的具体措施。目标的确立必须符合实际，既不能过高，让职工感到可望而不可即；又不能过低，让职工感到毫不费力即能实现，从而失去争先进的动力。重点内容的确定应有针对性，应注意把班组安全管理工作的弱项，作为加强的重点。具体措施应体现可操作性，如果空洞无物、华而不实，不但建设目标无法保证实现，而且会走向形式主义。职工群众中蕴藏一种极大的学习安全文化的积极性，发动职工参与安全文化建设规划的制定，既能集中大家的智慧，使规划的制定具有科学合理性，又是对职工学习安全文化的有力动员。

（二）要把安全文化建设与日常安全管理工作有机结合起来。班组安全文化建设，绝不是离开班组日常安全管理工作另抓一套，而应找准切入口和结合处。大多数情况下，班组安全学习的内容与安全文化学习的内容是一回事。比如，安全规程制度的学习，实际上就是向职工传授安全文化，应从安全文化建设的高度来认识学习安全规程制度的重要性，端正学习态度，增强学习的兴趣和动力，以求取得优异成绩。在安全文化学习与日常安全管理工作发生矛盾时，应以安全文化学习服从日常安全管理工作。安全文化学习还要提倡多学一点，学好一点。因此，除了坚持参加集体组织的学习外，还应利用业余时间进行自学。比如：介绍安全文化知识的读物，不仅班组长要学习，每个职工也都要学习。要像进入正规学校学习语文、数学、政治、物理、化学、英语那样学习安全文化，一步一个脚印，学懂弄通。

（三）要建立一个鼓励学习安全文化的制度。从调查情况看，有些职工由于缺乏对安全文化内涵及作用的了解，常把学习安全文化作为一种额外负担，认为上级要求我们学习的安全知识太多了，如今又加进一个安全文化的学习，能应付过来吗?他们没有看到，上级要求学习的安全知识与学习安全文化是一致的，电网企业安全文化目前尚没有编出统一的教科书，即使有了这样的教科书，其内容也不会超出职工需要学习和掌握的安全应用知识，只不过是要求我们把这些安全应用知识上升为安全文化，作为一个知识体系来看待。但是，我们也必须看到，学习应知应会的安全应用知识，也不能完全取代安全文化的学习。安全文化是一门新兴学科，它的内容涉及人类安全生产与生活的诸多方面，有十分严格的理论体系和要求，高于一般的安全应用知识。因此，只有加强安全文化的学习，才能把我们的安全素质提到更高的层次。要防止学习出现低标准或放任自流，光有职工自身学习的自觉性不够，还必须明确学习任务和要达到的标准，并建立一定的激励机制作保证。比如，应把安全文化学习的效果作为考查职工安全表现的重要条件。对学习效果显著者给予奖励，学习效果差的给予批评、帮助。要在安全日活动上请学习效果显著的职工介绍经验，树立榜样，以鞭策学习效果差的职工奋发努力，迎头赶上。

（四）要在应用上下功夫。电网企业安全文化既是一门科学理论，也是一门应用科学。学习安全文化不能死记硬背，应引导职工加强理解，学以致用。同时，要尽快把安全文化知识转化为实际的防护能力，让安全文化真正成为我们工作和生活的指南，成为保护我们生命安全与身体健康的法宝。

第七节　学习和借鉴国外电力企业安全文化

一、美国和日本电力企业安全文化建设现状

（一）正规的安全文化教育。外国一些电力企业认为，提高人的安全素质是实现人的价值、尊重人的权利的重要保证，是企业文化建设的核心内容。因此，他们把抓好教育，提高安全素质放在突出位置。如：日本把安全教育贯穿到正规教育中。从小学到大学，都设有安全教育的课程。学生在参加工作之前，已在学校接受了安全文化的熏陶，增强了安全意识和处理一般险情的能力。尽管如此，他们参加工作后，仍然要受到企业严格的安全教育。其教育形式有日常教育，选派职工到正规的教育机关参加短期培训，参加工作数月后的追踪考察等。还规定，职工参加工作1～2年后进行初级进修，4～5年后进行高级进修。日本九州电力公司是集投资，发、供电为一体的电力企业，始建于1951年，共有员工1.4万多人。该公司以“教育为本”为座右铭，分三个阶段抓好员工的安全教育。第一阶段学习包括安全文化在内的文化课，进行系统的补习提高；第二阶段进行必备的知识和能力训练，要求员工熟知本企业精神、经营方略、安全规章、身体保健等；第三阶段是现场实际体验阶段。在日本，安全文化的学习已成为一种职业教育，因而在时间、内容和效果上都能得到保障。

（二）追求“零事故”安全目标的价值。企业安全文化建设的成果，最终要体现预防事故和员工免于伤害上。如：始建于1898年至今已成为全球跨国性公司的美国柏克德公司，提出“零事故”的安全目标。该公司的高层领导认为安全高

于一切，安全是整个工作的核心。他们说："安全到底是什么?就是控制事故和事故损失，让每个员工早上安全上班，晚上安全回家。"他们认为，只要把安全工作真正放到第一位，把安全当作一项文化来建设，一切事故都可以预防，"零事故"目标能够实现。为了实现"零事故"的安全目标，柏克德公司采取了许多有力措施加强安全文化建设：

1. 公司号召全体员工人人都要为最棒的安全做贡献；

2. 公司高级管理人员要以身作则，公司总裁就是安全的好榜样；

3. 每天不停地提高安全效率；

4. 不断地探索、改进措施，向"零事故"目标推进；

5. 制定企业内部管理细则，管理标准均严于国家安全法规。

1995年以前，该公司的事故频率低于美国所有大型企业；1989年以来，这个公司已连续多年杜绝人身事故。

（三）信守安全法律法规和规章制度的文化精神。一些国家都把建立和完善安全法律法规作为安全文化建设的重要内容。美国联邦政府提出，必须保证职业安全与健康，并于1970年颁布了《职业安全健康法》，规定任何雇主都要为雇员提供安全的场所，政府为每个企业规定了事故控制频率，全年超过控制频率的要受到处罚。如果企业安全做得不好，发生恶性事故，责任人将直接被送进监狱。一些电力企业的安全规章制度不但健全，各类作业位都有章可循，而且详细具体，也更加严格。美国柏克德公司上层领导人说，企业根据国家安全法律法规建立行之有效的安全规章制度，这是公司传统与安全文化的要求，是竞争上的优点，是降低成本的优势，也是预防事故的保证。对各项安全规章制度，全体员工当成行动准则而自觉地信守。谁出问题谁负责，违章或出了事故的雇员，要被"炒鱿鱼"。

（四）强烈的安全文化氛围。1. 提出鲜明的响亮的能与全体员工产生共鸣的宣传口号。美国柏克德公司提出："为最棒的安全作贡献"；日本九州电力公司提出："向零灾害挑战"。2. 设置醒目的安全标志警语。在日本玄海原子能发电厂作业现场，"安全第一"的汉字标语牌随处可见。3. 工作环境整洁幽雅。4. 安全文化活动持久经常，日本松浦电厂每天站班会，都要学习一条规程，或背诵一条安全警语。每月召开一次安全会议，提出整改意见，并予以认真整治。每年开展一次安全健康日活动，在职工及其家属中征集安全绘画，挑选优秀作品，印成精美的画册，发给每个员工，激发其提高安全意识。

（五）安全通俗读物的文化色彩。在美国和日本一些电力企业，这类通俗读物员工人手一册，供经常翻阅学习。比如：美国克罗基特热电联厂编写的《紧急救护》等。这类安全文化通俗读物的共同特点：

1. 字里行间都充分体现为你的生命与健康着想，告诉你只有遵守企业的安全规定，才能更好地工作和生活。在《防火须知》中，特别提醒你，在建筑物里工作时，必须时刻提防可能引起的火灾，不要使易燃易爆物品接近火源，必须事先计划好一旦起火时安全逃离的路线，这样的逃离路线不仅要考虑一条，而且至少要考虑两条以上，如果第一条逃离路线被堵塞，就应选择第二条逃离路线。还警告说，在起火时，你手里没有灭火器之类的工具时，最好立即离开现场。这样，员工读起来就会感到亲切可信，愿意接受和执行。

2. 不仅指出是什么，而且回答为什么，帮助增长见识和安全知识。在《锁闭及挂标签隔离能量》这本通俗读物里，告诉员工“许多工业事故都是由于对释放的能量管理不善造成的”，使用锁闭和挂标签的方法，并按照严格的使用标准、规范和步骤予以落实，就能预防这类事故的发生，保证人身和设备安全。接着，介绍了什么是锁闭和挂标签，什么时候应该使用锁闭和挂标签，什么叫能量及其存在何处，怎样控制能量，怎样摘掉锁或标签等。一本本通俗读物介绍安全知识时，都是由浅入深，环环相扣，每读完上一段文字，就必然想读下一段文字，不会感到腻烦。

3. 形式活泼，图文并茂。这类读物的配图，是卡通画，生动形象，特别逼真，旁边附有简练的文字说明。在读物的结尾处，还写有复习要点和判断正误的小型思考题，这样的读物，不仅成人喜欢看，儿童也能读懂。

4. 可操作性较强。这类读物，使员工感到所讲事理就在本企业里，就在自己的工作和生活之中，所讲的防范措施，是急需的，不仅用得上，而且非常管用。在《紧急救护》这本读物中，告诉员工在热电厂会发生哪些意外事件，如果发生事故后，应怎样抢救受伤者和估计伤情，采取什么方法给伤员止血，使休克者苏醒，包扎骨折处，抢救电击休克者等。

这类安全通俗读物，既是企业安全文化的纪录和载体，又是传播企业安全文化的工具。

5. 注重安全文化的物态建设。在美国和日本的一些电力施工现场，绝大部分高处作业不使用安全网，主要依靠其他安全设施和个体防护。比如，工人在6m以上高处作业，使用的是一种缓冲式安全带，它仅重4磅，套在两条腿上双跨双背式，如果人员坠落，它能很好地保护人员的身体特别是腰部，由于安全带的折叠处会迅速打开，起到缓冲作用，使坠落者柔和下落。施工现场的平台、栏杆、走台、梯子提前装设完毕，应有尽有，与投产运行的现场没有什么两样。安全帽、安全带、安全靴(鞋)工作装备齐全，甚至在运行的电厂垂直登高也备有防坠器。这表明，外国电力企业很注重安全文化物态建设，他们认为，安全素质高的人与完善的安全设施相结合，才能保证万无一失。

6. 有一批安全文化素质高的人才。安全人才是企业安全文化建设之本。美国电力企业很重视安全人才的培养，安全人员叫安全技术人员，分为多个级别，一般小项目叫安全代表，500人以上的大项目叫安全经理。对那些有毒有害的作业项目，政府或企业派特别代表，也就是派安全专家。安全代表为专职的，一开始即参与项目，并自始至终，安全代表队伍是多年培养造就的。美国政府对安全技术人员在年龄、性别、学历上有特殊要求，需要经过专门培训得到特别证书。一是大学设安全学位，如印第安大学2～3年拿一个学位。二是专业学会(团体)裁定，需要经过8h的考试，合格者颁发证书。因而，美国电力企业的安全技术人员的素质都很高，成为安全文化建设的中坚力量。

二、美日电力企业安全文化发展较快的原因分析

在美国和日本，电力企业安全文化发展较快，是有其深刻的历史条件和现实原因的。

（一）一些电力企业已有上百年的历史，从频发的事故当中逐渐悟出加强安全文化建设的重要性。

（二）美国和日本安全立法较健全、严格，倡导和规范了电力企业安全文化建设。

（三）电力企业的私有性。私人企业主考虑安全生产，在很大程度上是为了维护自身利益，如果哪家企业发生了事故，那家企业的声誉就会受到严重损害，恶性的群死群伤事故甚至会使企业声名狼藉，使企业倒闭破产，这促使企业主不得不重视安全文化建设。

（四）电力企业员工个人利益的驱动。员工都参加了安全、健康社会保险，

出了事故，企业主只是负责，不管处理，而由保险公司按规定支付一定的费用。在治疗期间，其误工工资由保险公司按基本工资的66%支付；因伤不能从事劳动或因违章被解雇时，只能靠社会救济。所以，员工都有忧患意识，能把珍惜生命，勿忘安全当成自己的一份责任和义务。在安全文化建设上，员工与企业主容易达成共识。

（五）核电站放射性物质泄漏事故，会形成公害，危及人类安全，安全问题已成为一个社会问题，不得不从文化的高度来看待安全建设。1979年3月28日，美国三里岛核电站发生了放射性物质外泄事故，虽然州政府迅速疏散了14万人，但人为差错和设备失控所造成的后果非常严重，使那里的居民癌症患者增加0.1%～0.2%。正因为如此，1989年国际核安全咨询组提出了“安全文化”这一术语，认为安全是有关人的态度问题又是组织问题，是单位的问题又是个人的问题，应建立一种“安全超出一切之上”的观念，用文化的功能使这种观念牢固树立。

三、学习美日先进经验，加速我国电网企业安全文化建设

我国电网企业安全文化建设，不能再自我封闭，必须坚持学习和借鉴发达国家的先进经验。这是加速我国电网企业安全文化建设的必由之路。

（一）安全文化是一种社会现象和历史范畴，是人类共同创造的宝贵财富。它不受国籍、社会制度、地域的限制。安全文化产品即精神产品和物质产品，应该为全人类所共同享有。电力企业安全文化也正是在继承古代人类文化的基础上，各国电力企业致力于开拓扩展和互相交流、取长补短而生成和发展起来的。特别是在信息社会时代，互相交流、取长补短尤其重要，它是安全文化发展的基本条件，只有经常不断地对外开放，进行信息交流，安全文化建设才能进行自我调整，充满生机与活力。否则，安全文化建设活动就会因闭守而僵化。安全是全人类的共同主题，建设电力企业安全文化是全世界电力企业责无旁贷的共同任务。

（二）各国电力企业安全文化发展的步伐有快有慢，成果有大有小，其成功的经验可供借鉴，其失败的教训值得警醒，少走或不走弯路。由于社会制度和国情的差异，外国的某些做法对我们并不适用，即使是带有普遍性的先进经验，也要结合我国电网企业的实际加以应用，总结出新的经验，走出一条有自己特色的发展安全文化之路。

第九章　基建安全现代管理

第一节　学习和应用安全心理学理论

安全心理学是从人的心理原因上，研究预防事故规律的一门科学。安全心理学是打开安全管理行为奥秘之门的一把钥匙，学习和应用安全心理学是提高安全管理水平的有途径。

一、心理的含义

心理学认为，人的心理按其生理机制来说，是在大脑的活动中产生的，是大脑的机能；按其内容来说，是对客观现实的反映。所谓反映，首先是指人的一切心理活动都是由客观现实引起的，没有客观现实的刺激就没有人的心理。其次，人的反映又带有主观性的个性特征，对同一客观事物，不同的人会作出不同的反映。人的心理现象可分为两大类：一类是心理过程，即人在认识、对待客观事物时所表现的心理活动，包括认识过程、情感过程和意志过程；另一类是个性心理，即个性倾向性和个性心理特征。个性倾向性，是指人们的不同需要、动机、兴趣等，个性心理特征，是指人们不同的能力、气质和性格等。心理学研究表明，人的心理状态对其安全行为有着至关重要的影响。1930年，美国佛里教授在一篇文章里描述了一个经常发生工作事故、重复受伤害的工人。这个工人平时极为小心谨慎，既不鲁莽又不易冲动，但就是保证不了自己的安全。后来发现，这个工人运动配合能力较低，眼、耳等感觉器官不能精确和迅速地配合四肢的运动，而且意识控制动作的能力也较低。佛里教授认为，不良的感觉能力和注意、兴趣品质，是不完全行动得以产生的心理基础。其次从个性心理特征看，它对安全行为也有重要影响。有人对两组公共汽车司机个性心理特征研究结果发现，虽然他们在视觉敏锐度、知觉的深度、复杂的时间反应等心理测验的分数上均无重大差别，但两组司机之间在性格、能力、气质等个性心理特征上存在显著的差异，而易于发生事故的一组司机，大都是反应冲动、受挫折时不能做出恰当的决断，它反映了个性心理特征对安全行为具有制约作用。

二、安全心理学的主要内容

（一）论述了各种心理现象的含义。

1. 感觉和知觉。感觉是直接作用于感觉器官的事物的个别属性的反映，换言之，也就是由于刺激物刺激的结果。在神经组织内发生的兴奋沿内导神经达到大脑半球皮层时，就会发生感觉。知觉是直接作用于感觉器官的事物整体在头脑中的反映。知觉是在感觉的基础上形成的，感觉为知觉提供个别材料，知觉是各种感觉的有机结合。错觉是不正确的、歪曲的知觉。有某种确定目的的、有意义的、有计划的知觉称为观察。观察力是指能在事物与现象中注意到它们的属性和特征的能力。

2. 需要与动机。需要是动机产生的源泉，是推动人们从事各种活动、完成各项工作任务的动力。根据需要的起源，可把需要分为自然性需要和社会性需要。人对维持机体生存和延续后代基本条件的需要，称为自然性需要；人在社会生活中逐渐获得的高级需要，称为社会性需要。动机是指推动人们从事各项工作的动力，是把人们活动指向一定的、满足需要具体目标的一种心理活动。职工高尚的安全动机，是推动他们从事安全活动的内在动力。

3. 兴趣和注意。兴趣是指力求认识某种原因事物，从事某种原因活动的倾向。由于这种倾向，就使一个人的注意经常集中和趋向于某种事物。一个职工只有对安全有持久的稳定的兴趣，才能始终保持安全行为。注意是人的心理活动对客体的指向和集中，由于注意，人才能对客观事物的反映具有选择性，指向某些事物而离开其他事物；由于注意，才能使事物在头脑中获得最清晰和最完全的反映。有自觉的目的，必要时还需做出一定努力的注意，称为有意注意。无自觉的、无任何努力的注意称为无意注意。由于有意注意的微弱性、狭隘性而产生的不注意，叫作分心。

4. 情感和意志。情感是人对客观事物与人的需要之间的关系的反映，它可分为激情、心境和热情。激情是一种强烈的迅速爆发而短暂的情感，如狂欢、愤怒、恐惧、绝望等。职工在激情爆发之前，有意识地用理智和意志来控制自己，使之平静下来，对安全生产具有重要的意义。心境是一种微弱而持久的情感。一个人如果疲劳过度、缺乏睡眠、身体有病等，都会导致心境不佳。反之，休息好，身爽意快，心境就好。热情是一种肯定的、强有力的稳定而深厚的情感。意志是自觉地确定目的，并根据目的来支配和调节自己的行动，克服各种困难，努力实现预定目的的心理过程。良好的意志品质包括自觉性、果断性、坚持性和自制性。

5. 能力、性格和气质。能力是指能够顺利地完成某种活动的各种心理特征，它包括感觉能力、观察能力、记忆能力、思维能力等。性格是一个人重要的最显著的个性心理特征。例如，勇敢诚实、热爱劳动、老成持重等，都是好的性格；怯懦懒惰、粗心大意、鲁莽行动等，则是不好的性格。不好的性格，容易促成不安全动作而导致伤亡事故。气质是指人的情感和活动发生的速度、强度方面的心理特点。古代希腊气质说，把人的气质分为胆汁型、多血型、黏液型、抑郁型四类。

（二）研究和提示了事故原因与心理因素之间的关系。安全心理学提出了事故原因与心理因素三个方面的联系：

1. 有些心理现象的本身，就属于不安全行为。例如，有意或无意违反安全规程；损坏或错误地调整安全设备；放纵的喧闹、玩笑使他人注意力分散；安全操作能力低下，须知工作缺乏技巧；与人争吵心境下降；匆忙的行动、行动草率过速或行动缓慢；无人道感，不警告别人；超负荷的工作，力有胜任等。

2. 有些心理现象会成为发生事故的直接原因。例如，没有经验，不能查知事故危险；缓慢的心理反应和心理上的缺陷；各器官缺乏协调；疲倦、身体不适；找工作“窍门”，使用不安全的方法；注意力不集中，心不在焉；职业、工种选择不利；夸耀心，贪大求全等。

3. 心理上的次要原因。例如，激情、冲动、喜冒险；训练、教育不够，无上进心；智能低，无耐心，缺乏自觉性，无安全感；涉及家庭原因，心境不好；恐惧、顽固、报复或身心的缺陷；工作或业余生活单调；轻率、嫉妒；未受重用，身受挫折，情绪不佳，自卑感或冒险逞能渴望超群等。安全心理学认为，以上三个方面是交叉关系，其中第三个方面是基本的心理原因，由此可以了解何以会有事故的直接原因存在（第二个方面），又何以会产生不安全行动（第一个方面）。

（三）分析了生理—心理因素与不安全行动的关系。

1. 视力不佳极易产生判断错误，从而产生行动上的失误。

2. 人长期从事某一操作时，暂时会产生视觉与客观对象之间的不一致，因而诱发事故。

3. 精神不集中，使动作的目的逐渐模糊，也容易发生事故。

4. 精神或身体上的疲劳，都将会增加发生危险的概率。

（四）探讨人从培养良好的心理品质入手，减少和预防事故的理论。美国安全心理学家提出防止工伤事故的第一原则，是建立和维持对安全工作的兴趣。他们认为，兴趣是获得知识、开阔照办以及丰富心理生活内容的最强大的推动力。我国安全心理学也强调兴趣在安全生产中的重要作用，认为加强劳动保护管理、建立各级安全生产责任制、抓好三级安全教育、严肃查处工伤事故等，就是建立和维持对安全工作兴趣的有效措施。

三、安全心理学知识在企业安全管理中的作用

安全心理学知识是现代安全管理科学的一个重要组成部分，是企业管理者必须学习和掌握的一门学问。企业安全管理的首要任务是加强对职工群众的管理工作，而运用心理学知识，摸索职工心理活动规律，是做好人的管理工作的前提条件。近些年来，一些管理者把安全心理学知识运用于管理实践，使管理的预见性、主动性和有效性大大增强，这充分显示出安全心理学知识的力量。

（一）学习和运用安全心理学知识，能够增强安全教育的效果。比如，可以利用无意注意的规律上安全课，无意注意是由新刺激物引起的，在讲课声音上有高有低、抑扬顿挫，或者利用直观鲜明的教具等，都可以唤起听众注意。再如，如单靠有意注意，学习时则容易疲劳，单靠无意注意，又不能唤起学习的主动性，这就需要运用有意注意与无意注意互相转化的规律来组织学习。

（二）学习和应用安全心理学知识，有利于搞好安全监督。安全监督实际上是监督者与被监督者一种心理上的交流，适应心理特点开展监督工作，能够增强监督效果。龙仁坚编译的《工业意外事件这防止》一书中，就如何适应心理状态搞好安全监督，提出了25条要求：

1. 尊重工人的劳动。

2. 加强对工人的思想领导，而不是驱使和催迫。

3. 使人喜欢并尊重你，启发荣誉感，取得对方的合作，努力提高其士气和信心。

4. 注意听其诉说困难。

5. 解决他们生活上的困难，减轻其心理负担。

6. 预先解释情况的变化。

7. 清楚而精确地发布指令。

8. 征求意见与建议。

9. 要有耐心，处事要公平，言行要一致，对人要友善和谦恭。

10. 当遇有反对意见时，不要专断和立即争论；应对员工的家庭生活、嗜好及个人问题表示兴趣；了解本人和对方的个性特征，以避免刺激别人或使其产生敌对心理；了解员工的个人心理特性，喜恶、怪想法、信念、动机等的性质及基本的本能；与上级友好相处；承担你对领导及工人的责任；急工人之所急，找出工人真正所需要的；对安全部门的工作视为一种事业而经营之；测验所属人员，以检查其态度和能力；保持每一工作的个人业务档案；在工作中要体现集体性和竞争性；学习找出故障的预兆；当一个人冷静下来，激情已过再去纠正其不良行为；不怕困难，并预先克服障碍，组织实施前先要有计划；使工人对安全像对产品质量那样感兴趣；保持健康的身体，培养幽默感。监督工作要具备上述要求，也必须学习和了解安全心理学知识。

（三）学习和应用安全心理学知识，有利于及时发现和纠正不安全动作及心理状态。例如，某电厂有一个设备检修工，技术相当熟练，但有一段时间出现精神不集中，连续发生三起碰手碰脚的轻伤事故。经了解，原来是这个检修工母亲患重病卧床不起，经济负担较重。于是，班长既耐心开导，又建议工厂给予生活补助，使这个检修工的精神又振作起来。学习和运用安全心理学知识，还有利于准确分析事故主要责任者、肇事者原有的思想状态和行为习惯，以便加强管理，引导他们克服事故重复发生的心理因素。

四、要把安全心理学知识与企业安全管理实践紧密结合起来

管理者要真正掌握安全心理学知识，必须在理论知识与管理实践相结合上下功夫。

（一）要加强学习，了解安全心理学知识，对一些刚刚接触安全心理学知识

的管理者，应从什么是心理，什么是心理过程，什么是个性心理特征等基本概念学起，而后再深钻细研，弄清基本原理；也可边实践边学习，联系在安全管理实践中遇到的具体问题，先学有关内容提要，在解决具体问题过程中加强对基本原理的理解。

（二）要学会运用心理研究的方法，安全心理学的研究方法有：

1. 调查研究法。即研究者有目的、有计划地向被度者或者周围群众提出若干问题进行调查，在获得第一手材料的基础上，深入分析心理活动规律的方法。

2. 观察体验法。即研究者有目的地察看和分析被研究者的言行、表情等，或者设身处地地来体验被研究者的心理活动，从中判断心理活动规律的方法。

3. 典型事例研究法。它包括两个方面：一是事故安全研究法，即研究者通过查阅事故安全或找当事人谈话，分析事故责任者的心理活动，从反面教训中揭示心理规律的方法；二是先进典型研究法，即直接分析研究安全生产先进人物的心理活动和心理特征，从正面经验中探索安全生产心理规律的方法。

4. 定性定量分析法。即运用现代科学的系统论、信息论和控制论方法，对心理现象作出定性定量分析的方法。管理者不是做心理研究工作的，但可以运用心理研究方法，来研究和分析研究安全管理中的心理现象，摸索安全生产的心理规律。例如，要准确地判断职工的性格特点及其对安全行为的影响，就应采用观察体验法；对于复杂多变的安全动机的分析，应使用定性定量分析法。方法是沟通理论与实践的桥梁、纽带，只有学会心理研究方法，才能把心理学知识与安全管理实践有机地结合起来。

（三）要坚持实事求是。安全心理学知识有特定的应用对象，是用以解决安全管理中人们心理问题的学问，因此，管理者必须坚持一切从实际出发，切忌生搬硬套。例如，造成事故的原因是多方面的，绝不能把一切原因都看成是心理因素；解决安全管束上的问题也需要作具体分析，使用相应的方法，绝不能用心理研究的方法去解决一切问题。

第二节　学习和应用团体力学理论

内聚力是企业良好的精神风貌的重要标志，也是做好安全管理工作的基本条件。要增强企业内聚力，使大家同心同德为加强企业安全基础而奋斗，就必须了解和掌握团体力学知识。

一、团体力学的含义

团体力学是现货行为科学的一个分支，主要研究对象是团体内聚力的行为。

所谓内聚力，即我们通常所说的凝聚力，原意是指一种物质内部分子间的相互吸引力。物理学认为，分离物质或使其变形时，必须加以外力，就要克服它的内聚力。分子间距离愈小，内聚力愈大。固体的内聚力最大，液体次之，气体则很不明显，行为科学所指的内聚力是指一个团体对其每个成员的吸引程度，它是维系团体存在和使之发挥整体效力的纽带。在企业安全管束上，有无很强的内聚力非常重要，内聚力就像一只无形的手，驱动着每个职工团结一致、齐心合力地为实现企业的安全目标而奋斗。我们在考核企业安全管理状况时，也经常使用“内聚力”这个词。凡是内部团结好、工作协调的企业，我们便说其内聚力强，反之，内部一盘散沙，有令不行、有禁不止的企业，我们便说其内聚力差或缺乏内聚力。

二、团体力学理论的主要内容

（一）团体内聚力与生产率的关系。团体力学理论认为，加强团体的内聚力，有利于提高职工的士气和满意感，从而提高生产率。

（二）团体内聚力的表现。团体内聚力可用每个成员对团体工作的态度来说明，例如对团体的忠诚，对团体的责任感，对外来攻击的防御，友谊和志趣相投等。

（三）影响团体内聚力的因素。①团体领导方式如何，直接影响团体的内聚力。德国团体力学家库尔特·卢因认为有三种领导方式：一种是专制的即领导者一个人决策，让其他的成员绝对服从，使成员完全依赖于领导者；另一种是民主的，即鼓励成员们参与决策，领导者与成员之间、成员与成员之间关系很好，即使领导者不丰，工作仍能顺利进行；第三种是自由放任的，即领导者过低地估计了自己在团体活动中的作用，减少控制，放任自流。卢因经过试验，认为在上述三种领导方式中，采用民主的领导方式，其团体内聚力最强。②团体规模较小，内聚力较强。③团体成员自身的状况如何，对内聚力也有影响，成员之间的地位和威望较为平等时或团体成员较为稳定，内聚力较强。④各种激励因素的影响。

如个人同团体相结合的奖励方式和个人同团体的目标有机地结合，有利于增强集体观念和内聚力。

（四）团体的士气。团体力学理论认为，士气是指团体内部成员对团体或组织感到满足，愿意成为该团体的一员，并协助实现团体目标的斗志。美国行为学家克雷奇和克拉菲尔德主认为，士气高的团体有以下一些特点：①团体的团结是由于团体的聚力形成的；②团体内成员没有分裂为互相敌对的小团体的倾向；③团体本身具有适应外部变化和处理内部冲突的能力；④团体成员之间有强烈的归属感；⑤每一成员都明确了解团体的目标；⑥成员都拥护和支持团体的目标和领导者；⑦团体的成员认为团体有存在的价值，并维护它的存在。

（五）团体内聚力的测定。心理学家多伊奇提出了测定团体内聚力的公式：

$$团体内聚力=\frac{成员相互之间选择的数目}{团体中可能相互选择的总数}$$

三、增强企业的内聚力，是提高企业安全管理成效的一个重要因素

企业内聚力与管理成效是互为条件的，一方面，强有力的安全管理有助于生成企业内聚力；另一方面，很强的内聚力又为增强管理效果提供支持和保证。

（一）企业是否有内聚力，直接影响到职工对实现安全目标的信心，一个企业内聚力罗织，意志统一，步调统一，拧成一股绳，便会形成强劲的合力，实现安全管理目标便具备了基本条件。职工看到企业内聚力强，也会深受鼓舞，竭尽全力地去争取目标的实现。因为全心全意会认识到，依靠整体的力量实现目标不仅是可能的，而且是指日可待的。反之，一个企业缺乏内聚力，从领导到职工各揣心腹事，力量彼此抵消，谁都不以集体利益为重，安全管理目标便难以实现，在这样企业工作的职工，就会感到信心不足，认为“再努力，也白搭”。

（二）企业是否有内聚力，直接影响着管理者与被管理者的关系。在安全生产上，各级领导与职工之间的关系，是管理与被管理的关系，也就是说，职工必须服从各级领导的管理。然而，这种服从关系的建立，不仅要依靠组织原则的作用，更要依靠企业内聚力的作用。实践使我们看到，凡是内聚力罗织的企业，其内部关系都是良好和正常的，职工能够把领导者的严格管理看成是实现安全生产的需要，是保护自身生命安全与身体健康的需要，因而即使出现矛盾，也能以大局为重，服从管理，支持领导者的工作；凡是缺乏内聚力的企业，其内部关系

都是不协调和不正常的，职工对领导的安全管理往往不能适应，甚至强调某些个人利益而产生抵触情绪，使管理决策无法贯彻执行。同时，职工之间也互相猜忌或拆台，"鸡犬之相闻，老死不相往来"。比如，某发电厂一个分场，平时主任与工人之间关系较紧张，一次，主任带领几个工人在煤粉仓放煤粉，看到下部在进行电火焊，便下令暂时停止工作，但几个工人认为主任是"事儿妈""瞎指挥"，便不予理睬，继续放煤粉，结果引起火灾，造成一死、二重伤、四轻伤的严重事故。

（三）企业是否有内聚力直接影响职工积极性的发挥。在较强的内聚力的企业，职工会因为成为其中的一员而感到自豪，能够把个人利益与集体利益联系在一起，乐于为企业争光，因而工作也格外地主动。在这样的企业，遵章守纪者有人夸，违章违纪者有人抓，会形成群体管理的局面。反之，在缺乏内聚力的企业，职工会觉得在这样的企业干心情不舒畅，前程无盼头，因而有的工作不安心，想方设法调出；有的即使在企业干，也提不起精神；有的见到违章违纪现象，则"睁一只眼，闭一只眼"；有的明知自己在违章违纪，也不服从监督。总之，缺少内聚力的企业，职工的聪明才智就会受到压抑，积极性得不到发挥。

综上所述，我们可以看出，有无很强的内聚力，不是一件小事，它对安全管理活动的影响，不仅仅局限于某个环节，而是制约着管理活动的全过程，决定着安全管理的成败。

四、增强企业内聚力应处理好的几个问题

企业内聚力生成不是自然而然的，特别是基础比较差的企业，更需要做出艰苦的努力。增强企业的内聚力，关键在于领导，在于有一个坚强的、有古今的核心。新组建的企业，成员来自四面八方，彼此之间不可能一下就完全了解和适应；从外单位调入的管理者，要做到和职工工资心心相印，感情融洽，建立起和谐的上下级关系，也需要有一个过程；即使在本企业成长起来的管理者，虽然有了一定的基础，但由于工作岗位的变化，也有正值如何很快形成古今的问题。因此，从领导角度讲，要增强企业的内聚力，应注意解决好以下几个问题：

（一）各级管理者要以良好的形象树立威信。各级领导特别是行政一把手是企业安全管理的核心人物，一个企业有无内聚力，关键取决于各级领导特别是行政一把手的模范带头作用。凡是要求职工做到的，领导应首先做到。这样的领

导，在职工中的威信就高，就容易形成内聚力。反之，领导自身做得不好，安全观念不强，违章指挥不断，就不可能在职工中建立威信，形成内聚力便于工作无从谈起。因此，各级领导特别是行政一把手必须严格要求自己，在遵守安全规章制度上为人表率。如果自己发生了违章行为，应主动地作自我批评，承担责任，接受处罚，以挽回不良影响。

（二）处理问题要公平合理。也就是说，在贯彻执行安全规章制度方面，必须一视同仁，不能出现有亲有疏的现象。特别是在实施奖惩这样关系到职工切身利益的问题上，更应该一碗水端平，奖其该奖，罚其当罚。大家心服口服，才会激起责任感和内聚力。否则，就会破坏内聚力。例如，某单位一个班有两个工人在作业中同样地出现了习惯性违章行为，只是一个发生在上午，一个发生在下午。事后，工区主任只扣发了一名工人的安全奖，另一名工人因为是安监外长的内弟，只是讲评一下了事。被扣发安全奖的工人很不服气，认为主任委员偏心眼，其他工人也觉得不公平，对工区主任产生了意见，有的要求调离，有的影响了工作情绪。

（三）执行纪律要严明。“没有规矩，不成方圆”，企业的内聚力不是靠“哄”而是靠严明的纪律来维持的。在这方面，我国春秋时期的军事家孙武有过十分精辟的见解，他主张将帅一定要爱护士兵，“视卒如婴儿，故可以与之赴深溪；视卒如爱子，故可以与之俱死”。同时，他还主张不能只知厚待、抚爱士卒却不能指挥他们，对违纪现象必须制止，军纪必须维护，赏罚必须严明。在企业管理中，有的管理者认为“多栽花，少栽刺”，就能增强企业的内聚力，这实在是一种误解。违章违纪行为，是对内聚力的一种破坏。内聚力的生成，在很大程度上得益于对违章违纪现象的不断治理，让大家都能按照安全规章制度来规范自己的行为。大家心往安全上想，劲往安全上使，这本身就是一种内聚力。

（四）要关心职工的生活，使其感受到集体的温暖。在实际生活中，职工会遇到这样或那样的实际问题，生产忧虑与烦恼。此时，领导伸出友谊和温暖之手，帮助其排忧解难，有助于企业内聚力的生成。因为这样，职工就会感到集体的温暖，形成一种对集体的归属感，促使他们产生向心力。因此，管理者应时刻把职工的冷暖记在以上，在政策和条件允许的范围内，为职工解决一些实际问题。

第三节　学习和应用协同学理论

安全管理者的一项基本职责就是把职工组织起来，互相配合，协同工作，步调一致地争取实现安全生产。因此，学习和掌握协同学的想来想去原理是非常必要的。

一、协同的含义

所谓协同，是指互相配合或甲方协助乙方做某项工作。协同学是从希腊文引入的一个词，又译作“协合学”，其含义是指一门关于共同协作或合作的科学，也就是系统的各部分之间的互相协作，其结果使整个系统产生一些在微观个体层次中并不存在的新的结构和特征。协同现象在客观世界中一切领域都存在，没有协作，人类就不能生存，生产就不能发展，社会就不能前进。在物理学中由于输入激光器的光的协同作用，以统一的规则方式发光，光波的频率振动方向和位相保持一致，因而形成了激光。车辆驾驶的过程，便是驾驶员大脑、各个感觉器官和手、脚效应器官协同作用的过程。发电厂机组的正常运行，需要每个运行人员互相配合。凡是两个以上的人同时作业，一般都要有主次之分，担负主要工作的人超支配作用，处于服从位置的人起配合作用，如果彼此之间不协调或主次位置颠倒，或越俎代庖，就会影响工作任务的顺利完成，有可能出现不安全行为或事故。

二、协同学基本原理的要点

学习过系统论原理，我们知道系统都是由许多子系统按照一定的结构和顺序组织起来的，但是，这些子系统是怎样从无序到有序的呢？这便是协同学研究和回答的问题。

（一）协同是一种自组织系统。所谓自组织系统，是指一个系统中的子系统，不依靠外界的指令就能主动地形成相互作用的关系，并通过彼此的相互制约和相互作用而产生联合行动的系统。就是说，系统中的子系统之间的关系，自动地组织起来。企业乃至班组安全管理系统，就是一个自组织系统，人是安全管理的主体，领导与职工之间、职工与职工之间的关系，是一种主动的协同关系，正是这种自组织的作用，使安全管理工作不断地克服无序现象，走向有序化。相反，机器是一个组织系统，它与自组织系统不同，从它的制造到被操纵，都离不开人对其施加作用，没有外界的作用，机器便不能运转。协同学把这种现象，称为组织系统，即一个系统中的子系统之间的相互关系是在外界力量的控制下被动形成的，而且它们向着有序方向的自动行为也是由外界力量操纵的。

（二）事物的无序状态到有序状态的转变，基者从原来的有序状态向新的有序状态转变的根本原因，是内部的子系统协同作用的结果。从哲学上讲，协同学所揭示的这一原理，符合唯物辩证法，因为事物发展的根本原因，不是在事物的外部而是在事物的内部，在于事物内部的矛盾性。正是事物中的各子系统之间的协同作用，使系统发挥着整体的功能。协同学还认为，子系统之间的协同，并不是无差别的“和平共处”，而是以它们之间存在的差异和激烈竞争为前提的，竞争的结果形成优胜劣汰，推动优者更优，劣者向优转化。差异导致竞争，竞争导致协同，协同又会出现新的竞争，以此循环往复，推动着事物不断地从低级向高级发展。

（三）支配原理。支配原理在协同学中趁着核心作用。所谓支配原理，是指快变量受慢变量支配、慢变量在系统中起主要作用的原理。快变量和慢变量是以作用时间的长短来徇的，作用短的量为快变量，作用长的量为慢变量。协同学认为，在系统的自组织过程中，不稳定变量即慢变量具有特别重要的意义，它们能够使系统偏离原来的稳定状态，并引导其逐步进入新的状态，形成新的结构。而稳定变量即快变量则对系统的深化不具有意义，它们只能使系统维持其原有状态，保持原有的结构不变。

三、协同学原理对企业安全管理的启示

（一）管理者要主动抓好协同工作，增强管理的整体功能。自动组织不等于自然组织，在安全管理中，管理者要发挥特有的优势，调整各方面的关系。首先，要调整好职工的思想和利益关系，使职工之间消除矛盾和误解，做到在思想上互相帮助，在工作上互相协作，在安全上互相监护，在生活上互相关心，使人人心情舒畅，工作积极主动，同心同德地为实现安全生产的目标而奋斗。如果不重视协调工作，职工之间因各种原因互相掣肘，各种力量就会抵消，安全管理就会处于混乱状态。其次，要正确处理人与机械设备的关系，引导职工认真学习和

掌握安全防护知识，按照操作规程办事，熟练地驾驭机械设备为生产服务，防止被它们伤害。再次，要善于协调上下关系，下级要尊重上级，服从领导和指挥，领导要关心下级，正确行使自己的职权。企业一部分工作是面向社会服务的，因此，管理者还要善于协调与用户的关系，全心全意为用户服务，发生纠纷要勇于承担责任，多做自我批评，不断提高服务质量。总之，只有协同好各方面的关系，企业才能增强内聚力、向心力和工作的活力。

（二）安全氛围对人具有潜移默化的影响。协同学认为，由于人们存在着“从众心理”，因而优势的意见或盛行的舆论起着序参量的作用，它支配着每个人的意见、看法，以形成统一的观点。美国社会心理学家曾信做过一个试验，具体做法是：画出三根不同的线条和一条用作比较的参考线条，让受试者判断三条线中哪一条与参考线等长。在每场受试的八九个人员中，只有一个人是真正的受试者，其余都是主持试验的心理学家的助手，当助手们故意一致地作出错误的判断时，最后作出判断的受试者出现如下情况：在10场10个真正受试者当中，有人坚定不移地坚持自己的判断；有人动摇不定；有6人把多数人的明显错误意见作为自己的意见。在安全管理中，我们也发现这样的现象，安全工作好的班组，由于形成了重视安全的客观环境，一个安全观念不强的工人在这个班组生活一段时间后，安全观念就会大大地增强；反之，即使安全观念较强的工人，如果不注意学习，在一个安全工作较差的班级生活一段时间后，其安全观念也会逐渐淡化。这便是优势意见和盛行的舆论的作用。由此可见，企业应培养浓厚的安全氛围，以此来影响职工的心理。对那些不安全的行为，应及时批评纠正，防止起到负效应。比如，某变电站在一次“春检”清扫设备时，在工作区设置了遮拦及安全标记，指明了工作区和带电区，有个老工人自恃有经验，多次为方便而钻遮栏，班长虽然发现了，却一味地姑息迁就，一个新工人见状也偷着钻进钻出，结果误码碰带电设备而致残。

（三）要依靠企业自己的力量抓好安全管理。有的企业安全管理差，事故多，管理者或职工不是从内部找原因，而是怨天尤人，埋怨上级不帮助，埋怨机械设备老化，埋怨作业环境不得，等等，这是没有道理的。有利的客观因素只是企业搞好安全管理的外界条件，是第二位的东西，而第一位的也是最根本的东西，是企业自身的内在的作用的发挥。内因不起作用，即使有良好的外部条件，安全工作的落后局面也不能改变。所谓内因作用，就是企业依靠自身的力量解决自身的问题，依靠自身的力量抓好安全管理，既积极争取又不单纯依赖上级的帮助指导。

（四）要把软控制与硬控制结合起来。在自组织系统中，外界也施加影响，但这种影响只是间接的或不确定的，称为“软控制”。协同学认为，软控制往往比硬控制的效果好，因为软控制容易使系统达到自组织状态。比如，新工人来到作业现场，有的企业为保证安全起见，规定了许多这不准、那不准，有违犯者，加重处罚，然而并没有杜绝不安全现象。反之，有的企业注重讲清基本道理，又适应新工人对新环境产生的新鲜好奇的心理，组织新工人参见，指出危险部位和注意事项，收到了事半功倍的效果。这就告诉我们，在安全管理中，应把硬控制与软控制结合起来，对不安全行为既要采取强硬的措施，又应启发自觉性，让职工自觉地用规章制度来约束自己。

（五）要防止混沌状态的出现。协同学认为，在特定的条件下，自组织的过程会产生混沌状态。这种混沌状态是从有序中派生出来的无序、无能、无力，它的本质在于偶然性与必然性的有机结合。作业中的混沌状态，是诱发事故的一个重要原因。比如，某班在进行了一段线路移位工作时，班长既未到现场，又未指定负责人，只是打电话告知工作人员“两人一组自由组合，年轻人上杆，年岁大的在地面监护”。几组工人来到现场即各奔东西，登杆作业，各行其是，失去协调，作业秩序十分混乱。其中一名工人刚登上向南倾斜7°～8°的终端杆时，在东面一基杆工作的工人将钢绞线及电缆突然撤放，终端杆失去控制，突然倒地，那名工人即坠落死亡。造成这样作业混乱状态的原因，多属组织指挥者指挥不力或违章指挥。因此，要防止混乱状态的出现，就必须增强指挥者的事业心、责任感和按章指挥的观念，切实协同好作业人员之间的关系，实行规范化作业。

第四节　学习和应用管理职能理论

一、管理职能的含义

所谓职能，是指人、事物、机构应有的作用或功能。管理职能，是指管理主体对管理客体所产生的作用或功能。在管理学概念中，职能的含义和功能是相同的。完成任何一项任务，都需要有各种不同的活动，每种活动都有其不同的作用，这种不同的活动和其所产生的作用，就是各种具体职能。例如，企业要完成总体任务，必须有技术、供销、财务、安全、管理等各种活动，它们为实现企业的总目标发挥着各自的作用，它们的活动和作用，就是企业活动中的各种职能。

管理职能作为一种独立的劳动，是随着社会分工的发展和管理工作的专业化出现的。在原始社会里，部落的首领虽然负有一定的管理职能，但他主要是劳动者，管理是兼任的，管理职能十分原始和简单，管理作为一种劳动，还没有从共同劳动中分离出来。随着社会生产力的提高和经济规模的不断扩大，管理职能逐渐成为一种专业的独立劳动，而且分工越来越细化，逐步趋于完善。按照马克思关于管理的学说，管理具有两种基本职能，其一般职能是合理地组织生产力，其特殊职能是维护生产关系。这两种职能结合在一起发生作用时，就表现为管理的具体职能。

管理职能在企业活动中具有十分重要的作用。它的重要意义在于正确地制定系统的目标，科学地选择实现目标的最佳方案，全面地运用现代化管理手段，最大限度地调动各种积极因素，以最小的代价获取最好的效益。管理职能渗透于企业工作的方方面面，贯穿于企业活动的全过程。

二、管理职能理论的要点

管理职能有一个历史发展的过程。在原始社会的部落里，由于社会生产力低下，管理职能非常原始和简单，不可能把管理者从劳动者分离出来，也不可能形成系统的管理职能理论。随着社会生产力的发展和劳动分工的产生，劳动管理者和机构逐渐专业化，特别是社会化大生产的出现，人们对管理职能的正确认识才更加趋于深刻化。于是研究管理职能的各种学说，也应运而生了。

（一）马克思关于经济管理的必然性的论述

马克思指出：“一切规模较大的直接社会劳动或共同劳动，都或多或少地需要指挥，以协调个人的活动，并执行生产总体的运动——不同于这一总体的独立器官的运动——所产生的各种一般职能。一个单独的提琴手是自己指挥自己，一个乐队就需有一个乐队指挥。”这段论述，集中而直接地说明了分工协作共同劳动需要管理，当许多人在一起为了实现共同的目标进行劳动时，就需要统一指挥，以协调每个人的活动。对共同劳动的指挥，是经济管理的一般职能。马克思在《资本论》第三卷中指出："一方面，凡是有许多人进行协作的劳动，过程的联系和统一都必然要表现在一个指挥意志上，表现在各种与局部劳动无关与工场全部活动有关的职能上，就像一个乐队要有一个指挥一样。这是一种生产劳动，是每一种结合的生产方式中必须进行的劳动。另一方面——完全撇开商业部门不说，——凡是建立在作为直接生产者的劳动者和生产资料气有者之间的对立上的生产方式中，都必然产生这种监督劳动。这种对立越严重，这种监督劳动所起的作用也就越大。"这便是马克思关于经济管理必然性的论述，前一个方面说的每一种结合的生产方式中所进行的协作劳动都需要指挥职能，后一个方面说的在生产劳动者和生产资料所有者对立的生产方式中都需要监督职能。社会主义管理有着根本性质的不同，但是仍可吸收和借鉴资本主义经济二重性的经营管理方法。

（二）西方现代管理职能理论

西方管理思想认为，管理就是在组织中通过别人或同别人一起完成一定工作的过程。管理过程同管理职能是分不开的，管理过程就是由各种不同的管理职能构成的。

1. 各级管理人员（以下基层领导上至大公司总经理）的职能在实质上是相似的，存在差别是所处的层次、环境、职权或处理问题不同所致。

2. 各种管理者不是按顺序执行这些职能，而是同时执行这些职能。

3. 管理的具体职能，法国的法约尔提出，整个工业经营活动包括6种活动：

①生产活动，指生产、制造、加工；

②商业活动，指采购、销售、交换；

③财务活动，指资本的筹集和运用；

④安全活动，指财产和人员的保护；

⑤会计活动，指货物储存，资产负债表制作、成本考核、统计等；

⑥管理活动，指计划、组织、指挥、协调、控制五个要素构成的一个完整过程。其中，这五个要素，就是管理职能的别称。美国管理学家詹姆斯·穆尼和艾伦·赖莱在合写的《工业、前进！：组织原理及其对现代工业的意义》一书中，提出组织的含义："是每一种人群联合为了达到某种共同的目标的形式。""从形式的意义上讲，组织就意味着秩序。"没有组织就无从管理，而管理又使人的因素进入组织之中。人们认为，组织效率原理中必须包含三项内容：

①协调原理，即组织的整体必须建立在某种形式的集中权威基础上，为追求同一目标一致行为；

②阶层原理，即任何形式与规模的组织都存在管理者与被管理者的上下级关系，使这项原理实现的过程就是授权，其后果就是职能上的规定性；

③职能原理，即各种职责之间的区别，其实就是管理工作的专业化。

穆尼把职能分为三种：

①决定性职能（决定做些什么）；

②应用性职能（使事情做成）；

③解释性职能（解释执行过程中的差异和问题）。

他认为，这三种职能虽然在逻辑上是相互区别的，但在组织中又常常结合在同一个人身上。美国加利福尼亚大学教授孔茨认为，管理就是通过别人来使事情做成。他提出了管理中存在的计划、组织、人事、指挥和控制五种职能，并认为协调本身不是一项独立的职能，而是有效应用这五种职能的结果。西方管理职能的基本理论，并从纷繁的管理实践中探求他们认为最基本规律的东西，以求进一步对这些职能详加总剖析，用他们自己的话概括起来就是：

①该职能是什么？

②该职能的目的是什么？

③该职能的结构如何？

④该职能的过程如何？

尽管他们对管理职能作出了很多论述，但都深深地刻画着管理二重性的印记。毫无疑问，西方管理职能的理论，对企业安全管理有积极的借鉴意义。

三、企业安全管理的基本职能

企业安全管理职能，是指企业在安全生产中应具备的功能或应起的作用，通过管理者和管理机构的影响及控制，促进“安全第一、预防为主”方针的落实，预防和平共处减少事故的发生，是对企业安全管理职能的基本要求。根据电力系统的有关规定和企业安全管理实际，企业安全管理应具有以下基本职能：

（一）决策职能。决策是人们对未来行动的选择和决断。决策职能是一项综合性的职能，贯穿于安全管理的始终；决策职能又是首要的职能，其他职能的实施往往都是从决策的职能开始，又经决策的实施完结而告终。决策职能的主要内容是：对企业安全管理的重大问题作出决定，选择最佳实施方案，制定实施计划等。对安全管理中的一些具体问题作出处理，也属于决策的范畴。比如，在生产或施工作业中，工人遇到具体问题，请示领导（包括班组长）如何处理，领导要在分析判断实际情况之后作出决策给予明确答复。发挥决策职能的基本要求有两条：一是要保证决策的正确性，即作出的决策，要符合党和国家有关安全生产的方针政策、法律法规、企业的安全规章制度和客观实际情况。如果作出的决策不符合上级的规定和客观实际情况，这样的决策就是错误的，一旦付诸实施就会产生不安全因素，甚至会导致事故。二是要保证决策的及时性。决策是行动的导向，对安全管理的事项及时作出决策，才会发挥指导作用。决策超前或滞后，都会影响其功能的发挥。

（二）教育职能。教育是指用道理说服人，使之按照安全规程、指令或要求去做。在企业安全管理中，教育职能有十分重要的地位和作用，它是其他各项职能有效发挥的思想基础和根本保证。教育职能主要内容有：①抓好安全思想教育。包括思想政治教育、劳动纪律教育、方针政策教育、法律法规教育、安全技术知识教育等。②抓好安全技术训练。包括普通工种的一般训练和特种作业的专门训练。③抓好深入细致的思想工作。发挥教育职能一定要讲究针对性、及时性和有效性，要结合安全管理的实际一道抓好教育，把教育渗透到安全管理的各个方面，通过启发人们的自觉性和积极性，促进安全管理的落实和深化。

（三）组织职能。组织职能是指为实现安全管理的目标和任务，对管理活动中的各种要素，包括人、机械设备、作业环境等进行合理的安排或组合。组织职能是按照一定的职务结构和组织关系来维护功能的，是实现其他职能必不可少的条件。从一定意义上说，组织职能发挥得如何，决定安全管理成果的大小。组织职能发挥得好的企业，安全管理工作必然是井然有序，件件有着落；人人都在被管理中，人人都在参加管理。反之，组织职能发挥不好的企业，其安全管理工作必然是杂乱无章；顾此失彼，人员形同一盘散沙。组织职能的内容包括：各级领导是职工的安全管理者，职工必须服从各级领导的管理；明确各类人员的安全职责范围，使之各负其责，在其位谋其政；结合任务和人员安全素质情况，合理地分配工作任务，发挥老工人、技术骨干的作用；各项规章制度有布置、有措施、有检查，件件落实；组织全体职工参加各项安全活动等。

（四）监督职能。监督具有监检督促之意，既指对人喷执行安全规章制度的情况进行监督和检查，又指对机器设备或事业环境进行监视检查。监督是企业安全管理的一项经常性的职能；监督的过程实际上是发现偏差、纠正偏差的过程，把不符合安全要求的行为改正过来，使之符合安全规范。监督职能的内容包括：①经常检查工作场所的安全情况及所用机械、设备、工器具和安全用具、用品的完好情况，发现缺陷应及时整改；②监督工人正确使用劳动保护用品用具，发现问题及时整改；③监督工人执行安全规程情况，纠正违章行为；④监督职工遵守劳动纪律和法律法规情况，维护职工的合法权益。社会主义企业安全管理中的监督职能，既包括各级领导对所属员工的监督，也包括广大员工对各级领导的监督。发挥监督职能，需要具备一些基本条件：一是要掌握监督标准，上级有关安全生产的方针政策、法律法规和安全规章制度是监督的依据，判断是非的准绳出席是违背的都应纠正。二是要及时反馈，能够获得实际结果与标准之间的偏差，否则无法进行监督。三是要实行异体监督，就是对行为主体的监督，应由行为主体以外的他体所实施，亦即监督者与被监督者的不同体。在作业中，操作者只能是自我防护，对其监督必须由他人执行。异体监督应对监督主体授予一定的权力，如指定有经验的老工人担任监护人，同时授予他们一定的权力。如果监督主体没有权力，则难以对客体进行监督。

（五）奖惩职能。奖惩职能，就是运用奖励与惩罚的手段，调动职工的积极性和创造性。发挥好奖惩职能，对于加强安全管理具有重要作用。一般来说，奖惩职能与监督职能是紧密联系、互为条件的。在监督活动中发现有违章违纪、造成不良影响者，应给予惩罚；对那些为安全生产做出贡献的职工，应给予相应的奖励。有惩有奖，才能使安全监督活动更具有权威性。同时，安全监督的结果，又为正确地实施奖励或惩罚提供了客观依据。要发挥好奖惩职能的作用，必须做到按章办事，奖不虚设，罚不妄加；奖惩严明，有功必奖，有过必究；奖惩公正，奖其该奖，惩其该惩。奖励先进者，能收到“拨亮一盏灯，照亮一大片”的效果；惩罚违章违纪者，能起到“杀一儆百”的作用。对受到奖励或惩罚的职工，都应做好思想工作，真正达到激励的目的。

（六）预测职能。预测是指对未来安全管理中可能发生事故的情况进行推测或测定，以便创造条件，避免事故的发生。预测职能可以起到防患于未然的作用，企业安全管理必须抓好积极预测预防。在生产中，纠正违章违纪现象是必要的，发生事故后有针对性地加强某些薄弱的环节也是必须的，但是，偏差尤其是重大事故的出现，会造成无法弥补的巨大损失，善后工作做得再好，也只能挽回部分损失或减少些损失。因此，安全管理要取得主动，就必须加强分析预测，善于发现和寻找各种对未来工作产生不良影响，甚至会诱发事故的现实因素或潜在因素，采取得力措施，提前排除，预防和阻止不良后果的形成。

（七）指挥职能。指挥是指企业各级领导得依靠权威，指导下属严格履行职责，有效地完成各自承担的任务的活动。在集体生产或施工中，为了使劳动者步调一致，紧密配合，必须有统一的指挥者，被指挥的人员必须服从统一的指挥。担任指挥者的，可以是经理、局长或厂长、分厂厂长或工区、工地主任、班组长，也可以是临时指定的有一定指挥能力的工人。指挥职能包括以下内容：

1. 确定实施和完成方案的时间、步骤、方法和要求。

2. 确定管理方式以及对各级各类人员从事的工作进行指导、检查、督促。

3. 协调和解决管理活动中出现的各种矛盾和问题。

4. 总结指挥过程中的教训。

四、充分发挥企业安全管理的职能

（一）要把企业安全管理的各种职能看成是一个互相联系、紧密配合的整体。各种职能不能单独存在，也不能强调一种职能的作用而忽视另一些职能的作用。在企业安全管理活动中，各种职能在时间上先后有序，在空间上并存，有时会同时发挥作用，当然有时也会有主有辅。只有把各种职能的作用都有效地发挥出来，才能获得管理的最佳效果。

（二）要正确地行使职权。任何安全管理职能总是同特定的职权联系在一起的。管理职能是管理权力的外在表现和象征，特别是这些职能与管理者结合起来的时候，更是如此。例如，班组长进行安全监督活动，就是在行使安全监督权；进行指挥活动，就是在行使指挥权。所以，一定要正确对待权力，慎重地使用权力。否则，随心所欲，想怎么干就怎么干，那就是滥用职权，不仅搞不好安全管理，而且对安全生产会造成危害。各级领导在管理活动中，一定要牢记我们手中的权力是人民赋予的，只能按章使用，绝不能违章滥用。

（三）要认清职责与职能的联系与区别。职责是职务、责任合一的意思。任何人只要担任了下定的职务，就必须承担相应的责任。例如，班组长就是班组安全生产的第一责任者。有的班组长认为，只要自己履行了职责，班组安全管理的职能就发挥好了，这种以个人安全管理职责代替班组安全管理职能的看法，是不正确的。个人职责与一级组织的职能有一定的联系，一级组织的管理职能决定着管理者的职责，管理者的职责是管理职能有效发挥的保证，但两者并不是一回事，不能彼此代替。因为班组安全管理职能是否得到有效的发挥，不但取决于班组长是否负起了责任，而且取决于班组织工的群体作用是否形成。因此，企业各级领导应正确处理职责与职能的关系，以自身尽职尽责地抓好管理工作，来启动企业安全管理各种职能的有效运行，并以企业安全管理职能的发挥所带来的成效，作为衡量自己尽职尽责情况的标准和尺度。

第五节 学习和应用激励理论

调动职工做好安全工作积极性的手段很多，其中一个最起作用的、也是常用的手段是激励。发放安全奖金，是激励的一种必要方法，不是唯一的方法。要抓好企业安全管理，把大家的积极性和创造性激励或激发出来，管理者必须了解有关激励理论的常识。

一、需要、动机、行为、目标和激励的含义

现代行为科学认为，人的需要是指人对某种目标的渴求和欲望，是人类生存和发展的必要条件。人从事任何活动，总是由他有从事这一活动的渴求和欲望开始，或者是渴求追求某一事物，或者是渴求避开某一事物。恩格斯十分形象地指出："绝不能避免这种情况：推动人去从事活动的一切，都要通过人的头脑，甚至吃喝也是由于通过头脑感觉到的饥渴而引起的，并且是由于同样通过头脑感觉到的饱足而停止。"安全需要，是人的基本需要之一，是人对安全工作和生活的目标的渴求与欲望，这种需要表现在职工追求安全而避开危险的行为中。

动机是指推动人从事某种行为的念头。比如职工将要参加危险性较大的作业，便会产生保护自己生命与身体健康的需要，进而引起他学习安全防护知识的动机，以满足安全作业的需要。动机是在需要的基础上产生的，不同性质的动机，则具有更大的激励作用。

行为是指人在环境影响下，所引起的内在生理和心理变化的外在反应，是指人们在日常生活中所表现的一切动作的统称。比如，职工在作业中，严格遵守安

全操作规程的行为，则属于安全行为。

目标是人们所要满足的需要或要获得的效果。目标有个体与群体之分。个体安全目标，是指一个人需要的安全生产效果；群体安全目标，是指一个群体要获得的安全生产效果。群体安全目标规定着个体安全目标，激励着群体中每个人步调一致地争取群体目标的实现。

激励，是指激发动机的心理过程。在安全管理中，激励是指管理者从一定的目的出发，通过一系列手段，推动和激发职工达到安全生产目标的过程。

二、激励过程模式

西方行为学家和心理学家试图通过建立特定的模式来揭示激励过程。

（一）一般激励过程模式。一般激励过程模式，是通过分析人的需要、动机、行为、目标等有机联系和激励作用，来说明激励过程的。这说明，人的需要引起动机，动机激发并驱使行为指向一定的活动目标，即激励过程以需要为出发点，又以需要满足而告终。一般激励过程的模式，对企业安全管理很有借鉴意义。安全需要，可分为自然性的需要和社会性的需要。自然性的需要是指人维持生命和健康所必需的安全条件，比如，趋夷避险，就是人的自然性的需要、本能需要。社会性需要是人在社会生活中逐步懂得的具有社会意义和价值的高级需要。比如，把安全生产看成是企业兴旺和社会稳定的需要，便体现了社会性的需要。企业在安全管理中，一方面，要满足职工的自然性安全需要，采取有效的防范措施来保护职工生命安全与身体健康；另一方面，要通过激励手段，来引发职工对社会性安全的需要，激发他们产生搞好安全生产的强烈欲望和渴求，并转化为安全行为。

（二）个体的行为动机激发模式。现代行为科学根据一般激励原理，建立了模式图来说明个体行为动机的激励过程。

模式图显示这是一个由外部条件刺激来调动个体内部需要动机，驱使其产生积极的行为的模式。其中，客观环境外部刺激因素是指自然的、社会的、文化的等客观环境，如社会政治制度和工作环境等；内部心理因素包括人的认识、意识、意志、需要、情感、兴趣等；激励过程的主线是：外部刺激通过人的认识活动转化为需要，需要引起动机，动机支配行动，行动指向目标。在这里，动机以需要为动力核心，以认识为中介，同时与情感、意志、兴趣、意识等相互联系和作用，形成一个动机系统，支配人的行为。意识是行为的高层调控动力，意志是行为的总驱动力。在企业安全管理中，可应用个体激励原理，正确引导职工的安全需要，端正行为动机，牢固树立起安全观念。同时，要适当增强外界压力和目标吸引力。

三、需要的复杂性决定激励的多样性

在安全管理中，有的企业激励手段较单一，似乎除了奖励和惩罚，再也没有其他激励手段了。这样做的结果，往往与管理者的主观愿望相反，出现负效应。例如，有的工人因违章连续受罚，从此一蹶不振，再也激发不起工作热情；有的工人因安全工作出色，连续受奖，产生了单纯追求安全奖的动机，奖金少了就引不起内在动力。出现这样的情况，从管理者的原因来看，是不了解人的需要多样性所致。

事实上，人的需要是复杂的，呈现着多样性。美国心理学家和行为学家亚伯拉罕·马斯洛就提出了“人类需要的层次论”，他认为：①人的需要有五种层次：第一种层次是生理需要，是指食欲、性欲、住房等个人生存的基本要求；第二种层次是安全需要，是指心理上和物质上的安全保证，如不遭受盗窃和威胁、预防危险和事故、职业有保证、有社会保险或退休基金等；第三种层次是社会交往需要，是指人需要友谊、爱和群体的归属感，人际交往需要彼此同情、互助和赞许；第四种层次是尊重的需要，每个人都有自尊的需求和希望他人尊重自己的需求，满足这些后会给人带来自信和声誉；第五种层次是自我实现需要，是指通过自己的努力，实现自己对生活的期望，从而对生活和工作真正感到很有意义。②人的五种层次需要是依次要求、依次满足的，是递级上升的。当第一层次满足后，第二种层次安全需要就出现了，并要求满足。满足了需要不再是激励因素。③在五种层次需要中，等级越低者越容易得到满足，等级越高者越不容易得到满足。

正如人的需要是多层次的一样，安全需要也是多层次的。例如，职工安全需要，一类是比较广义的、概括性的需要，即把实现安全看成是企业兴旺、社会稳定的必然要求，看作是一种责任感和义务感；另一类是比较局部的、狭隘的需要，即单纯追求安全奖金或怕“出事与自己面子不好看”等。因此，在企业安全管理中，除了经常使用奖罚激励外，还应区别不同的需要，使用教育激励、目标激励、尊重激励、榜样激励和表率激励等方式。

四、要创造有利于调动职工安全生产内在动力的客观条件

职工的一些正当需要得不到满足，渴求和愿望变得异常强烈时，就会影响安全工作的积极性。比如，某公司司机李师傅，开车三年来一直安全无事故。去年，单位分新房，工龄没他长、只有两口人的王师傅分到了两室一厅，而李师傅一家6口人仍挤在不足15m^{2}的平房里。李师傅多次向领导反映情况，但无结果，故陷入苦闷与愤懑之中，开车时由于思想不集中，撞伤了一个小学生。美国心理学家和行为学家弗雷德里克·赫茨伯格把企业中有关因素分为满意因素和不满意因素，满意因素指的是可以使人得到满足和激发的因素，即激励因素；不满意因素指的是如果缺少它容易产生意见和消极的因素，即保健因素。在此基础上，他提出了“激励—保健双因素”理论。他认为，激励因素包括工作上的成就感、职务上的责任感等6个方面；保健因素包括公司的政策与行政管理、与上级和下属之间的关系、个人生活等10个方面。激励因素和保健因素都会影响职工的工作情绪，如能改善保健因素，就能消除不满意情绪，维持原来的工作效率；如能使激励因素得到满足，则会提高工作效率。“激励—保健双因素”理论启示我们，只要条件和政策允许，应尽最大努力满足职工的正当需要，一时无法满足的正当需要，也应耐心讲清道理，取得谅解，并逐步创造条件加以解决。

五、制订安全目标，既要坚持标准又要考试可能，以便形成更大的吸引力

在电力系统安全管理中，许多企业都在运用安全目标激励法，即用一个具体的奋斗目标，鼓舞和激励人们采取积极行动，争取奋斗目标的实现。目前这种做法存在的问题是：有些单位不顾人员安全思想和技术素质情况，也不考虑基础是否稳固，提出了过高的目标，以为目标越高，越难以达到，就越能起到激励作用。这实际是一种误解。安全目标过低，不费力气即可达到，固然引不起职工振奋，但目标太高，可望而不可即，也容易使人丧失信心。美国心理学家佛隆在《工作与激发》一书中认为，要调动一个人的积极性，应该从所追求的目标价值与其实现的可能性来考虑。他提出一个公式：激励力量=效价×期望值。所谓激励力量，是指动机的强度，即调动一个人的积极性、激发其内在潜力的强度，也

就是人们为达到目标而努力的程度。所谓效价，是指效用与价值，即达到目标对满足个人需要的价值，也就是目标对个人动机的激发程度。所谓期望值，是指对达到目标可能性大小的估计。一个人认为追求的目标价值和实现的可能性越大，积极性也越高。这个公式启示我们：在制定安全目标时，应把需要与可能一致起来，从实际出发，使目标切实可行。安全目标形成后，要广泛进行思想发动，讲清实现目标与每个职工切身利益的关系，同时，要采取措施帮助职工实现期望，提高期望率。

六、对职工的行为及时作出评价，强化安全管理

现代行为科学认为，强化管理也是一种激励因素。这里所说的强化，是指对一种行为的肯定或否定在一定程度上会决定这种行为在今后是否会重复发生。强化分为正强化与负强化两种：正强化的办法刺激行为的重复出现，保持和加强某种不利的行为；负强化的办法是制止不利行为的重复出现或改造不利行为。在企业安全管理中，应该运用强化理论，对职工安全行为给予肯定，鼓励他们坚持下去，对职工不安全行为加以纠正，防止重复出现。这样，就能收到激励先进、鞭策后进的效果。

如果你掌握了有关激励理论的知识，并应用到班组安全管理实践中去，就能有能力、有办法把大家做好安全工作的积极性调动起来。

第六节　学习和应用时间学理论

我们每天都工作在一定的时间和空间之中。恩格斯曾经指出：“一切存在的基本形式是空间和时间，时间以外的存在和空间以外的存在，同样是非常荒诞的事情。”企业安全管理，同样受到时间基本形式的支配。

一、时间的含义

提到时间，人们往往只是把它看成是具体的年、月、日、时，或时间里的某一点。其实，作为时间这个概念，还有着更为深刻的含义，它是指物质存在的一种客观形式，由过去、现在和将来构成的连绵不断的系统，是物质的运动、变化的持续性的表现。例如，我们经常讲“这项工作有一定的时间性”，意思是说这

项工作只有在一定时间内做完，才有意义和价值，这便是把时间作为存在的基本形式来看待。现代时间学是近几年兴起的以时间为研究对象的一门学科，主要是研究时间的性质、结构、形成、特点、计算、管理和使用的一般规律，以便合理有效地使用时间，增强工作的计划性，提高工作效率，在有限的时间内，创造更多的社会财富。

二、时间学基本理论的要点

对时间的研究和运用，可以追溯到我国古代。古人很懂得时间的价值，把时间比作比金子还宝贵的东西："黄金有价时无价。"军事家们都懂得时间因素的重要性，认为"兵贵神速"，时间就是军队，就是胜利。孙武十分重视时间因素在态势变化中的作用，他打比喻说：水比石块轻柔，但湍急的水流能够冲走石块；鹰隼等猛禽比小鸟小兽凶猛，但捕食时仍要动作迅速，才能一击而中。因此他认为，善用兵者不仅要造成居高临下、泰山压顶一般的有利态势，还要在行动上用短促的节奏，如同箭在弦上，一触即发，切不可迟缓拖延，丧失战机。

在当今世界上，正掀起一股"时间研究热"，不同国籍、不同肤色的人们共同意识到时间是一项最普通又最宝贵、最充足又最稀有的资源，必须积极进行开发和利用。现代时间学的产生，将人们对于时间认识提高到一个新的领域。现代时间学的主要理论有：

（一）时差理论。时差是指平太阳和真太阳时的差，在一年中，时差是不断改变的，最大正值是+14分24秒，最大负值是-16分24秒，有四次等于零；或指不同地区的时间差别。时差理论包括三个方面：①"顺时差"，就是在时轴上任意取一点，循序超越，顺时领先，或者叫"走在时间的前面"，它的成功运用，可以实现预测，把握未来，更加科学地利用时间。例如，在企业安全管理中，可以运用"顺时差"理论，对将来可能发生的险情或事故进行分析预测，把对策和办法落实在现在，实行超前预防。②"逆时差"，即滞后现象，是指人们对客观事物的认识要有一个过程，从发现问题到解决问题需要有一定的时间。例如，对已经发生的事故进行再分析再认识，寻找预防此类事故的规律，便是使用了"逆时差"理论。③零时差，既不是"顺时差"，又不是"逆时差"，而是十分精确地计算时间标准。

（二）时间周期理论。它包括潮汐周期、节气周期、冷暖周期、生产周期等。时间生物学理论则对生物节律和生态时间作了深入研究，概括出许多理论成果。生物节律研究表明：在1天24小时或1年365天中，生物体机能活动的数据不是随机分布的，而是依照时辰与月份呈现一定的数学函数曲线。生态时间研究表明：生态演化在时间上是不可逆的，已经演变了的生态环境不可能再复原，所以，必须从长远利益出发，保持生态平衡。

（三）时间效应理论。它包括时间“时隔效应”、时间“持续效应”、时间“漂移效应”、时间“相关效应”等。学习这些理论，可以使我们认清时间现象的彼此联系和反馈，以便把握时间的相关因素，更好地开展工作。例如，连续安全记录保持了1000天，便是时间“持续效应”在安全生产上的具体体现；有的工人因违章受到批评，处在气头上，隔一段时间等其冷静下来再做工作，往往比当时做工作效果好，这便是时间“时隔效应”理论的具体应用。

（四）使用时间应遵循的原则。一是省时性用时原则。对“时间能源”进行节源节流，向合理安排要时间，向加强时间管理要成效。二是最优化用时原则。即提高使用时间的质量和标准，进行最佳选择。三是空间型用时原则。即有序性用时、立体性用时、位移性用时和可重用性用时。四是开环性用时原则。即用时方法从封闭的系统中解放出来，使之处于开环状态，以便更加充分地使用时间。

三、时间学理论对加强企业安全管理具有重要的指导意义

时间学理论在企业安全管理中的作用是客观存在的事实，因为有效的管理活动总是与科学地支配时间联系在一起。但是，有的管理者恰恰没有自觉地认识到这一点，时间观念相当淡薄。例如，有的管理者对职工中存在的不安全思想和行为，不是抓紧时间尽快地解决，而是拖延时间，任其演变，直至酿成大祸方引起震撼；有的管理者不懂得时间的持续效应，对安全教育不是反复抓，直到使职工建立起牢固的安全观念，而是抓一两次就完事大吉；有的班组的班前班后会和安全活动日流于形式，使大好时间白白浪费掉，等等。这些偏向亟待纠正。

（一）学习和应用时间学理论，有助于摸索发生事故的规律。从一起具体事故看，虽然它在特定的时间内发生，似乎与时间因素没有什么必然联系，但是，只要把众多的事故综合起来分析，便可以看出一些与时间因素有直接关联的规律性。某送变电公司通过分析近些年的事故统计资料发现：①春节前后是事故的频发期和重发期；②在组塔工程和架线工程作业时，是事故的高发期；③接受

收工时刻，是事故的易发时刻。再作进一步分析，这些事故的发生，还与送变电工人长年累月在野外作业的工作特点和形成的心理生理节奏有直接关系。例如，在春节前，野外作业人员容易产生思家盼归、与亲人过团圆的心态，人虽在作业现场，心已飞向家乡，精力难以集中；春节后，到野外作业的工人会出现眷恋家庭、回味节日气氛的心态，精力也难以集中。由于精力分散，往往导致失误，甚至诱发事故。因此，春节前后管理者必须有意识地加强管理，才能防患于未然。再如，一切事故发生虽然都带有一定的突发性，但仍存在一个蕴蓄、发生、发展和结束的过程，过程的每一阶段又是以时间形态来划分的，这反映了时间的持续效应。有经验的管理者，能够见微知著，发现险情即抓住时机排险，使时间的持续性中断，把事故消灭在萌芽状态。可见，学习和运用时间学理论，是抓好事故预测预防不可忽视的环节。

（二）学习和运用时间学理论，有助于提高工作的时效性。企业的一切安全管理工作都是在一定时间内完成的。时间的基本特征是一去不复返，时间一旦浪费掉，则无法再生。作为物质存在的基本形态来说，时间是无限的，既没有起点，也没有终点，而开展安全管理活动的每项具体工作所使用的时间又是有限的，既有起点，又有终点。怎样把有限的时间充分利用起来？这就要坚持时间的使用原则。作为管理者必须树立“时间第一”的观念，学会合理地支配时间，以提高时间的使用质量。比如，在同一时间内，有的管理者可以有声有色地做好某项工作，或运用空间型用时原则，做好几项工作，而有的管理者则一件事也做不成，白白耗掉了时间。人们经常讲向安全管理要效益，在很大程度上，是向管理时间要效益。

（三）学习和运用时间学理论，有助于合理地安排职工的工作。时间学研究表明，职工的心理生理状况是有兴衰时间的。如人体体温的最高峰多在15—18时之间；健康人的耐糖反应早晨正常，下午逐渐下降；人血中17羟皮质酮在7—12时之间达到最高值；收缩压的高峰在15—18时之间。在脑皮层机能状态方面，大多数人在8—10时和15—18时是效率最高期。习惯凌晨工作的人在4—6时思维敏捷。对睡眠—觉醒周期规律的研究发现，人可以分成“早上人”和“晚上人”，绝大多数人属于“晚上人”，精力体力最充沛的时间为18—22时。如果人长期缺少睡眠，就会丧失严密的逻辑思维能力，引起感知障碍及个性变化，使情绪变得沮丧和易怒。了解了这些规律，管理者可以根据工种的要求、每个职工心理和生理状态，合理地安排工作，使其聪明才智得到最大限度的发挥，又使他们的生命安全与身体健康得到保护。

第七节 学习和应用系统论理论

宋代学者沈括在《梦溪笔谈》中讲道：祥符年间（1008—1016年），北宋宫殿被焚毁。负责修复营造宫室的丁谓抓住取土、运料和处理废物三个环节进行系统考虑。他采取避远就近的取土方针，挖开宫室附近的交通要道用来取土，又引汴河水入道使其变成大河，通过这条大河把竹筏、木排及各种船只运往工地直达宫门；待宫室修好后，将残剩的碎石旧瓦填进河道，使畅通的大道又恢复原貌，整个工程“一举三役齐，计省费以亿万计”。这个故事反映了古人的一种系统思想观念。

一、系统和要素

所谓系统，是指存在于一定环境中的、由若干相互依存和相互作用的要素构成的具有特定功能的有机整体。正如前面举的例子，系统思想古已有之，古希腊亚里士多德提出：“整体大于它的各部分总和。”这里所说的整体，即是系统的整体性。孙子兵法强调从全局把握战机、协调战争诸因素，寻找最优方案以达到最优效果，也反映了古代朴素的系统观。恩格斯曾经指出：“我们现在不仅能够指出自然界中各个领域内的过程之间的联系了，这样，我们就能够依靠经验自然科学本身所提供的事实，以近乎系统的形式描绘出一幅自然界联系的清晰图画。”这就深刻地揭示了事物的系统性、整体性和联系性的辩证思想。一般系统理论是由美籍奥地利生物学家和哲学家贝塔朗菲创立的，他在《关于一般系统论》一文中，以数学形式对系统概念、终极性、整体性等一般系统的基本概念作了阐述，并提出动态系统理论和开放系统理论。系统是由两个以上要素构成的，要素是构成系统的基本成分，是系统存在的基础。无要素不成系统，单个要素也构不成系统。在整个宇宙中，系统普遍存在着。例如，在自然界，地球是一个系统，万事万物则是构成这个系统的要素；在社会里，一个国家是一个系统，各个部门和单位是构成这个系统的要素；企业安全管理也是一个系统，管理主体和管理客体（人、机械设备等）则是构成这个系统的要素。系统论是以科学的结论，揭示了系统发生、运行和发展的普遍规律。

二、系统论的基本原理

随着社会的不断进步，系统理论的内容也日益丰富，它所概括出来的基本原理，对加强企业安全管理很有指导意义。

（一）系统的有机整体性

所谓系统的有机整体性，是指系统是一个各要素按照一定方式和顺序，相互联系、相互制约、相互作用，形成一定结构和功能的有机整体。系统的有机整体性具体表现在以下几个方面：

1. 构成系统的各要素不是杂乱无章的偶然堆积和机械组合，而是有机统一体。

2. 系统各要素和环境之间不是孤立的，而是存在着必然的联系。

3. 构成系统的任何一部分，不论有多大程度的相对独立性，都必须具有作为系统整体的组成部分时才能起到它应起的作用。正如黑格尔曾经指出的那样："不应当把动物的四肢和各种器官只看作动物的各个部分，因为四肢和各种器官只有在它们的统一体中才是四肢和各种器官，它们绝不是和它们的统一体毫无关系的。四肢和各种器官只是在解剖学家的手下才变成单纯的部分，但这个解剖学家这时所处理的已不是活的躯体，而是尸体。"（《小逻辑》，商务印书馆版第282页）

（二）系统功能的非相加性

系统功能的非相加性，是指系统虽然由若干要素或部分所组成，但其功能不是这些要素或部分的简单相加，而是有机结合，产生整体效应。整体功能可能大部分之和（正效应），可能小于部分之和（负效应），也可能等于部分之和。到底会出现哪种结果，完全取决于系统内部各要素相互关系的状况。例如，一个安监处有几名或十几名成员，虽然文化水平有高有低，工作能力有强有弱，但只要大家能够相互配合，互相支持，形成整体的合力抓安全工作，其整体功能就会大于部分功能之和；如果彼此之间互相戒备和拆台，热衷于窝里斗，力量彼此抵消，或者本位主义，自己顾自己，即使每个人工作能力都很强，但整体功能也会小于部分功能之和。

（三）系统的相关性

系统的相关性，是指构成系统的每个要素或部分都是相互联系、相互依赖、相互作用和相互制约的。

1. 系统内部诸要素的相关性。例如，在局、厂、公司这个大系统下面，有分厂、工区、工地等子系统，各子系统之间都有一定的政治、工作、文化等方面的联系，共同为企业的安全生产贡献力量。

2. 系统与各要素之间的相关性。例如，作为分厂、工区的子系统班组是分厂、工区抓好安全管理的基础，反过来，分厂、工区又为班组搞好安全管理创造有利条件。

3. 系统同外部有利因素的相关性。例如，企业要充分利用外部的各种有利条件，包括学习吸收其他单位的先进管理经验、先进安全防护技术和设备等，来加强自身的安全建设。

（四）系统的有序性

系统的有序性是指系统中各要素在运动过程中所处的位置或次序，以及它们在运动中的规律性，包括系统层次的有序性、时间排列的有序性、发展的有序性等。

（五）系统的动态性

系统的动态性，是指系统在空间上与时间上的相互关系，也就是说，系统随着时间向前推移会不断地改变自己的运动方式。

（六）系统的开放性

系统的开放性，是指系统在运动时与环境进行着物质、能量和信息的交换。系统只有通过向外部环境开放，吸收有益的东西，才能进行自我调节，保持生机和活力。

三、要用系统的观点观察和处理安全问题

电网企业安全管理活动，实质上就是安全管理系统的生成，系统论的应用和发展的过程。安全管理者只有自觉地把系统理论应用到安全管理实践中去，以此分析和解决实际问题，并不断地总结提高，才能形成系统管理的思维方法，树立起系统管理的观念。

（一）要用整体的观念观察、分析和处理问题，发挥安全管理活动的整体功能。安全管理活动整体功能是以安全活动的整体运动和各要素整体协调为依托，这如同人的生命一样，在孤立的人的各单个器官中无法找到，生命只存在于人体系统的有机运动中。然而，在当前的安全管理中，有些管理者恰恰缺乏整体观念，具体表现是：

1. 摆不正局部利益与整体利益的关系，不适当地强调局部利益而损害整体利益。比如，有的班组长在清理现场时，指挥工人在高处往下乱扔垃圾，这既可能砸伤下面的作业人员，又给清扫人员带来不便。他们不了解，班组虽然是一个相对独立的管理系统，但对于分厂、工区、工地来说，它又是一个子系统，安全管理必须以整体利益为重，只有整个分厂、工区、工地都实现了安全生产，才算取得了最大效益。由此可见，某些做法在局部看来是可行的，而在全局看来是不可行的，就应以局部利益服从整体利益。

2. 消除不安全现象，不善于抓主要矛盾，满足头痛医头，脚痛医脚，结果是一波刚平，一波又起，使工作陷于被动应付的境地。

3. 指挥作业，不能总体协调，顾此失彼，往往为下次作业埋下隐患。在作业中出现的窝工和返工，就是因为指挥者缺乏总体协调的结果。

4. 安全检查不到位，有死角。

（二）要用有序观念观察、分析和处理问题，实行标准化管理。任何系统都有结构，结构都是有序的，杂乱无章的事物不能称其为系统，安全管理作为一个系统，必须有序地运转。在电力企业中，有的管理者缺乏有序观念，不按安全措施方案和《安全工作规程》规定的程序指挥作业，随心所欲地简化作业程序甚至颠倒作业程序，结果诱发了事故；有的管理者有序观念不强，将上级要求传达到每个职工的安全生产指示、指令擅自扣留，使信息传递出现梗阻，致使管理系统不能有序运转。诸如此类的问题，说明安全管理中的混乱状态，是对系统有序性

的干扰和破坏。

（三）要用动态观念观察、分析和处理问题，使管理活动不断适应新形势的需要。一切客观事物都处在发展变化之中，推动其发展变化的根本原因在于事物内部的矛盾性。作为客观事物的管理系统也是如此。企业安全管理活动是一个动态发展过程，要根据情况的发展变化，协调诸因素的关系，调整管理重点，把握管理的主动权。当前，一些管理者动态观念薄弱的主要表现是：管理思想上墨守成规，习惯采用过时的方式方法；相信已获得的信息，忽视已经变化了的客观实际，因而导致指挥失误；把偶然获得的管理经验，当成普遍规律；工作平庸，缺乏改革和竞争意识，等等。这些都需要加以克服。

（四）要用开放的观念观察、分析和处理问题，善于吸收新的知识和信息。管理是一个开放系统，只有不断地同社会进行物质、能量、知识和信息交流，才能提高管理素质，实现管理的目的。企业安全管理也是一个开放系统，也需要同社会和其他单位进行物质、能量、知识和信息交流，否则，管理活动就会因为闭守而僵化。当前，一些管理者开放观念不强的主要表现是：不善于研究和接受外界的信息，对外界的变化一无所知；满足于自己的经验，对先进管理经验、先进安全技术置若罔闻，漠然处之；既缺乏现代安全管理知识，又不认真学习，等等。作为电力企业的管理者，应正确处理安全管理活动与系统开放性的关系，认清开放性不是环境强加于系统的，而是增强管理效能的基本条件，是由管理活动的内在要求决定的，从而自觉地解放思想，向环境开放，把先进的安全管理经验、知识和科学技术学到手。

第八节　学习和应用控制理论

一、控制的含义

所谓控制，是指施控者掌握住受控对象，不使其任意活动或超出范围。控制论是20世纪最伟大的理论成果之一。它是美国数学家维纳等人于1948年创立的，并把控制论定义为“关于在动物和机器中控制和通讯的科学”。用控制论解释，控制是指产生原因系统对产生结果系统有目的的影响和干预。控制现象是客观世界存在的一种普遍现象。我国古书上说：“马骋曰磬，止马曰控。”对马的驾驭就是控制。比如，人便是一个典型的控制系统。人在工作中的一系列动作行为，都是在中枢神经指挥机构控制下发生的，具体控制过程是：中枢神经指挥机构（大脑）通过感觉器官（眼、耳、鼻等）接收外界信息，进行分析加工，作出一定的判断，再输送给效应器官（手和脚），产生行为反应。再如，蒸汽机中的调速器，是对蒸汽系统实施控制的一种装置，当其转速变慢时，调整器执行偏差信号命令，使阀门打开，送汽量增加；反之，使阀门关闭，送汽量减少。调速器就是这样自动地防止任何偏离预定速度的偏差，使蒸汽系统始终处于安全稳定状态。安全管理，实际上就是管理主体对管理客体实施控制，使其符合安全生产规范，达到安全生产的目的。控制被称为现代管理的“无形舵手”。

二、控制论的基本原理

控制系统为什么具有控制功能和怎样进行控制呢?控制理论通过研究事物普遍存在的控制现象，找出了共同的规律性。控制理论认为，在存在控制现象的事物中，被控制的对象一定存在多种发展的可能性，人可以在这些可能性中，通过一定的手段进行选择，然后通过系统的交换和传递，发出指令，调整受控系统的行为，以便达到预期目的，使系统趋于稳定状态，这种作用就是控制作用。

控制论指出，主体通过施控，使受控客体按照预定目的动作的过程中，存在三个基本要素，即作用者（施控主体）、被作用者（受控客体）和将作用从施控系统传递到受控系统的传递者。

系统的控制的实现，正是这三个因素互相起作用的结果。控制系统原理表明作用者与被作用者的作用是相互的，即作用者对被作用者起控制作用，被作用者对作用者起反馈作用。另外，任何系统都是处于一定的环境中，因此，它与环境之间也存在着相互作用。

控制论根据有无反馈回路，把控制系统分为开环控制系统和闭环控制系统。所谓开环控制系统，是指没有信息反馈作用，系统的输出仅由输入来确定的控制系统；闭环控制系统，是指具有信息反馈作用，系统的输出不仅由输入，而且还要由输出的回输来共同控制的系统。

通过分析可以看出，开环控制系统由于没有反馈回路，输出的信息仅由输入来控制，因此，它抗干扰能力差，不能自动回到目标状态上来，系统很不稳定，其控制作用受到很大限制；闭环控制系统由于具有反馈作用，增强了排除干扰的能力，因此，能够使系统达到稳定。控制理论所研究的控制系统，是指带有反馈回路的闭环控制系统。

闭环控制系统的基本原理，对增强企业安全管理效果有特别重要的意义。企业安全管理作为一个管理系统，必须建立反馈回路，依赖于反馈的控制作用。所谓反馈控制，是指将系统的信息输送出去，对其作用结果返送回来，并根据作用结果对信息的再输出进行调整的控制方式。例如，学习贯彻有关安全生产的文件，不仅要传达原文，讲清精神实质，而且要收集职工的反映，要检查贯彻落实的情况，看哪些方面贯彻落实了，哪些方面没有贯彻落实，原因是什么，并以此为根据，确定进一步抓好贯彻落实的措施。经过几个反复，才能把文件的要求落到实处。反馈又分为正反馈和负反馈。所谓正反馈，是指反馈系统的输入对输出的影响增大，造成系统的运动加剧，导致振荡。所谓负反馈，是指反馈使系统的输入对输出的影响减少，使系统偏离目标的运动收敛，趋向于稳定状态。在企业安全管理中，这两种反馈的应用都比较广泛。例如，企业通过教育和监督，不断纠正职工思想和行动上背离安全要求的偏差，而使安全管理系统保持稳定状态，这便是负反馈控制。如果管理不力，职工安全意识薄弱，导致违章频发，险象环生，甚至发生事故，负反馈就有可能变成正反馈。在这种情况下，就需要进一步强化安全管理，才能扭转被动局面。因此，管理者应了解正反馈和负反馈在控制系统中的功能，让它更有效地发挥控制作用。

三、控制过程的基本特征

施控从主体对受控客体实施影响干预的过程，称为控制过程。控制过程具有以下四个特征：

（一）控制过程具有明确的目的性，没有目的就无所谓控制。例如，指挥起重作业，指挥者对作业过程实行控制，目的是在保证安全的前提下，顺利地完成起重任务。即使是每一次具体控制指令的发出，也都具有一定的目的。所以，目的性是控制最本质的属性，控制进程，也就是施控主体目的实现的过程。

（二）控制过程是对受控客体的信息进行判断，进而作出施控决策的过程。闭环控制系统原理告诉我们，没有信息的反馈，就不能起到有效的控制作用。仍以指挥起重作为例子，指挥者发出每一个控制指令，都是通过观察受控对象包括作业现场、吊车、起重物件、吊车司机以及其他作业人员所处的状态即信息，进行分析判断后下达的。如果指挥者不顾受控对象的实际情况，凭想当然发号施令，就是违章指挥，必然会使受控系统处于混乱状态，以致造成事故。所以，要达到控制的预期目的，就必须重视收集、分析和处理受控客体的信息，保证施控的指令与受控客体的实际情况相符合。只有这样，受控客体才能作出应答性的回答，接受施控主体的控制。

（三）控制过程是有组织的动态过程。控制过程是一个循序渐进、环环相扣的复杂过程，将会出现许多预想不到的不确定性，不可能与施控主体原来设想的状况完全一致。因此，必须根据系统内部、外部的各种变化随时进行调整，改变控制条件，否则，便有可能失去控制。

（四）控制过程是信息处理多次往复的过程。控制的过程便是使事物之间或人们之间相互作用、不断克服随机因素的过程。就安全管理的控制过程而言，也就是不断发现问题、不断解决问题的过程。因而，从信息的发出到信息反馈，从再次发出信息，到信息的再次反馈，控制目的才能得以实现。

四、控制方式

企业安全管理就是通过管理客体的作用，来控制管理客体完成工作任务，实现安全目标的。

因此，控制是安全管理的基本功能。安全管理的成败，主要取决于能否有效控制事故的发生。采取正确的控制方式，能够预防和减少事故，提高管理成效。所谓控制方式，是指在控制系统中为了实现控制目的所采取的方法。在企业安全管理中，经常采用的控制方式有以下几种：

（一）预先控制。在安全管理中，预先控制也就是预测控制。事故重在预防，不能等到出了事故，才想到控制事故的发生，这样会造成不可挽回的损失。因此，在每次作业前，管理者都应向作业职工进行安全交底，指出危险部位和防范措施。在年度任务展开时，也应对易于发生事故的因素进行分析预测，以便做好积极预防工作。

（二）现场控制。组织和监督职工按照工作规程作业，发现违章行为，及时纠正，把操作者的行为控制在安全范围之内，这便是现场控制，又称为事中控制或日常控制。它的特点是随时收集信息，迅速发现和纠正违章行为，在保证安全的前提下，顺利完成作业任务。

（三）事后控制。在出现违章行为或事故后，吸取教训，制定整改措施，防止重复发生，这便是后控制。

（四）全面控制。安全管理是一项系统工程，引起事故的原因又有环境因素、人为因素和机械设备因素等。所谓全面控制，就是对全部管理客体的安全控制。要按照《安全工作规程）的要求，经常对作业环境、机械设备状况进行检查，及时清除隐患和故障，发动职工群众人人当好监护者，互相监督，使每个人都按章办事。全面控制，还包括对作业全过程的安全控制，使作业从始至终都处于安全状态。全面控制具有全员、全过程和全方位控制的特点。

（五）最优控制。它是指在若干个控制方案中选择最好的方案。企业生产、施工、作业等方案可能有多个，管理者应根据“安全第一、预防为主”的方针和有关规程规定，选择最能保证安全，又能省时、省力、保质、保量完成作业任务的方案作为执行方案。

控制论是研究各种系统共同存在的控制规律的理论。作为班组长，只有学习和应用控制论，才能增强安全管理效果。

第九节　学习和应用信息理论

现在，我们正处在信息社会，信息是安全管理不可缺少的资源和媒介。要有效地进行安全管理，就必须了解和应用信息论知识。

一、信息的含义

什么是信息?在我们日常生活中，信息是指具有新内容、新知识的消息。但是，信息的含义要比通常所说的消息广泛得多，它包括消息、情报、指令、代码以及含有一定内容的信号等，是对事物存在的方式、运动状态、相互联系的特征的一种表达和陈述。对于“信息”二字，有的企业管理者特别是基层管理者可能感到陌生，其实，我们每天就生活在充满信息的社会生活中，都会接触和处理大量的信息。例如，向职工传达事故通报，通报就是一种反映安全生产情况的信息，传达的过程，就是传递信息的过程。安全管理信息，是指在安全管理过程中，人们收集、加工和输入、输出的安全管理信息的总称。它包括制定和颁布有关安全生产的方针、政策、法令、标准、规程、各种工程技术和企业安全管理的文献及其有关数据；拟定和下发、传达有关安全生产的事故通报；对职工在作业中的安全表现作出评价：拟定并实施安全管理规划等。

信息论是20世纪40年代末产生和发展起来的一门新兴科学，它的主要创始人是美国数学家申农。1948年，申农发表了《通信的数学理论》一文，标志着信息论的诞生。信息被称为现代管理的神经系统。

二、安全管理信息的基本特征

（一）信息内容上的特定性。在管理信息的海洋中，只有一部分管理信息与安全管理有关。

只有那些直接或间接反映安全管理内容的信息，才属于安全管理信息。

（二）传递方式上的多样性。管理者可通过参加会议，阅读文件、报刊，收听广播，收看电视等渠道，来获得安全管理信息。

（三）功能上的时效性。安全管理信息是一个动态发展过程，特别是随着电力事业的发展、科学技术的进步和机械设备的现代化，对安全管理提出了新的要求，因而，新的安全管理信息将会层出不穷，并取代已经失效的信息。例如，从新中国成立到现在，对电力生产（建设）安全工作规程已作过多次修改，就是适应新情况吸收新信息的结果。管理者如不及时学习、了解新的管理依据，仍旧按老章程办事，就会导致违章指挥。

（四）吸收和应用上的可选择性。安全管理信息是一个整体概念，是各层次管理者应知晓的安全信息的总和。企业管理者有不同的工作职责范围，并非要了解全部的安全信息，但必须选择和了解与本职工作息息相关的安全信息。

（五）范围上的可扩散性。安全管理信息不是实物，一件实物分给了他人，自己就没有了。安全管理信息则不同，把信息传达给职工，让更多的人知晓，使信息量增加，正是发挥了信息应起的作用。从一定意义上说，知晓信息的人越多，信息起的作用就越大。

（六）价值上的实用性。一切信息都是有用的，只不过是有一定的空间性和时间性而已。安全管理信息也是如此，它是企业安全管理的基本要素，是连接安全管理诸要素的纽带，是提高安全管理成效的关键。

三、通信系统和非通信系统

美国数学家申农曾以通信为背景，建立起通信系统模型。

在这个系统模型中，信源是指信息的来源或信主，即发信的一方；信道是指传递信息的媒介或方式，即信息的传递渠道；信宿是指收信者，即信息接收的一方；编码是指把信息变成信号的措施；噪声是指不同频率和不同强度的声音在电路中由于电子和持续杂乱运动而形成的干扰。

安全管理信息系统是非通信系统，也可以从申农建立通信系统得到启发。比如，我们可以把领导机关看作是信源，基层班组看作是信宿，下达安全管理指令的渠道看作是信道，各种安全指令看作是信息。反过来，也可以把基层班组看作是信源，领导机关看作是信宿，反映安全管理情况的各种渠道、途径看作是信道，安全管理情况看作是信息。在电力系统的安全管理过程中，正是由于自上而下和自下而上两种信息系统循环交叉地起作用，才使领导机关能全面准确地掌握基层的安全管理信息，作出符合实际的决策，然后再下达给基层，指导一线安全管理。要使信息系统正常运转，必须符合下述条件：

（一）信源应强大有力；

（二）信息应正确可行；

（三）信道应畅通无阻；

（四）信宿应灵敏可靠。

其中任何一个环节出现故障，都会导致整个信息系统失灵。在安全管理信息系统中，基层既充当信源（为领导机关提供决策的依据），又充当信宿（接受和贯彻执行领导机关的决策）。基层在充当信源时，提供的安全管理情况必须准确及时，在充当信宿时，贯彻执行上级的决策必须坚决认真。

四、信息量及其度量

信息量的大小是可以度量的。所谓信息量，是指信宿收到信息后“不确定性”减少的数量，也就是收信者知识变化的数量。信息量的大小，用消除“不确定性”的多少来表示，信息量越大，说明消除“不确定性”的程度越大；信息量越小，说明消除“不确定性”的程度越小。在信息科学中，度量每个消息平均信息量，一般使用申农—维纳信息量公式度量。式中，H表示信息量；K是一个常数，是表示各个不定量相加之和的符号；P（铲i）是信息中发生事件的概率；log$P$（铲i）是采用对数度量信息。公式表明，如果没有外界干扰，信宿收到的信息量与H相等；如果全部受到干扰，则信宿没有收到信息；如果部分受到干扰，则信宿只能收到部分的信息量。企业安全管理信息量，也可以使用申农—维纳信息量公式度量。如传达安全生产会议精神，如果原原本本地传达到每个职工，则职工接受的信息量与会议精神的信息量相等，达到了要求；如果只传达了部分内容或传达到部分职工，则职工只接受部分信息量；如果未传达，则职工没能接受信息量。因此，只有消除“不确定性”因素，才能使安全管理信息与所有的职工见面。

五、有效安全管理信息、模糊安全管理信息和语义安全管理信息

有效安全管理信息是指对安全管理有效用、有价值的信息，即信宿收到安全管理信息后起到的作用和产生的实际效果。信息的有效性体现在三个方面：

（一）时间上的及时性；

（二）数量上的适当性；

（三）质量上的适用性。

如电力行业制定和颁发的《关于安全工作的决定》，极大地促进了企业的安全管理，就是有效用、有价值的信息。

模糊安全管理信息，是与准确安全管理信息相反的指含义模糊、具有不确定性的管理信息。在客观世界中，确有一些事物从属于此类到不属于此类的界限是模糊的、不确定的，因而反映这些事物的信息，也是模糊的、不确定的。安全管理信息也有这种情况。比如，班组在安全工作讲评中时常讲的某同志表现较好、某同志表现不够好等，皆属于模糊信息，因为无法准确地具体地度量“较好”或“不够好”的标准。但是，在应该使用精确信息时，必须避免使用模糊信息。在进行安全技术交底时，就应讲清安全注意事项和具体的防护措施，绝不应给听者“大概”“可能”“差不多”之类的模糊信息，否则，作业者将会无所适从，容易导致事故。

安全管理语义信息，是指信息源发出的安全管理信息所包含的意义。比如，起重用的手势信号，便是一种安全管理语义信息，指挥者手臂伸直置于头上方，五指自然伸开，手心朝前保持不动，即表明向吊车发出“预备”起吊的信息，吊

车司机见到这种手势，即知晓它的含义，进行起吊准备。如果安全管理语义信息规定不明确或理解不正确，即会导致误操作，可能诱发事故。

六、安全管理信息的作用

有效信息是一种资源，具有无比重大的作用。在战争中，一方因为搜集到对方的一条军事信息，采取相应对策，可能置对方于死地；在市场经济的激烈竞争中，企业获得一条经济信息，从而改善经营，开创新的产品，就可以占领市场。安全管理信息的作用，表现在以下几个方面：

（一）交流情况的作用。对一个企业来说，了解其他单位安全工作的经验或教训，主要依靠安全管理信息交流。传达其他单位的一起事故情况，可以引起本企业全体人员的警觉；其他单位的一则安全生产消息，可以使全体人员振奋。企业安全管理的一项重要职责，就是接受和传递安全管理信息，传递不及时或扣留，就可能引起不良后果。1985年1月，某省电力工业局通报了一起疏忽大意导致作业人员触电死亡的事故，强调对上下层布线而安全距离较小的作业，必须加设绝缘隔板等防范措施。某电业局接到通报后，立即召开班组长会议，传达了事故通报，线路维修一班长听会时没作记录，会后又未及时向职工传达，致使第二天该班某小组一名工人上横担作业，因距离B相太近，被B相放电击伤后坠落死亡。如果班长及时传达上级的通报，引起职工警觉，采取防护措施，这起事故是可以避免的。

（二）对被管理者施加影响和控制的作用。企业安全管理的过程，就是管理主体对管理客体施加影响和控制的过程，这一过程不是表现为某种物质形态，而是表现为信息形态，即信息的不断输入、输出和反馈的过程。比如，管理者发现工人有习惯性违章行为，便加以劝止，使其按章作业，这就是信息输入、输出和反馈过程。其中信息输入即工人习惯性违章行为被发现；信息输出即管理者发出劝告；信息反馈即通过实际考察，看其是否改变了习惯性违章行为。如果改变了，则说明达到监督的目的；如果没有改变，仍旧坚持习惯性违章，则需要进一步施加影响，直到实现监督目的为止。

（三）事故预测和预防的依据作用。对事故进行预测和预防是安全管理的重点，只有广泛搜集预测和预防信息，在此基础上作出科学决策，才能使预测预防工作具有可靠性。有些企业总结出的“安全管理松懈、制度松弛、节假日前后、时间紧任务重、特别是工作量超出职工实际承受能力、作业环境艰苦等时机和场合最容易发生习惯性违章”的经验，便是综合分析大量安全管理信息的结果。只有预测到易于发生事故的时机和场合，管理者才能有针对性地加强管理，做好积极预防工作。

（四）传播新知识、新技术、新经验的作用。企业安全管理是开放性的系统，必须面向社会，接受新知识、新技术和新经验。而这些新知识、新技术、新经验正是以信息的形态传递给企业管理者的。只有不断地吸收和应用这方面的管理信息，才能把安全管理工作推上新的台阶。

综上所述，不难看出，离开了安全管理信息，要想抓好企业安全管理工作是不可能的。

七、管理者要重视和正确应用安全管理信息

既然信息是一种宝贵的资源，管理者就应自觉地开发和广泛地利用，向信息要管理效益。

（一）要做有心人，广泛收集安全管理信息。安全管理信息的来源是极为广泛的，要想获得它，就得做有心人，随时随地发现、收集、整理，在管理实践中加以应用。某局有一位所长，凡是从会议 、同事间、报刊或电视里得到的与安全管理有关的信息，都记录在小本子里，进行整理加工，经常向本所职工介绍，有力地增强了职工的安全观念，实现了全所连续10年无事故。

（二）要提高安全管理信息传递的有效性。所谓传递信息的有效性，是指信息传递及时，数量大，内容翔实可靠。而要做到这一点，就必须大力减少“不确定性”，排除各种干扰。比如，应该向全体职工传达的会议精神，就应立即传达，防止拖拉延误，传达的内容要原原本本，防止失真走样。

（三）要运用信息反馈原理，发挥安全管理信息的作用。在控制论中，信息反馈是指某一系统输出的信息作用于被控制对象以后，所产后的结果返回到输入端，并对信息的再输出发生影响的过程。在企业安全管理中，管理者对传递出的信息要跟踪问效，督促检查贯彻落实情况，将反馈信息与原输出信息加以比较，根据二者的偏差对再输出信息予以纠正，使偏差减小，直至执行情况与原输出信息的要求相一致。

第十节 学习和应用人的特性理论

要正确认识和处理安全管理者与被管理者之间的关系，应该学一些有关人的特性理论。

一、人的特性的含义

人的特性是指一般人所特有的性质。人具有个性、社会性和主观能动性。

所谓个性，是指人的个性心理特征，即一个人在一定的社会条件和教育影响下形成并表现出来的本质的、经常的、稳定的心理特点，它包括能力、气质、性格等。这些个性心理特征，集中地体现了人的心理活动的特殊性，并在行为中表现出来。现代管理学主张承认人的个性，尊重人的个性，应该根据每个人不同的个性心理特征，采取不同的管理方式，以便充分调动人的积极性，并形成强大的内聚力。

社会性是指人所处的社会关系。人在生产劳动中总是结成一定的社会关系，并在一定的社会环境下生活，因此，人必然具有社会性，成为“社会人”。人所处的社会地位如何，对人的积极性、主动性和创造性的发挥，有着决定性的影响。在我国社会主义制度下，劳动人民是国家和社会的主人，他们是为了自己的根本利益而工作，因而能够最大限度地发挥积极性、主动性和创造性；在资本主义制度下则不同，劳动群众处在被剥削被压迫的社会地位，积极性、主动性和创造性不可能充分调动起来。

主观能动性是指人的自觉性。人能够自觉地抑制自己的情感冲动，控制自己的行为，以便以最合理的方式行动。人不是消极地适应环境，而是能够积极地改造环境。人不仅能认识自然规律和社会规律，而且能够利用这些规律为人类服务。在企业安全管理中，人的主观能动性表现在多方面，如结合实际创造性地开展安全工作，自觉地用安全规章制度约束自己的行为等。

二、西方人的特性理论的主要内容

（一）X理论。西方传统管理理论认为，人生下来就厌恶工作，只要可能就逃避工作，缺少进取心，工作不愿负责任，宁愿被领导，没有什么抱负；习惯明哲保身，反对变革；缺乏理性，容易受到外界和他人的影响，作出一些不适宜的举动；以我为中心，无视组织的需要。从这种人的特性理论出发，西方传统管理理论把人看成是与物同等的消极被动因素，因而主张只有采取强迫命令等压服的管理方式，才能使其遵守纪律，努力工作。这种理论称为X理论。

（二）Y理论和“不成熟—成熟”理论。西方现代管理科学认为X理论是错误的，并提出X理论相对立的Y理论，其要点是：人生下来并不一定厌恶工作，要求工作是人的本能。在适当的条件下，人们能够承担责任，而且多数人愿意对工作负责，并有创造才能和主动精神；人追求的需要与组织需要并不矛盾，并非必然对组织的目标产生抵触的消极态度，只要管理适当，人们能够把个人目标与组织目标统一起来；人对自己所参与的工作目标，能够实行自我管理和自我指挥。从这种人的特性理论出发，西方现代管理科学主张管理者应当创造一个满足企业成员各方面需求，特别是交往、自尊、自我实现等社会需求的环境，以此激发人的动机，使其主动地为企业的目标工作。这种理论，被称为Y理论。此外，还提出了“不成熟—成熟”理论，这种理论认为，在人的个性发展方面，如同婴儿成长为成人一样，也有一个从不成熟以成熟的基本性质与个性发展不协调，改变这种不协调的方法是：扩大职工的工作范围，增加职工在工作规定中所完成工作的样数，使工人感到自己对工作有更多的权力和控制；采用参与方式的、以职工为中心的领导方式；使职工有从事多种工作的经验；加重职工的责任。只有这样，才能引导职工从不成熟走向成熟，增加管理效果。较之传统管理理论，西方现代行为科学关于人的特性的认识和承认被管理者作用，是一个历史性的进步，但是它归根结底是为调整资本主义生产关系服务的，因而不可能从根本上解决在管理中的地位问题。

二、我国管理客体——人在管理中的地位

我国现代管理科学充分肯定了劳动者在管理中的主动地位。

（一）从政治上、经济上、法律上看，作为管理主体和管理客体的人，都是劳动者，因而在管理中所处的地位是平等的。

（二）从在管理中发挥作用的角度看，即使是处在管理客体的人，并不是被动的，而是始终处于主动地位。

（三）从构成管理和被管理的关系上看，人始终处于有意识的主动支配地

位，因而人的素质如何，直接决定着管理的成效。

（四）从管理和被管理的关系上看，被管理者对管理者的服从，不是被动的盲目的服从，而是主动的有条件的服从。如《中华人民共和国劳动法》第五十六条明确规定："劳动者对用人单位管理人员违章指挥、强令冒险作业，有权拒绝执行；对危害生命安全和身体健康的行为，有权提出批评、检举和控告。"这便是有条件服从的法律依据。

四、企业安全管理必须体现职工的主动地位

（一）在电网企业，安全管理者与被管理者的根本利益是一致的。但在实际工作中，有的管理者认为"自己是管理者处在主动地位，职工是被管理者处于被动地位，因此自己不论怎么管理，职工都必须服从"。有的职工则认为"企业的安全管理是为自己设置的障碍，限制自由"。这些认识，都是把管理者与被管理者对立起来，是不对的。首先，从安全管理的根本目的来看，管理者加强管理，正是为了保护职工的生命安全与身体健康；其次，企业代表着职工的根本利益，企业实现安全生产，保障经济发展，创造更多的效益，受益者还是职工自己；再次，相对管理者来说，虽然职工处在被动地位，服从其管理，但这种服从性正是为了实现统一指挥，统一行动，确保安全生产的需要，归根结底，也是使职工自身受益。

（二）管理者要破除"家长制""一言堂"等领导方式，树立依靠职工搞好安全管理的观念。电力生产必须依靠广大职工群众，只有广大职工都积极行动起来参与安全管理，电力安全生产才有可靠的基础。因此，在安全管理中，管理者必须相信群众，依靠群众，动员群众积极抓好安全管理。管理者应把安全管理的要求、计划、措施等交给职工群众；经常听取并采纳职工的合理化建议，改进工作；认真贯彻执行监护制，充分发挥老工人、大技工的监护作用；动员和支持职工行使管理的权力等。

（三）要把严格管理与耐心说服结合起来。提到"严格管理"，有的管理者就想到严厉训斥，以行政手段压服；而提到"耐心说服"，有的管理者又想到放松管理，任其自流。这两种偏向都必须纠正。严格管理并不等于训斥压服，而应当是以情感人，以理服人，严在理上。如果蛮横无理，以权压人，职工是不会服气的。耐心说服也不等于放松管理，而应当通过耐心说服教育，更好地把严格管

理变成职工的自觉行动。把严格管理与耐心说服结合起来，实质上是采取民主的方法、说服教育的方法落实安全措施，进行安全管理。

（四）要实行正确的指挥，杜绝违章指挥。管理者的指挥，必须体现“安全第一、预防为主”的方针，必须符合电力系统的安全规章制度，必须符合安全生产的客观规律性。违章指挥，实质上是管理者滥用职权，对安全生产危害极大。既然被管理者对管理者的服从是有条件的，那么管理者对被管理者的管理，也应该是有条件的。这个条件就是符合《劳动法》和安全工作规程的正确管理。如果管理者的违章指挥受到职工的批评，就应该虚心接受，并迅速改正，绝不能因感到“脸面不好看”或“有失威信”而固执己见。必须清楚，职工对管理者的监督，正是他们主动行使监督权的表现，理应受到保护和提倡。

（五）要正确地理解管理中的服从性和约束性，认真履行管理者的职责。管理就是管理者对被管理者的行为施加影响和控制，但这绝不等于说不尊重被管理者的主动地位。一个乐队要演奏出好的乐章，所有的人员都必须服从指挥。一个企业要做好安全工作，管理者也必须具有权威性和约束力，否则，一人一把号，各吹各的调，每个人都自行其是，一盘散沙，那还有什么安全局面可言?

总之，在企业安全管理中，各级领导既应当好管理者，认真履行管理职责，又应当好被管理者，接受职工的监督；每个职工既要当好被管理者，自觉服从管理，又应当好管理者，主动地参与管理。只有这样，才能形成“人人参与管理，个个服从管理”的生动局面。

第十一节　学习和应用“人—机—环境”系统理论

企业安全管理的客体主要是人、机器和环境。学习和运用“人—机—环境”系统知识，有助于认清发生在这一系统中事故的规律性及预防措施，从而对管理客体实施有效的影响和控制，使之处于安全状态。

一、“人—机—环境”系统的含义

“人—机—环境”系统，是人机工程学里最重要的课题，是指在管理中，把人、机器、环境作为一个系统，并使三者的功能相互联系，相互作用，构成一个运转合理的系统。其中，“人”是指劳动者，可以是单元作业点上的单独劳动者，也可以是集团作业中各个协同作业点上的群体劳动者；“机”是指各种机械和器具，即可供劳动操纵使用的劳动工具；“环境”是指作业场地的条件。在完成具体的作业任务中，人、机和环境是不可缺少的要素，三者只有正常地互相作用，才能使生产或施工得以顺利地进行，其中任何一个因素出现不安全状态，都会危及安全生产。在系统安全学中，正是应用“人—机—环境”系统理论来研究这个系统事故的成因、特点和预防措施的。

二、“人—机—环境”系统理论的要点

（一）提出了“人—机”系统能流向的可逆性的理论。“人—机—环境”理论认为，在以人为主体的人机系统中，机器由外部获得能量进行工作。在正常的情况下，当把外部能量控制在一定的空间时，能量通过在生产流程中做功而被消耗掉，并制造出社会所需要的产品。但是，在异常的情况下，由于不安全因素的存在，致使一部分能流未流向机器，而逆流于人体，以致造成伤害现象。

（二）指出了“人—机”系统事故的成因，即以人的失误为主要诱因。事故的发生取决于人、机两个子系统所处的空间和时间沿着各自的轨迹进展中的交点，因人的失误触及机器，而使能量从机器一方传给人的一方，使人受到伤害。人的失误主要种类有：

1. 操作失误。包括由于刺激过大或过小造成的知觉融合，不利于区别、识别和辨别；按错误的或不充分的信息乾地机器运转；显示失误；控制器的排列与布置和操作者不一致；控制器的识别性、标准化和设计的缺陷；物理的、空间的、化学的环境导致操作者（机器）性能降低；由于时间紧迫，造成高度紧张、程序上无充裕时间等。

2. 维修失误。人员在发现故障以后，在更换零件、调整或处理过程中所发生的失误及时间上的延误。

3. 处理和运搬失误。移动中伴随有装置损伤、时间损失或人员受伤害。

4. 保管程序上失误。包括由于保管环境不良、温湿度不当、过期保管以及定期保养不充分、保管记录不充分或有误等。

5. 系统计划的失误。由于作业时间增加，身体负担过重以致使系统的可靠性降低。人的失误产生的原因有：

①缺乏对危险性的识训。由于安全教育训练不够，不懂得危害，从而进行不

安全作业。

②在操作方法上不均衡、不适合或做无用功。

③准备不充分、安排不周密就开始作业，因仓促而导致危险作业。

④作业程序不当，监督不严格，致使违章作业自由泛滥。

⑤取下安全装置，使机器设备处于不安全状态。

⑥走捷径，图方便，忽略了安全程序。

⑦不安全地放置物件或工作环境危险。

⑧在运转中的机械上注油、检修或清扫。

⑨接受危险场所且无护具或服装不利落等。另外，环境因素也会促成人的失误，如：没有充裕的作业时间；反复操作；由于作业条件恶劣而产生的恐惧；环境促成心理变态，如兴奋过度、忧虑担心、发怒等心理反应影响了对危险的预见等。

（三）提出了“人—环境”系统事故的成因。事故的成因有两种情况。一是“飞来”物体的突然伤害。包括因风力、水力等自然现象对生产设备或房屋施加了较大的能量，致使发生倒塌、坠落、飞人等现象，导致人的伤亡；作业环境中原材料、制成品及其他物资乱存乱放，使物体处于不安全状态，遇有振动、与外部力接触等原因，使潜能突然变为动能，作用于人或物造成的伤害；或者是在车间中与单元作业的“人—机”系统无关的其他作业系统，飞来有动能的物体打击。二是存有粉尘、毒气、振动、高频、微波、放射线等环境的危害。在“人—环境”系统中，发生的危害与人的行动失误无关，人不是发生事故的机缘，而是从对象物返回到人。

三、“人—机—环境”系统理论对企业安全管理的启示

“人—机—环境”系统实际是生产或施工系统，是一个动态系统。对于电力企业来说，安全管理必须适应这个系统的特点，把安全管理工作贯穿于电力生产或施工的全过程，落实到每一个作业人员、每一台机器设备和每一处作业环境上。

（一）要加强对作业过程中人员的安全管理。“单人—机械”系统中能量逆流于人体所造成的伤亡事故，多发生在单元作业的操作点上。由于单个职工独立作业，无他人监护，很容易因误操作而导致事故。因此，教育职工养成遵章守纪

的自觉性、防止散漫性和随意作业是一大关键。“多人—机械”系统所发生的事故，往往是由于相互之间动作不协调、信息交流不充分或不及时，发生“时间滞差”所致。要避免这种情况，管理者则应抓住两个环节：一是反复训练或演练，提高职工动作的熟练程度，达到动作协调一致；二是准确地传递信息。一般来说，人机一体移动系统，发生事故的频率比“人—机”系统高得多，主要是由于客观环境复杂多变，在物体的运行空间的位置都在连续不断地变化，很容易造成判断失误，致使采取的措施超前或延缓。例如，司机驾驶汽车运行就是如此，在运行中人和车是直接连在一体的，不仅受到道路状况的制约而且受着其他的运动物体如车辆、行人等影响，并且经常改变运动方向，车辆事故多是运行时间和运行速度这两大因素引起的。总之，对“人—机”系统的安全管理，要根据不同工种的作业特点采取相应的对策。

（二）要加强对作业过程中的机器设备的安全管理。最基本的要求是，将机械设备的全部运行部位进行遮护，防止操作者身体的某些部位与之接触。概括起来就是转动有罩、转轴有套、区域有栏。

1. 要把好上岗关。对大型机械的操作人员，应进行专业操作技术培训和安全操作规程学习，达到学以致用，经考核合格后方可允许上岗工作。

2. 督促职工按要求穿戴防护用品。比如，操作机器时，车工不准戴手套；女工须将长发罩在工作帽内；切削金属时要戴好防护眼镜、穿戴工作服和套袖；使用压刨机送料和接料时不得戴手套等。

3. 按规定设置安全保护设施。例如，砂轮机应安装防护罩，电动机械应可靠地接地，木工平刨机床有安全装置，机械裸露的转动部分（如轴、风扇、传动机构、滑动机构等）均应装设安全防罩或遮栏等。

4. 严禁在机械运行中进行检修和调试。

5. 机械在高压线下工作或通行时，最高点与高压线之间的垂直距离不得小于线路电压规定的安全距离。总之，各种机械器具的使用都有各自的安全操作规程，管理者的责任就是组织职工学好规程，并应用它指导操作。

（三）要加强对作业环境的安全管理。由作业场地隐患诱发的事故，往往带有很大的偶然性，因为作业场地存在的一些微小的隐患，人们不易觉察。工人们在熟悉的条件下工作，思想容易麻痹，丧失警惕性。事实上，一切事物都处在发展变化之中，绝对不变的事物是不存在的，作业环境也是如此，过去处于安全稳定状态的环境，不等于永远地处于安全稳定状态。例如，某机械车间曾出现一起因风扇叶轮突然倾倒砸伤人的事故，一检查，原来放风扇叶轮的位置，是一条被木板盖住的地沟。由于木板年久腐烂，再加上风扇叶轮的重量，使木板塌陷，致使风扇叶轮倾倒。加强作业环境管理，要求作业前，管理者应组织职工对现场进行检查，对有可能飞、落的物体采取加固措施，创造安全稳定的作业条件。同时，要加强对粉尘和噪声的治理，预防职业病或职业中毒。当前，大部分火电厂已设有喷雾装置，或使用煤车注水、负压清扫、除尘小房等来防止粉尘对人体的危害。对噪声，一些企业采用了吸声、隔声、消声、隔振和阻尼等控制技术措施，或使用了隔音罩、隔音小房，或在球磨机、发电机、汽轮机等机械的安全罩上涂隔音漆、加工业毛毡等。应该指出，粉尘和噪声对人体健康的危害，是一个缓慢的过程，往往需要几年甚至十几年时间才可以看出后果，因而有的职工对此不以为然。这就需要管理者加强教育，引导职工认清粉尘和噪声的危害，掌握治理方法。对现有的除尘和控制噪声的设施，要督促职工充分地加以利用，并定期检查和维修，保持其性能良好。对接触粉尘、噪声的工人，要定期安排他们进行体检，以便对职业病早期发现，早期治疗。对有禁忌证的工人，不要分配到相应的有害作业岗位。

第十二节　学习和应用突变理论

突变理论是一门研究事物突变现象及其规律的科学。企业如何加强安全管理特别是如何预防事故，可以从突变理论中得到启发。

一、突变的含义

突变和渐变、质变和量变是事物发展变化的两种形态或方式。突变是指事物突然急剧的变化；渐变是指事物逐渐的变化；质变是指事物的根本性质的变化，是由一种物质向另一种物质的突变；量变是指事物在数量上、程度上的变化，是一种逐渐的不显著的变化，是质变的准备。质变和量变的相互转化是事物发展的普遍规律。

事物的突然变化，呈现出不稳定的状态，例如在电力生产或施工中，带电物体突然放电伤人、厂房突然倒塌等就是突变。事物究竟是怎样从渐变、量变发展到突变、质变的，其中间过渡态的分界线和关节点是什么，在什么样的条件下会发生突变等，这就是突变理论要回答和解决的问题。所谓突变理论，是指描述突变的飞跃过程，研究不连续现象的数学理论。

二、突变理论的主要内容

1972年，法国数学家雷内·托姆在《结构的稳定性和形态发生学》一书中，明确地阐明了突变理论，大致可归纳为以下几点：

（一）提出了判别突变和渐间过渡态是不稳定的，那么，它就是一个突变、飞跃的过程；如果中间过渡态是稳定的，那么它就是一个渐变的过程。如拆一堵墙，如果从上面开始一块一块地把砖拆下来，整个过程都是结构稳定的渐变过程；如果从底脚开始拆，拆到一定程度，就会破坏墙的结构稳定性，墙就会哗啦一声倒塌下来，这种结构不稳定性就是突变、飞跃的过程。

（二）提出了一套运算方法。就是用势函数的洼存在表示稳定，势函数的洼取消表示不稳定，以势函数的洼存在与消失判断事物的稳定性与不稳定性。例如，一个小球在洼底部时是稳定的，如果把它放在突起顶端时是不稳定的，这小球就会从顶端处不稳定滚下去，往新的洼底过渡，事物就发生突发。当小球在新的洼底处，又开始了新的稳定。

（三）提出了突变的七种类型。突变理论认为，自然界和社会现象中大量的突变事件都可以分别用七种几何形状来表示，即折叠突变、尖顶突变、燕尾突变、蝴蝶突变、双曲脐型突变、椭圆脐型突变和抛物脐型突变。其中，每一种突变都与一个势函数相联系。

（四）阐明了质变的实现方式。质变有两种方式：质变可以通过突变来实现，也可以通过渐变来实现，并给出了实现这两种方式的条件和范围。还说明突变方式和渐变方式二者之间没有绝对的鸿沟，以及互相联系，在什么情况下质变的突变方式和渐变方式可以相互转化。

（五）提出了客观事物质变的关节点是一个过渡区域折迭区。折迭区的存在是区分两种质变方式的根本界限。

（六）控制条件决定变化的方式。一个质变按着突变方式进行，还是按渐变方式进行，完全取决于如何控制条件的变化。只要改变控制条件，就能使渐变转化为突变，或使突变转化为渐变。突变理论提出的质变有两种方式，在一定程度上揭示了事故的成因。我们通过分析生产或施工中的一些事故，即可以看出，有相当数量事故的发生是由于事物不稳定状态引起的，即事物原有的稳定性遭到破坏，因而引起突变而伤及人员。这种不稳定状态的出现，有的是由于人的行为失误引起的。有的是事物本身发生变化而引起的。比如，在作业中为了图快省事，颠倒或简化作业程序，必然造成事物出现不稳定状态。某架线班在一次架线中，提升中导线时由于永久拉线碍事，便解开了永久拉线，但没有增设临时拉线，结果使电杆倾倒于地。如果先增设临时拉线，再打开永久拉线，然后再提升中导线，电杆就会处于稳定状态。再如，工人长期在粉尘或噪声条件下工作，如无必要的防护设施，身体会逐渐受到损害，最终必然受到严重损害，因为渐变积累到一定程度，必然引起质变即突变。

电力生产或施工中由物体不稳定状态而引发的事故，都可以看成是一种突变现象，因而突变的状态也都可以用突变理论描述的几何形状来表示。例如，电杆倾倒，可以看成是折叠型突变；高处坠落可以看成是抛物脐型突变等。研究不同类型的突变，可以寻找其发生事故的成因及控制条件，对有效地预防事故很有价值。例如，电杆倾倒折叠型突变，是由于力的失衡引起的，因此，要预防倾倒，就必须正确地使用拉线，或按照规定尺寸挖基坑，并填实加固。

三、突变理论给企业安全管理的启示

突变理论所阐述的观点，诸如事物变化的两种方式、质变和量变可以互相转化、条件可控性等，与唯物辩证法是一致的，因而对企业的安全管理很有指导意义。

（一）要从工作实际需要出发，选择实现方式。企业的工作，有些可以通过突变方式来完成，有些可以通过渐变方式来完成。究竟选择哪种完成方式，要根据工作实际需要来考虑，应该选择突变方式的，就不能选择渐变方式，应该选择渐变方式的，就不能选择突变方式。例如，爆破杆坑、塔基坑等，是破坏物体的原有的稳定性的过程，应采用突变的方式。但在组织过程中，必须注意既要满足完成爆破的控制条件，诸如适当装药、定向爆破等，又要满足人员和周围物体安全的控制条件。操纵机械设备或完成其他作业程序有严格要求的精密作业，都是循序渐进的过程，因而应选择渐变的方式进行，完成一道工序后，再去完成下一道工序，或者按照先后的顺序依次启动，这样才能保证系统结构的稳定性。系统结构的稳定性是指系统所具有的固定的抗干扰能力，或者说，当干扰使系统偏离稳定态时，系统能依靠某种作业回到稳定态。实际上，作业过程是一个动态发展的过程，机械设备在运转、人员在活动、材料在运用，稳定性只是相对的，不是绝对的。但采用渐变的方式，可以把不稳定因素控制在系统发生突变的临界点之前，因而能够保持系统的相对稳定性。反之，应该使用渐变方式完成的工作，如采用突变的方式，势必会造成系统稳定性的破坏，极容易引发事故。例如，工作任务量超出职工的实际承受能力，时间要求与完成任务所需要的时间相差甚远，只有偷工减料搞突击才能完成，所带来的结果毫无疑问只能是险象环生。安全与质量没有保障，反而会影响进度。所以，管理者必须根据工和实际需要来选择实现方式。

（二）要通过突变和渐变两种方式，促进职工增强安全观念。一个职工的安全观念，往往需要有一个由认识到实践，再由实践到认识这样反复多次才能确立起来。这个过程既有连续的、不明显的渐变，也会有剧烈的显著的突变。例如，开展一两次安全教育，给职工打下的安全思想烙印可能不够深刻，也可能不会引起对安全重要性的思考，但抓的教育次数多了，职工的安全观念就会得到增强。反之，忽视经常性的教育，职工已经形成的安全观念也有可能逐渐淡化。这就是渐变的过程。在日常安全管理中，会经常发现这样的情形，职工亲眼看到事故造成的悲惨景象或者因违章受到严厉的惩罚，引起了强烈的思想震动，安全观念大大增强，终身受益。这就是突变的过程。由此可见，对安全教育经常抓、反复抓是必要的，但抓好能够引起思想震动的教育尤为必要。有的单位提出，重奖要奖得令人心，重罚要罚得使人心痛、彻底醒悟。显然，这种做法有助于使职工尽快地增强安全观念。

（三）要控制得适度。突变理论认为，施加控制影响人们的行为状态是有一定条件的，只有在控制因素达到临界点之前，状态才是可以控制的，一旦带有根本性的质变发生，它就表现为无法控制的突变过程。这就告诉我们，有效的控制必须有一定的限度，超过限度的控制，职工的精力和体力是有限的，在其体力精力充沛时施加控制，容易改变其不安全行为，而一旦连续地加班加点，职工处于极度的疲惫状态，就会导致思想不集中而忽视安全。在这种情况下，即便加强安全教育或增大监督力度，也难以唤起他们的警惕性。正确的办法是，科学合理地安全工作，劳逸结合，使职工有充足的睡眠时间，以恢复体力和精力。

第十三节　学习和应用权威理论

权威确定是管理者开展安全管理活动的必要条件。但如果对权威认识不清或滥用，也会影响安全管理的成效。因此，有必要了解和掌握有关权威的知识。

一、权威的含义

所谓权威，一是指使人信从的力量和威望；二是指在某种范围里最有地位的人或事物。管理活动中的权威，则是指把一定的意志强加于人，又以服从为前提。管理权威具有两大特点，一是强制性，二是服从性。例如，是企业有关安全生产的方针政策、法律法规和各项规章制度体现安全管理者的意志，一方面，它具有一定的权威性和约束力，另一方面，它要求被管理者必须无条件服从。各级领导作为安全管理者，也必须具有一定的权威，否则便无法进行安全管理。

二、管理者权威知识的要点

（一）权威的构成要素。现代管理科学认为，构成权威有三大要素：权力、威信和效能。其中，权力是管理者权威的前提，因为管理者只有具备了一定的权力，才能影响和指挥被管理者。威信是指管理者的个人品德、知识和才能，即素质，是形成管理者权威的基础。因为只有管理者具备一定的威信，才能使管理者信服，自觉地服从管理。效能是指管理者组织和带领被管理者为实现既定目标而工作的效率，是管理者权威的生命力。管理效率高，可以对管理者权威起到增力的作用；管理效率低，则对管理者权威起到减力的作用。

（二）权威是一切管理活动必须具备的属性，但是不同的阶级和不同的时代，依靠权威的支持因素也不相同。在原始社会中，管理者的权威不是凭借法定的权力，主要是依靠管理者自身的自然影响力，即依靠威信。在奴隶社会和封建社会里， 对社会的管理主要依靠休权，把管理者的意志强加于被管理者。秦始皇统一中国以后，适应大一统的政治格局把皇权提高到至高无上的地点，“天下之事，无大小皆决于上”，实行集权统治。西汉吸取秦朝“二世而亡”的教训，采取“开关梁、弛山泽之禁”“从民之欲，而不忧乱”，以此巩固了西汉政权。在以后的封建王朝，大都是实行“宽猛相济”的管理方式。在资本主义社会里，权力基础是资本，只有高效能才是资本积累的手段，可以说效能就是权威。美国管理学家弗雷德里克·温斯洛·泰罗提出的“职能工长制”，认为过去工人按照自己的传统经验，习惯于自己确定工作方式，这是放任管理；实行“职能工长制”，就是要求工人必须按管理当局的规定去做，强调了权力的作用。德国管理学家马克斯·韦伯认为，任何组织都是以某种形式的权力为基础的，如果没有某种形式的权力来指导，就不能实现组织的目标，权力可以消除混乱，使组织有秩序。他把权力分成三种类型：

1. 合理的法定权力，即依法任命，并同时赋予行政命令的权力。对这种权力的服从是依法建立的一套等级制度，这是对确认的职务或职位的权力的服从。

2. 传统式的权力，它是以古老的正统性为依据。

3. 神授的权力中，只有合理的法定的权力才是行政组织的基础，这种权力能保证经营管理的连续性和合理性，能按照才能来选拔人才，并按照法定程序来行使权力。最有说服力的是恩格斯在《论权威》一书里提出的权威理论。恩格斯指出：“这里所说的权威，是指把别人的意志强加于我们；另一方面，权威又是以服从为前提的。”“我们看到，一方面是一定的权威，不管它是怎样造成的，另一方面是一定的服从，这两者，不管社会组织怎样，在产品的生产和流通赖以进行的物质条件下，都是我们所必需的。”他在《致保·拉法格》的信中，进一步谈道：“不强迫某些人接受别人的意志，也就是说没有权威，就中可能有任何的一致行动。”恩格斯还指出：“生产和流通的物质条件，不可避免也随着大工业和大农业的发展而复杂化，并且趋向日益扩大这种权威的范围。所以，把权威原则说成绝对坏的东西，而把自治原则说成绝对好的东西，这是荒谬的。权威与自治是相对的东西，它们的应用范围是随着社会发展阶段的不同而改变的。”恩格斯这段话，深刻地阐明了权威的必要性。社会化大生产需要权威，管理者必须有权威，才能组织和指挥社会化大生产。这里所说的权威和自治，是指集中与民主。社会化大生产的管理，必须实行信可与民主相结合。

三、权威知识对企业安全的启示

既然权威是一切现代管理所必须具备的条件，那么，电力系统企业安全也必然需要权威，否则，就无法执行管理职能。

（一）要全面理解管理中的权威因素。一提到权威，有的管理者仅仅想到管理者本身的权威，这是很不够的。安全管理的权威因素，一是指上级有关安全生产的方针政策、法律法规和企业的各项安全规章制度具有权威。它是上级和企业为了统一认识、统一行动而颁发的安全生产规范，是每个职工都必须遵守的准则。因此，管理者不仅要把这些方针政策、法律法规和规章制度作为管理活动的依据，而且要采取措施维护它的权威性。对一切违反它的现象，必须坚决纠正。二是指各级管理者具有权威。由于企业各级行政一把手都是本单位安全和平的第一责任者，他们都被赋予了一定的安全管理的职权，因此，有权教育引导职工遵守安全生产的方针政策、法律法规和规章制度，只有这样，才能在保证安全的前提下，有效地开展工作。在安全管理上，各级管理者既应以权威去影响和指挥所属职工，又应对上级负责，自觉地服从上级的管理，维护上级的权威。

（二）要正确处理权威与自治的关系。企业安全管理既需要权威原则，也需要自治原则，不能把某一方面原则看成是绝对的好或绝对的坏，而应把两者有机地结合。在什么时候坚持哪种原则，应视管理对象的实际情况来决定。例如，在组织指挥作业中，贯彻权威和集中原则的范围要大一些，要毫不含糊地按章办事，《安全工作规程》怎么规定就怎么办；对工人的违章违纪行为，必须强迫他们改正。如果让其放任自流，哪怕是稍微的放任自流，都有可能造成不堪设想的后果。这类教训已经不少了。某变电所所长和工人李某维修变压器，使用放在仓库受潮了的绝缘杆。在操作前，所长对杆的绝缘性提出疑问，但李某说“没问题”，所长也没再说什么。李某登上变台后，用杆去拉断路器，当即触电，又因没系安全带，从变台上摔下致残。当时，如果所长有一些权威，制止李某的行为，这起事故完全能够避免。在解决安全思想问题方面，自治和民主的原则要多一些。因为对于安全思想问题，只能用民主的、讨论的和说服教育的方法去解决，人能以理服人，不能以权压人。

（三）要正确处理各要素的关系，全面提高管理者的权威。每个管理者都希望自己有一定的权威，因为这样管理起来才能得心应手。一个没有权威管理者，是很难抓好安全管理的。但是，怎样做才能有权威呢?关键应注意这样几点：①正确使用上级赋予的权力，用之得当，既不能滥用又不能不及。所谓滥用，就是行使权力违反政策规定，如按照个人的好恶性实施奖惩就是滥用权力的一种表现；所谓不及，就是渎职，应该负起的责任没有负起来。上面讲的某所长的例子，既是放任管理，又是渎职的表现。②以良好的管理素质来建立威信。素质高的管理者，必然威信也高，因为职工看到你有本事，自然会拥护你、服从你。如果你指挥软弱无力或者主观武断，致使险情频发，秩序混乱，谁能相信你、拥护你？所以，管理者要通过学习和锻炼，尽快具备管理者应具备的素质。③讲究管理效率，也就是要以突出的实 来建立权威。总之，企业安全管理者的权威，应是权力、威信和效率三者之间的有机结合。

（四）要从管理者和被管理者两方面着手，来形成安全管理权威。安全管理活动权威的形成，必须具备两个条件：一是管理者本身的权威性，没有一定的权威性，不能迫使被管理者接受自己的意志，各行其是，对被管理者的服从性就失去了约束力量。二是服从性。没有被管理者的服从性，管理者的权威性也难以贯彻执行。两者缺一不可，相辅相成。因此，企业安全管理应从这两方面创造条件，管理者要努力增强权威性，这是主要的方面；同时，也应教育职工增强对权威的服从意识。只要管理者按章管理，职工就应自觉地服从管理。当然，对来自管理者的违反法规的指挥，职工应加以抵制，这与服从正确管理并不矛盾，恰恰有助于管理者克服官僚主义、形式主义和命令主义，有助于在民主监督的基础上建立管理者的权威。

第十四节　学习和应用预测理论

实践证明，生产事故是可以预测和预防的。而做到这一点，就必须学习和应用预测学知识，以增强安全管理工作的预见性和有效性。

一、管理预测的基本含义

所谓预测，是指有目的地根据过去和现在已知的情况，对客观事物未来发展状况的估计、分析、判断和推测。安全管理预测是指揭示安全管理活动过程的本质联系和必然的趋势。企业安全管理预测具有以下几个特点：

（一）企业安全预测是一种自觉的活动，是管理主体主观能动性的表现。它是积极主动地探索和估计安全管理活动未来的发展趋势，对可能出现的问题做到心中有数，争取事情更好的结局，因而能够在复杂多变的管理活动中处于主动地位。“未雨绸缪”“水不来先垒坝”，便是在自觉地分析预测的基础上采取相应的防范措施。有的企业工作推着干，干到哪算到哪，既缺乏应付复杂管理活动的思想准备，又缺乏驾驭复杂局面的能力，始终处于被动境地，其中一个重要原因就是没能发挥主观能动性进行管理预测。

（二）企业安全管理预测是一种认识和利用客观规律的活动。预测得出的结论越是符合事物的客观规律，就越具有可靠性。

（三）企业安全管理预测是一种预见性的活动。即预测的管理活动不是过去或现在的情况，而是指向未来，是对未来可能出现的趋势和结果的推测。没有预见性，就谈不上预测。

（四）企业安全管理预测结论带有一定的不确定性。由于人们受到自身认识能力和客观条件的限制，预测得出的结论不可能百分之百地符合未来的客观实际，只能做到本体上或基本上符合。一个科学的预测，往往需要经过由实践到认识，再由认识到实践的多次反复才能确立起来。

二、企业安全管理预测的作用

预测是企业安全管理的一项基本职能，对提高管理成效具有重要作用。

（一）预测是决策的前提条件。科学的预测，对管理决策具有导向作用，它在某种程度上决定着决策的方向性和正确性。在企业安全管理中，有相当一部分管理决策是指向未来的，即作出的决策不仅对现实而且对未来产生着影响。例如，年初企业制定年度安全管理目标时，把目标定在哪里，采取哪些措施才能保证目标的实现，首先要收集过去和现实的资料，并对全年工作任务和安全管理特点进行分析预测，多面手才能作出决定。实践证明，正确的决策源于正确的判断，而正确的判断则来源于对未来所作的科学预测。

（二）预测是积极预防的基本环节。企业安全管理活动都是围绕积极预防的重点，以便把工作做在前面，创造安全条件以铲除不安全因素。要做到积极预防，就必须抓好预测这个环节。没有科学预测，就不可能有积极预防，例如，1994年年初施工前，某公司曾对瓦工班人员进行了调整，配置了15名临时工、2名技术熟练的老工人。如何搞好这个班的安全管理？领导对该班进行一次分析预测，认为这些临时工安全意识比较淡薄，缺乏应知应会的安全防护知识，是加强安全管理的主要对象，在地面作业阶段，应重点抓好预防机械伤害和触电事故；在高处作业阶段，应加强预防坠落。采取的措施是：①抓好三级安全教育，使临时工熟悉安全防护知识，增强安全观念。②严格贯彻落实各项安全规章制度，特别要抓好个人防护用品和机械防护装置的检查。③要充分发挥两名老工人的监护作用。④要选用那些安全观念强、有一定防护经验的临时工担任作业组长，赋予监护权。这样，瓦工班到年底，未发生过一起违章作业。这说明，领导对该班的预测和采取的措施基本是正确的。也在这一年，另一个单位瓦工班由于分析预测不够，头痛医头，脚痛医脚，虽然有16名老工人，只有5名临时工，但安下葫芦浮起瓢，全年始终处于被动应付状态，不仅发生了10多起违章作业，而且发生了一起重伤事故。正反两方面的经验教训告诉我们，积极预防与科学预测是紧密联系的，积极预防以科学预测为基础，科学预测为积极预防提供依据。

三、企业安全管理预测的基本方法

预测方法很多，据统计至今已有150余种。企业安全管理常用的预测方法有以下几种：

（一）预兆预测法。预兆预测法是指通过调查研究前趋现象的情况，用以推断后继现象前景的一种预测方法。前趋现象是指一种先前出现的现象；后继现象是指一种随之而来的现象。前趋现象就是预兆，是调查研究的对象；后继现象就是结果。前趋现象就预兆，是调查研究的对象；后继现象就是结果，是预测的对象。后继现象与前趋现象的必然联系的形式有：①甲的出现是乙出现的条件。例如，习惯性违章是诱发事故的重要因素。因此，发现习惯性违章就必须坚决纠正，使事故失去发生的条件。②甲释放出乙，或乙吸收消化甲。例如，有的老工人因自恃有经验而违章冒险作业，势必在职工尤其是在青年职工中造成不良影响，有的青年职工可能模仿。预测到这一点，就必须在公开场合批评违章现象，使不良影响得以消除。③根据某种理论与知识从甲可推出乙。例如，通过对部分临时工的调查，即可推断出整个临时职工队伍的安全思想和技术状况。④甲转化为乙。例如，根据职工在安全教育中的积极态度，即可判断出教育的结果，必然是使职工的安全观念得以增强。使用预兆预测法应注意后继现象和前趋现象之间必须存在内在联系。

（二）特尔斐预测法。特尔斐预测法是美国兰德公司的赫尔局于1964年提出来的。特尔斐是希腊中部的一座古城，里面有一座阿波罗神庙。据希腊神话传说，阿波罗神经常派遣使者到各地搜集聪明人的意见，以预言应验而著称。美国兰德公司用这种方法进行预测，因此用特尔斐命名。“特尔斐法”是采用函询调查的方法，反复征询和汇集有经验、有学识的专家的意见，最后得出一个比较集中的意见。其步骤是：①将所预测的内容写成若干十分明确的问题，邮寄给有关专家；②请专家们在背靠背、不通气的情况下，用书面形式回答问题；③将专家们的意见收回来后进行定量分析，归纳出较为一致的意见；④把归纳的较为一致的意见再反馈给专家们，请他们作出最后判定。“特尔斐法”实际是一种专家集体预测法。专家往往对本专业方面的问题有较深入的研究和精辟的看法，因而也最有发言权，把许多专家的意见集中起来，就能提高预测可靠性的程度。

（三）趋外推预测法。趋外推预测法是指利用过去的、现在的资料推断未来状态，设法找到它们之间的统计关系的方法。这种方法的客观依据是事物发展连续性的现象。其一般步骤是：①选择将要预测的参数；②按曲线的发展趋势进行推断；③研究利用预测结果的可能性。例如，某送变电公司收集近4年的伤害事故资料，画出动态曲线：

经分析得出结论：每年3—5月、11—12月是事故的高峰期。因此，必须在这两段时间内加大安全管理力度，采取措施，进行重点防范。当然，对其他月份的预防工作，也不能忽视，否则，当主要矛盾解决之后，次要矛盾有可能上升为主要矛盾。

（四）数据统计预测法。数据统计预测法就是把那些通过调查研究、情况汇集或实际观察等途径获得的数据资料进行归纳整理，从中推断未来可能发生的情况的一种方法。它是从数量关系上，以某事物在过去已出现的次数来预测它在未来出现的可能性。例如，某局安监处曾利用3个月时间，观察和记录了线路维修人员在作业中发生的违章情况。

安监处得出的结论是：接近中午或晚上下班时间，职工最容易发生习惯性违章操作。从心理因素上看，这期间职工着急下班吃饭休息，往往图快图省事而有意地违反安全工作规程；从生理因素看，职工经过几小时作业后，身体出现疲劳，导致精力分散。明确了这一点以后，他们采取了两条措施：①发挥监护人的作用，在接近下班时，及时唤起职工的注意；②视工作强度情况，增加一次工间休息。这么一来，职工违章操作现象大幅度减少了。

第十五节　学习和应用现代管理理论

现代管理科学是一个完整的体系，涉及面广泛，内容极其丰富。要掌握它，必须从了解有关基础知识开始。

一、管理和现代管理科学的含义

所谓管理，具有负责某项工作，使其顺利进行或保管和料理、照管并约束等意识。在我国历史上，曾把管理概括为管辖和治理，例如，黄帝时期，把“修武备、整内政”作为管理的主旨。西周太师姜尚提出“人本的管理思想”，认为“庶民者，国之本”。西周实行分封制，创建了我国等级制的管理体制，“天子建国，诸侯立家，卿置侧室，大夫有贰宗，上有隶子弟”，形成了金字塔形的中央集权的等级管理制度。战国时期，黑翟提出了“赏罚并重”的调控机制，主张“劝之以赏誉，威之以刑罚”“赏必当贤，罚必当暴”，目的在于赏贤惩暴，加强管理。孙中山先生曾对管理作过如下解释：“政治两字的意思，浅而言之，政就是众人之事，治就是管理，管理众人之事便是政治。”到了资本主义时期，随着商品经济和生产社会化的发展及对管理活动研究的深入，使管理出现了各种各样的解释。有人提出“管理就是计划、组织、指挥、协调和控制”，“管理是由一个或者更多的人协调他人活动，以便收到个人单独活动所不能收到的效果而进行的活动”；有人认为“管理是对人能干预的人、物、事等组织的系统而言，就是对整个系统运动、发展和变化的有目的、有意义的控制行为”；有人认为“管理是信息不断输入、输出的反馈的过程”；等等。真正给管理做出科学论断的马克思，他在《资本论》中，对资本主管的管理二重性进行了精辟的论述：管理的一重性指的是它的自然属性，管理在许多个人进行协作劳动的过程中产生，作用是为了组织共同劳动。这点与社会制度没有直接的关系，不论何种社会制度，都必须进行生产劳动，都必须加强生产过程中的协调与管理。管理的另一重性指的是它的社会属性，在资本主义国家，管理是由工人和资本家之间的阶级对抗而产生的，资本家使尽各种手段加强管理，目的是为了榨取最大的剩余价值。由此可见，管理反映着一定阶级的意志，代表一定阶级的利益，是由社会制度的性质决定的。认识管理二重性这一特征，对于我们借鉴外国管理经验，研究制定符合我国国情的社会主义管理制度，具有重要意义。现代管理科学始于20世纪30年代，它是在总结历史管理经验的基础上，运用现代社会科学、自然科学和技术科学的理论和方法，研究现代条件下管理活动的基本规律和一般方法的科学。目前，我国管理学者对管理一般定义为：管理是指在一定的环境或条件下，管理主体为了达到一定的目的，运用一定的职能和手段，对管理客体施加影响和进行控制的过程。从这一定义出发，我们可以把安全管理定义为：安全管理是指管理者运用行政、经济、法律等各种手段，发挥决策、教育、组织、监督、指挥等各种职能，对人、物、环境等各种被管理对象施加影响和控制，排除不安全因素，以达到安全生产目的的活动。

二、构成管理活动的基本要素

现代管理科学认为，形成一项管理活动，首先，要有管理的主体，即由谁来进行管理的问题；其次，要有管理的客体，即管理对象是什么或管理什么的问题；再次，要有明确的管理目的，即怎样进行管理的问题；第四，要有明确的管理职能和方法，即怎样进行管理的问题；第五，要有一定的管理环境，即在什么样的条件下进行管理的问题。这五个方面，是构成一切管理活动的基本要素。安全管理作为一种管理活动，同样是由上述五大要素构成，离开任何一个要素，安全管理活动都无法进行。

（一）管理主体。所谓主体，在哲学上是相对客体而言的，是指具有意识的人，也是指在事物发展中起主动支配作用的部分。所谓管理主体，是指在管理活动中具有一定主动支配和影响作用的要素。一是指单个管理者，即一定组织中担负对整个工作进行决策筹划、组织和控制等职责的人；二是指管理机构，即行使管理职能的系统或形式，是由一批从事各种各样管理工作的、具有一定管理技能的、按照一定方式组织起来的人员集合体。就企业来讲，安全管理的主体，一是指各级领导，因为各级领导是企业安全管理的责任者，不但是制订组织的目标，筹划工作的开展，而且还要控制管理过程的运行，激发全体人员的潜能，达到管理工作的目标。二是指企业集体，企业不仅有各级管理机构，而且有广大职工群众。企业职工在管理中既是管理客体，又是管理主体，有权参与管理。企业作为一种组织，不仅要进行安全管理决策，制订安全管理目标，而且要对执行落实情况实施协调和控制，因而，企业本身也是管理的主体。

（二）管理客体。客体作为一个哲学概念，是指与主体相对的客观事物、外部世界，是主体认识和改造的对象。管理客体也称为被管理对象，是指能够被管理主体施加影响和控制的对象。安全管理的客体有职工群众、机械设备工器具、作业环境以及与安全生产一切有关的要素。管理客体的特点，一是具有客观性。就是说管理客体具有不以管理主体主观意志为转移的客观运行规律。对管理者来说，要尊重这种客观性，不能脱离实际的想当然办事。二是具有系统性。管理客体的存在和运行不是孤立的，既自成系统，又与其他事物相联系构成更大的系统。这就要求管理者不能孤立、静止地看问题，要树立系统观念，运用系统的方法进行管理。三是具有规律性。就是按照自身的发展变化规律有序地运动。例如，职工安全思想的发展变化或行为，就都有一定的客观规律性，新工人由于对事故的危害性没有切肤之痛，因而容易发生冒险作业或蛮干；老工人因为有一定经验，容易产生麻痹大意的心理；文化水平低的工人虽然有防护意识，但缺乏防护知识等。机械设备也有自己的一套安全运行规律，各种安全操作规程就是对这些规律的概括和总结。四是具有可控制性。也就是说，管理主体能够通过一定的管理手段对管理客体进行控制，使之沿着既定的目标运行，并取得较好的管理效果。不可控制的客体，不是管理的对象。了解管理客体的这些特点，可以使我们懂得，通过加强安全管理，完全能够把企业人员的积极性调动起来，纠正违章违纪现象，把人的行为纳入安全规章制度的轨道，完全能够消除机械设备中存在的隐患，使之保持安全稳定状态，也完全能够改善作业条件，减少和防止因不良条件造成的各种事故危害。

（三）管理目的。管理是人类一种有意识、有目的的活动。现代管理科学认为，管理的目的是指管理者根据主客观条件，通过一定的方式方法，所要实现的愿望或预期达到的结果。社会主义国家所进行的一切管理，其根本目的应当与社会主义制度相一致，就是为了不断提高经济效益和社会效益，并使二者达到有机的统一。企业安全管理的目的，就是最大限度地减少事故，特别是杜绝人身死亡和对社会造成重大影响的恶性事故，消灭重大设备损坏事故，保证企业改革的顺利进行，促进生产的发展，维护安定团结，保护国家、职工的切身利益。

（四）管理职能和方法。一切管理活动，都必须具有相应的管理职能和方法，它是管理主体对管理客体施加影响和控制的方式和手段，是实现管理目的的基本保证。管理职能是指管理的功能和作用，如预测和计划、组织和指挥、教育和激励、监督和控制等；管理方法是完成一定任务的方式方法，如经济管理方法、行政管理方法、法律管理方法等。要提高企业安全管理水平，就必须充分发挥管理的职能，学习和运用各种有效的方式方法。

（五）管理环境。管理活动是在一定的环境下进行的，环境对管理活动产生着推动或阻碍的影响作用。所谓管理环境，是指开展管理活动的客观条件。美国管理专家尔布雷斯认为环境影响工作成绩的有14项：器械、衣服、颜色、文娱、供热、照明、材料质量、赏罚、所移动物体的大小、所移动物体的轻重、减除疲劳的特别设施、周围条件、工具、工会规则。当前，我国管理学者认为，环境包括国家制度、大政方针、社会生产力水平和自然资源条件等，也包括单位内外部的人际关系、家庭环境等。从企业安全管理来说，有大环境和小环境之分。大环境是企业所处的大范围的工作条件，例如，党和国家有关安全生产的方针政策、法律法规、本系统的各项安全规章制度以及各级领导对安全生产重视程度、企业之间的安全氛围等。小环境是指企业自身的环境，包括人员素质的高低、管理者与职工的关系是否融洽、安全工器具及防护设施是否齐全、作业现场的条件如何等。现在，国家重视安全生产的大环境已经形成，我们电力系统已制定颁发了一系列安全规章制度，赋予了安全管理人员以相应的权力。良好的大环境为企业抓好安全管理创造了有利条件，企业只有主动地吸取各方面安全管理的信息，学习安全管理先进经验和劳动保护技术等，不断改善安全管理的小环境，才能把安全管理搞好。

需要指出的是，管理活动的各要素是互相联系、互相作用的有机整体，不是孤立的要素。因此，必须发挥各要素的整体功能。

三、管理规律

管理作为一种客观活动方式，有其自身的规律性。管理规律是指在一定的管理环境下，管理主体为了达到一定的目的，对管理客体施加影响和控制的规律。管理规律与其他客观规律一样，在管理活动中不断重复出现，经常起作用，并且决定着管理必然向着某种趋势发展。管理规律是客观存在的，不以人们的主观意志为转移，但是，人们能够通过实践认识它、利用它。管理规律可分为共有规律和特殊规律。共有规律反映了一切管理活动普遍的本质联系，是从事任何管理活动都必须遵循的规律；特殊规律反映了特定领域管理活动的本质的必然的联系，是这些领域开展管理活动必须遵循的规律。管理共有规律有：

（一）循环规律。任何管理活动，都会经过计划、实施、检查、处理等几个基本阶段的循环。这种循环都是在原来循环的基础上进行的，看起来是在重复，实际是在发展，是在推动管理活动步步深入。

（二）动力规律。即任何管理活动都必须考虑调动人的积极性，解决管理中的动力问题。

（三）择优规律。即在多种管理方案中，进行评估，选择既省时省力，又能获得最佳效果的方案。

（四）组织规律。即任何管理活动都要有一定的组织形式。

（五）反馈规律。即利用反馈信息，督促检查既定目标的实际情况。

（六）权变规律。即适应新的情况，采取相应的方式方法，不断地解决管理中出现的矛盾和问题。

企业安全管理活动，必须要受上述共有管理规律支配，同时还必须受企业安全管理的特殊规律支配。这些特殊规律有：

1. 安全生产规律。即安全第一，预防为主。安全管理必须正确处理安全与改革、安全与质量和进度、安全与发展、安全与多种经营等关系，把安全工作摆在一切工作的首位。一切安全管理活动，都必须把抓好事故预防作为出发点和落脚点。

2. 有计划地改善劳动条件的规律。即随着社会主义现代化建设的发展和生产力的提高，要不断地改善劳动条件，减少生产中的有害因素。

3. 以保护劳动者为中心的规律。这一规律要求在设计新工艺、构思新技术或完成其他劳动任务时，都必须树立以保护劳动者为中心的观点，尽最大可能预防和消除各种对人员造成的危害。

4. 依靠科学技术进步改善劳动条件的规律。科学技术是生产力，而且是第一生产力，安全科学技术也是第一生产力，同时也是安全管理的重要因素。必须重视安全科学技术在改善劳动条件中的重要作用。劳动条件的改善要与科学技术的发展相适应。

四、现代安全管理与传统安全管理的关系

在认识现代安全管理与传统安全管理的关系上，存在两种偏向：一种是因循

守旧，认为传统的管理思想和方式一切都好，没有什么弊端，因而缺乏学习和借鉴现代管理科学的迫切感；另一种是彻底否定传统管理，认为传统的管理思想和方式都不适用，必须推倒重来。这两种偏向都割断了传统管理思想和方式与现代管理科学之间的内在联系。现代管理科学不是凭空产生的，它是在继承优良的传统管理思想和方式的基础上的改革创新，是在总结传统管理经验的基础上，综合运用现代社会科学、自然科学和技术科学的理论和方法，来研究现代条件下管理活动的普遍规律和一般方法的。认清两者之间的内在联系非常重要，因为在学习现代安全管理知识的时候，首先遇到的一个问题是如何对待传统的安全管理思想和方式，我们强调学习现代安全管理知识的重要性和紧迫性，并不等于说在长期管理实践中形成的并且在新的形势下仍然管用的东西应该扔掉，相反，必须继承下来，使之发扬光大。比如，班组安全管理中的班前班后会和安全日活动制度、“两票三制”“三检制”“监护制”等，不但不能废除，而且必须坚持。对一些只适用于计划经济时期的做法，诸如安全奖金“吃大锅饭”、搞平均主义等，理所当然地要予以废除。还应指出，我们肯定过去安全管理中的优良传统和经验，是对优良传统和经验给予科学总结，上升到理性的高度，使之适应新时期的要求。现代管理科学最显著的特点是紧密结合现代管理活动的实际，吸收了各种科学理论，使管理具有更强的适用性。比如，现代安全管理吸收了系统论理论，强调安全管理是一个系统，必须发挥系统的整体功能；吸收了信息论理论，强调信息在安全管理中的作用；吸收了技术科学理论，强调依靠科学进步是改善劳动保护条件的根本出路等。毫无疑问，这些理论的学习对于电力企业安全管理者开阔视野，吸收先进的管理经验，掌握先进的管理方式方法，进一步提高安全管理水平，具有十分重要的意义。